PATRICK STRASSER
GÜNTER KLEIN

HOENESS

HOENESS

— DIE BIOGRAFIE —

PATRICK STRASSER
GÜNTER KLEIN

riva

Bibliografische Information der Deutschen Nationalbibliothek
Die Deutsche Nationalbibliothek verzeichnet diese Publikation in der Deutschen Nationalbibliografie; detaillierte bibliografische Daten sind im Internet über http://d-nb.de abrufbar.

Für Fragen und Anregungen
info@m-vg.de

Wichtiger Hinweis
Ausschließlich zum Zweck der besseren Lesbarkeit wurde auf eine genderspezifische Schreibweise sowie eine Mehrfachbezeichnung verzichtet. Alle personenbezogenen Bezeichnungen sind somit geschlechtsneutral zu verstehen.

Originalausgabe
5. Auflage 2024

Türkenstraße 89
80799 München
Tel.: 089 651285-0

Umschlaggestaltung: Isabella Dorsch
Umschlagabbildung: picture alliance / Foto Huebner
Satz: ZeroSoft, Timisoara
Druck: GGP Media GmbH, Pößneck
Printed in Germany

ISBN Print 978-3-7423-1267-9
ISBN E-Book (PDF) 978-3-7453-0961-4
ISBN E-Book (EPUB, Mobi) 978-3-7453-0962-1

Wir produzieren nachhaltig
www.m-vg.de

*»Ich war hundemüde. Wollte im Flieger ein bisschen dösen.
Als ich aufwachte, saßen meine Frau und der Paul
an meinem Krankenbett. Ich wusste nicht, wo ich
war, konnte mich an nichts erinnern.
Sie erzählten mir von dem Absturz.
Und sagten: ›Eigentlich hattest du keine Chance zu überleben.‹«*

Uli Hoeneß, 1982

»Ich wälze mich und wälze mich. Und dann wälze ich mich noch mal. Und denke nach, denke nach und verzweifle. Ich bin morgens auch manchmal schon eine Stunde nach dem Aufstehen völlig fertig. Da höre ich wieder, was irgendeiner über mich geschrieben und gesagt hat. Die hohen Einschaltquoten bei ›Günther Jauch‹, als sie über mich redeten. Es ist schon ein Wahnsinn, was da passiert.«

Uli Hoeneß, 2013

»Es ist unser bestes Jahr von Umsatz und Gewinn. Ich wollte meine Position immer in einem Superzustand aufgeben, das ist mir gelungen. Die Weichen sind gestellt, dieser Verein hat so viel Kraft und Saft, dass er es ohne Uli Hoeneß an vorderster Front schafft.«

Uli Hoeneß, 2019

Inhalt

Vorwort

Als Uli Hoeneß am 30. August 2019 offiziell verkündete, dass er beim FC Bayern ab November desselben Jahres nicht mehr Präsident sein wolle und sich weitestgehend zurückziehe, sagte Karl-Heinz Rummenigge, sein langjähriger Wegbegleiter und oft auch Rivale: »Es wird nie einen letzten Tag von Uli Hoeneß beim FC Bayern geben.«

Das stimmt. Uli Hoeneß hat sich in die Geschichte des erfolgreichsten deutschen Fußballvereins eingeschrieben. Der FC Bayern München wird noch auf Jahrzehnte ein von Hoeneß geprägter Klub sein. Man wird auf ewig sagen: Er war sein Lebenswerk. Danke, Uli!

In dieser Hinsicht war die Biografie des Uli Hoeneß eigentlich schon vollendet, als 2005 die Allianz Arena in Betrieb genommen wurde. Ein eigenes Stadion als langfristige Zukunftssicherung in Europas Spitze – Hoeneß hatte das Feld bestellt und konnte seinen Rückzug einleiten; sich nicht mehr als Manager im Tagesgeschäft aufreiben, lieber Präsident werden und in aller Gelassenheit verfolgen, wie die Saat aufgeht.

Es war bis dahin ja auch schon ein pralles Leben gewesen. Mit einer atemberaubenden Spielerkarriere und der Tragik, dass sie verletzungsbedingt viel zu früh zu Ende ging. Mit dem Überleben eines Flugzeugabsturzes als junger und umtriebiger Manager. Mit seiner Art, den Fußball zu modernisieren, wofür ihm nicht nur der FC Bayern danken muss, sondern die gesamte Bundesliga. Und immer wieder bot die Figur Uli Hoeneß bestes Entertainment. Er konnte so wunderbar streiten, wenn ein anderer Verein bedrohlich gut wurde. Aber mit dem

Alter wird man milde, und mit 60 sagte Uli Hoeneß, dass die sportlichen und wirtschaftlichen Erfolge im Fußball bei ihm allmählich in den Hintergrund träten. Viel wichtiger sei ihm, Menschlichkeit und Nächstenliebe zu leben. Die aufregende Lebensgeschichte des Ulrich Hoeneß strebte einem Happy End entgegen. Ein Mensch im Reinen mit sich selbst.

Dann wurde sein Leben jedoch auf den Kopf gestellt, und seine Biografie musste umgeschrieben werden. In der Geschichte der Bundesrepublik hat wohl kaum ein Kriminalfall die Bürger so überrascht wie der des Steuerhinterziehers Uli Hoeneß. Auch die, die ihn nicht mochten, weil er ihren Vereinen die besten Spieler wegkaufte und er in Diskussionen keine andere Meinung zuließ, waren sich sicher: Hoeneß ist ein grundehrlicher Mann. Das galt auf einmal nicht mehr, als 2013 herauskam, dass er eine – von der Gerichtsbarkeit ein Jahr später als unkorrekt identifizierte – Selbstanzeige wegen nicht versteuerter Gewinne aus Aktiengeschäften gestellt hatte.

Ein Buch über Uli Hoeneß konnte nun nicht mehr ausschließlich aus der Perspektive der Achtung und der Verehrung und mit dem Amüsement über seine fanartige Begeisterung für die Sache FC Bayern geschrieben werden. Man glaubte, einen Menschen in- und auswendig zu kennen, und auf einmal stellte sich die Frage: Wer ist Uli Hoeneß überhaupt? Und – wie viele?

Er ist ein versöhnlicher Mensch. Auch wenn er einen anruft – wir Journalisten, die über den FC Bayern berichten, haben das alle schon erlebt –, um einen Rüffel loszuwerden. Er poltert, es wird zurückgepoltert, doch am Ende des Gesprächs hat man eine Tonlage gefunden, die es ermöglicht, das Telefonat mit einem freundlichen Gruß zu beenden. Es gibt mit Uli Hoeneß immer ein nächstes Gespräch. Rauch verzieht sich, Hoeneß ist nicht nachtragend. Und bisweilen reift in ihm sogar die Einsicht, dass er es war, der einen Fehler begangen hat.

Doch er ist auch ein leicht aufzubringender Mensch; er findet keine Distanz. Wenn der FC Bayern angegriffen wird, reagiert er. Hoeneß kann in alle Richtungen loskeilen: gern gegen den DFB, die FIFA, die Medien, das Internet, gegen Klubs, die noch reicher sind als seiner, oder auch gegen Einzelpersonen. In jeder Ära seines Wirkens fand er Gegenspieler, die er als provokativ wahrnahm. Er wurde vom Manager zum Präsidenten, konnte sich aber trotz aller Vorsätze nicht dauerhaft einen präsidialen Stil aneignen.

Er ist ein kraftstrotzender Mensch. Man muss dieses Pensum an Arbeit aushalten können, das man hat, wenn man ein Sportunternehmen mitführt, das Umsatz und Gewinn stetig steigert, und man nebenbei noch eine Fleischwarenfirma betreibt. Hoeneß ist immer auf Betriebstemperatur, regeneriert hat er sich, wenn er mal die Gelegenheit hatte, sieben, acht Stunden am Stück zu schlafen. Andere wären längst vom Stuhl gekippt.

Doch er ist auch ein schwacher Mensch; einer, der den Kick braucht. Man weiß das erst, seit durch seinen Steuerfall herauskam, dass er wie besessen mit Aktien handelte, um Geld zu gewinnen, das er nicht brauchte. Weil er schon genug hatte und das, was man sich davon kaufen konnte, ihm nichts bedeutete. Unklar ist, ob er seine Spielsucht in den Griff bekommen hat. Reportern, die in den vergangenen Jahren Interviewtermine in seinem Büro beim FC Bayern an der Säbener Straße hatten, entging nicht, wie er vor ihrem Eintreten hektisch noch die Börsenkurse von n-tv wegschaltete. Aber wenigstens hat er immer trennen können zwischen fremdem Geld, dem des FC Bayern, das er mit kühlem Kalkül und nutzbringend einsetzte, und dem eigenen, mit dem er bis in den zweistelligen Millionenbereich hinein zockte.

Uli Hoeneß ist ein kluger Mensch. Er liest viel. Ihn interessiert das Lokale, das am Tegernsee passiert, genauso wie die Weltpolitik. Es war beeindruckend und mutig, wie er am 12. September 2001, am Tag nach Nine-Eleven, über US-Präsident George W. Bush sprach und darüber, was die Amerikaner und nicht nur die Araber anrichten. Ein paar Jahre war er ein gefragter Gast in politischen Talkshows, nicht nur, weil er polterte – was die Zuschauer an den Geräten hielt –, sondern auch, weil er Zusammenhänge begriff. Bundeskanzlerin Angela Merkel hörte auf ihn.

Doch Uli Hoeneß redet auch Stuss, und zwar jede Menge. In seiner letzten Amtszeit als Präsident des FC Bayern wirkte er vor allem wie einer, der den Anschluss an die moderne Welt verpasst hat, der sich störrisch jedem technologischen Fortschritt und auch jeder fußballfachlichen Erkenntnis verschließt. In manchen Diskussionen stand er von vornherein auf verlorenem Posten und ritt sich mit jedem Satz weiter in die Ausweglosigkeit hinein. Auch in den eigenen Reihen verlor er an Zustimmung. Eine Online-Petition, die ein Hoeneß-treuer Bayern-Fan startete, um ihn zu einer weiteren Präsidentschaftsamtszeit zu bewegen, setzte sich eine Million Stimmen als Ziel – doch es unterzeichneten in zwei Monaten nur etwas mehr als 7000 Personen.

Wenn Hoeneß einen Saal betritt oder im »Doppelpass«, der Talksendung von Sport1, übertragen aus München, durch die Drehtür des Flughafenhotels schreitet, schallt ihm immer noch das »Ullliii« seiner Anhänger entgegen, und sie feiern ihn, wenn er den Moderator oder die anderen Gäste abbürstet. Aber es wendeten sich zuletzt auch immer mehr von ihm ab; sie fürchteten, Hoeneß verpasse den Absprung und gefährde die Wahrnehmung seines Lebenswerks. Und auch das schöne Teil des Bildes, das sie von ihm bewahren wollten.

Uli Hoeneß zieht sich zum richtigen Zeitpunkt in die zweite Reihe zurück. Ob er diese Distanz halten kann, wird sich noch zeigen.

Vielleicht ist seine Biografie nun vollendet. Auf die alten Tage ist sein Leben jedenfalls noch praller geworden. Es ist ein beispielloses Leben.

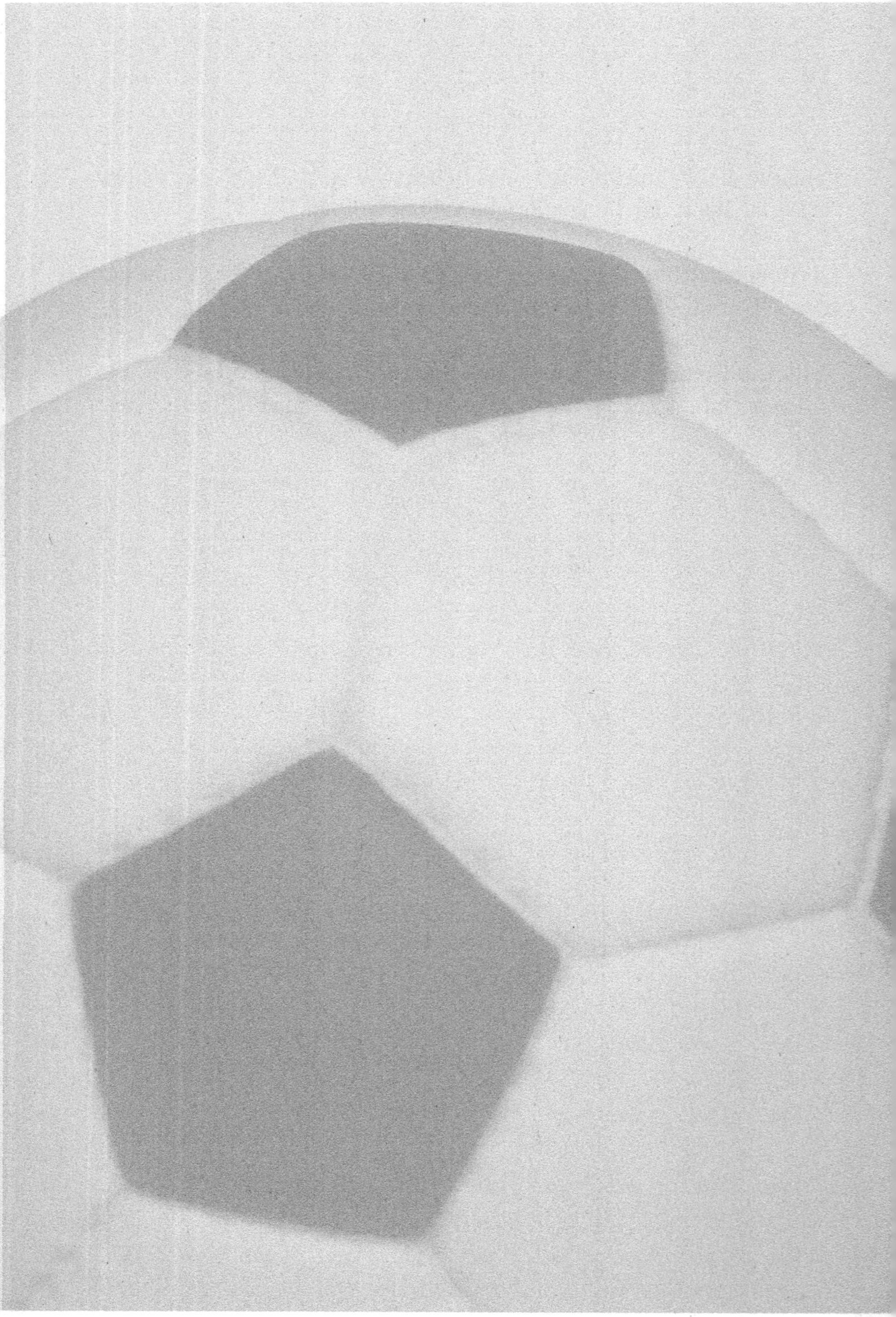

1.

Nicht angeschnallt – und gerettet

Uli Hoeneß hat geschlafen, einmal so richtig gepennt. Er hat seinen eigenen Flugzeugabsturz verpennt. Das hat ihm das Leben gerettet.

Donnerstag, der 18. Februar 1982. Die »Süddeutsche Zeitung« bringt auf Seite 34, links unten, eine Meldung der Nachrichtenagentur »dpa«:

»Hannover – Beim Absturz einer zweimotorigen Propellermaschine ist am Mittwochabend Uli Hoeneß (30) schwer verletzt worden. Der ehemalige deutsche Fußball-Nationalspieler und heutige Manager des FC Bayern München war mit einem Geschäftspartner auf dem Weg zum Fußball-Länderspiel zwischen Deutschland und Portugal. Die drei anderen Insassen des Flugzeuges konnten nach Angaben der Polizei nur noch tot geborgen werden. Das von Pilot Junginger gesteuerte Flugzeug war um 18.19 Uhr in München gestartet.«

Sie wollten den Paul sehen, ihm beim Spiel zuschauen und danach noch etwas zusammensitzen, essen und plaudern. Sie, das waren Uli Hoeneß und sein enger Freund Helmut Simmler (35), der Direktor des Münchner Copress-Verlages. Geflogen wurden die beiden von Pilot Wolfgang Junginger (30), einem ehemaligen Star der deutschen Ski-Nationalmannschaft, und seinem Kopiloten Thomas Kupfer, einem 25-jährigen Studenten aus München. Zwei Plätze in der sechssitzigen Piper-Seneca waren also noch frei. Einer davon war für Willi O. Hoffmann, den damaligen Präsidenten des FC Bayern, vorgesehen. Er wurde in der »Abendzeitung« vom 19. Februar 1982 so zitiert: »Eigentlich wollte ich auch mitfliegen. Aber als ich hörte, dass es eine Propellermaschine ist, habe ich abgesagt. Auch Uli war sich nicht sicher, ob er mitfliegen würde. Er führte am Nachmittag noch Vertragsverhandlungen mit einigen Spielern, wollte sich erst am Abend entscheiden.«

Womöglich gerade weil Hoeneß so viel gearbeitet hatte an jenem Mittwoch, setzte er sich im Gegensatz zu Simmler ganz nach hinten in die Maschine. Das rettete ihm das Leben.

Es ist 19.45 Uhr an jenem 17. Februar 1982, als Wolfgang Junginger dem Tower des avisierten Flughafens in Hannover-Langenhagen erstmals Schwierigkeiten meldet. Das kann doch nicht wahr sein, schon wieder – schießt es ihm durch den Kopf. Im März 1979 erst hatte Junginger wegen eines Triebwerkausfalls mit einer Cessna 414 im Ebersberger Forst notlanden müssen. Mehrere Passagiere waren dabei schwer verletzt worden. Einige Tage später stellte sich dann heraus, dass Junginger die Maschine zu knapp betankt hatte. Es kam zu einem Prozess, und das Ebersberger Amtsgericht sprach den Ex-Skistar, der bei der Weltmeisterschaft 1974 in St. Moritz eine Bronzemedaille gewonnen hatte, erst Mitte Januar des Jahres 1982 frei. Junginger, der ein Jahr zuvor in waghalsigen Skiszenen James Bond gedoubelt hatte, musste sich aufwendigen medizinisch-psychologischen Tests unterziehen. Junginger und Hoeneß kannten sich gut, waren befreundet, sie spielten regelmäßig gemeinsam Tennis. Daher hatte sich der Bayern-Manager dem Piloten, der seit einem halben Jahr verheiratet war, schon oft anvertraut.

An jenem Abend nun zittern die Hände Jungingers, er hat die Maschine nicht mehr im Griff, verliert rasch an Höhe. Die Sicht ist schlecht in der kalten Februarnacht über Osterwald, einem Stadtteil der Stadt Garbsen, es ist unangenehm diesig. Der Flughafenlotse reagiert schnell und rät dem Piloten, trotz des begonnenen Landeanfluges wieder an Höhe zu gewinnen, dann Richtung Norden abzudrehen und kontinuierlich zu steigen. Danach reißt der Kontakt ab. Hektisch setzt Junginger Notrufe ab, zu spät – er hat die Maschine rund 15 Kilometer von der Landepiste entfernt nicht mehr unter Kontrolle. Die Piper-Seneca schlägt im

Sturzflug die Wipfel einiger Eichen ab, kracht auf eine Wiese, rutscht 100 Meter weit und bleibt erst an einem Weidezaun hängen. Vorfreude auf den gemeinsamen Abend hatte wenig zuvor noch das kleine Flugzeug erfüllt, nun war da nichts als ein kaltes, lebloses Wrack.

Im Kontrollzentrum des Flughafens von Hannover setzten die Notfallmechanismen ein. Weil die Maschine vom Radar verschwunden war, wurde sofort Großalarm ausgerufen bei Polizei, Feuerwehr und Technischem Hilfswerk. Die endgültige Absturzursache konnte später nie ermittelt werden, da die Piper-Seneca keinen Flugschreiber besaß. Technische Mängel, zu wenig Benzin im Tank oder gar ein Fehler des Piloten – diese Fragen konnten nie beantwortet werden.
Am selben Abend freute sich auch Karl-Heinz Deppe auf Paul Breitner. Die »Tagesschau« lief noch. Der 42-Jährige wollte danach von seiner Wohnzimmercouch aus sehen, wie sich Breitner, Rummenigge und die anderen im Länderspiel gegen die Portugiesen in Hannovers Niedersachsen-Stadion schlagen würden. Klaus Fischer traf nach 24 Minuten zum 1 : 0, drei Minuten später unterlief Humberto ein Eigentor – 2 : 0. Die Partie, ohnehin nur freundschaftlicher Natur und ein Vorbereitungsspiel auf die WM 1982 in Spanien, war früh entschieden und versprach daher weiterhin wenig Spannung. »Ich habe wie jeden Abend vor dem Fernseher gesessen und mich berieseln lassen«, erinnert sich Deppe, »nichts Besonderes.«

Daher fällt es Deppe, von Beruf Jäger, auch nicht sonderlich schwer, sich zu einer abendlichen Kontrollfahrt mit seinem Jeep aufzumachen, reine Routine. Also steigt er in seinen Wagen und fährt durch das Heitlinger Moor. Eine Viertelstunde vergeht, nichts Besonderes. Wie das Länderspiel scheint auch die Kontrollfahrt keine Überraschungen bereitzuhalten. Doch plötzlich sieht er im Kegel der Scheinwerfer etwas durch das Unterholz kriechen, ein Wildschwein, glaubt er, oder vielleicht ein tollwütiger Fuchs. Dann werden die Konturen klarer: Es ist ein Mensch. Deppe steigt aus und erkennt, dass es wohl ein Mann sein muss. »Er kam mir auf Händen und Knien entgegen.« Die Kleider sind zerfetzt, der Mann ist blutüberströmt und steht unter Schock. »Er hatte überall Blut. Ein furchtbares Bild. Er redete völlig unzusammenhängende Worte, ich konnte nur verstehen, wie er stöhnte: ›Ich friere‹. Und dann habe ich ihn erkannt.« Uli Hoeneß liegt vor ihm, halb tot. Wenige Meter weiter sieht Deppe nun einen abgerissenen und komplett verbogenen Propeller im Matsch liegen. Auf die Frage, ob noch jemand im Flugzeug stecke, sagt Hoeneß Nein. Deppe muss nun schnell handeln, nicht lange überlegen. Mein Gott, der Hoeneß hier – mit ihm. Er zerrt Hoeneß in seinen Jeep, um ihn schnellstens ins Krankenhaus zu bringen. Rasch wischt er sich Blut und Schlamm von den Händen, startet den Motor, drückt Kupplung und Gas – Motor, Wagen und Deppe heulen auf: Die Räder drehen durch, er kommt nicht aus dem Morast, ist stecken geblieben. Er muss Hoeneß allein lassen und rennt ins nächste Dorf, um von einer Telefonzelle aus die 110 anzurufen. Danach wartet er auf den Rettungswagen, der den Schwerverletzten ins Krankenhaus bringt. Hoeneß wird künstlich beatmet und bei der Ankunft im Krankenhaus sofort auf die Intensivstation gebracht.

Erst um 21.57 Uhr haben Polizei und Rettungsdienst die verschwundene Piper-Seneca geortet. In einem Umkreis von über 100 Metern lagen die Trümmer verteilt, das Cockpit hatte sich beinahe zur Hälfte in den Boden gebohrt. In den Sitzen klemmten drei Leichen, die bis zur Unkenntlichkeit entstellt waren. Hoeneß war weit hinausgeschleudert worden, das war sein Glück. Später wird ihm gesagt werden, dass es nur einen Platz in der Maschine gegeben habe, auf dem man diesen Absturz hatte überleben können. Seinen Platz. Ganz hinten rechts, nicht angeschnallt.

Als Hoeneß am nächsten Morgen aufwachte, blickten ihn zwei Augenpaare an. Paul Breitner und Karl-Heinz Rummenigge saßen an seinem Krankenbett. Hoeneß fragte als Erstes: »Na, wie ist das Länderspiel denn ausgegangen?« 3 : 1 für Deutschland. Nach dem Anschlusstreffer des Portugiesen de Matos hatte Fischer für den Endstand gesorgt.

Spielstände, Tore, Resultate – solche Dinge hatten für Breitner am Abend zuvor irgendwann keinerlei Bedeutung mehr. »Es sind etwa 60 Minuten gespielt, da registriere ich plötzlich, wie jemand an der Außenlinie herumrennt, hektisch winkt und schreit. Ich denke mir, wer führt sich denn da so auf? Von Weitem sehe ich, dass der Kerl keinen Trainingsanzug trägt, eher einen Trenchcoat. Ich laufe zur Außenlinie, auf einmal erkenne ich ihn. Ja, spinn ich, das ist doch der Bernd, der da an der Aschenbahn entlangturnt, direkt neben dem Linienrichter«, erinnert sich Breitner. Dieser Bernd, das ist Bernd Schröder, ein Unternehmer und gemeinsamer Freund von Hoeneß und Breitner aus München. Schröder brüllt zu Breitner herüber: »Der Uli ist abgestürzt mit seiner Propellermaschine, wahrscheinlich sind alle Insassen tot.« Das Spiel läuft weiter, Breitner muss seine Position halten, informiert jedoch Rummenigge. »Ich bin danach nur noch schwindlig und in Gedanken versunken auf dem Platz umhergeirrt, eigentlich hab ich gar nicht mehr mitgespielt«, erzählt Breitner. Zehn Minuten später die nächste Info von der Aschenbahn: »Drei Tote! Einer soll überlebt haben – mehr wissen wir noch nicht.« Eine Auskunft, die Hoffnung beinhaltet, aber im Grunde noch schlimmer ist. Was, wenn ...? Was, wenn ausgerechnet der Freund ...? Was, wenn der eine der vier ...? Abgehakte Gedanken schwirren durch Breitners Kopf, lähmen ihn, aber seine Beine laufen profimäßig einfach weiter. »Als ich einen klaren Gedanken fassen kann, renne ich zu Bernd und sage: ›Kümmer dich um einen Polizeiwagen, damit wir gleich nach dem Schlusspfiff los können.‹ Die letzten Minuten habe ich nur noch auf die Stadionuhr geschaut.«

An das geplante und für die Nationalspieler eigentlich obligatorische Festbankett im Hannoveraner Ratskeller verschwenden Breitner und Rummenigge in dieser Nacht keinen Gedanken mehr.

Mittlerweile hatte auch Bundestrainer Jupp Derwall mitbekommen, dass etwas nicht stimmte. Er erkundigte sich und wollte Breitner auswechseln – immerhin lief ja vor Millionen von Zuschauern noch ein Länderspiel. Aber Breitner lehnte ab. »Ich war paralysiert, das war mir auch schon egal. Die letzten Minuten habe ich mich nur an der Linie aufgehalten, von der aus ich möglichst schnell zu den Kabinen laufen konnte.« Eine letzte Anweisung noch an Rummenigge: Er sollte Interviews geben, nichts sagen, eine Routinenummer abziehen. Breitner wollte einen Reporterauflauf im Krankenhaus Hannover-Nordstadt vermeiden. Dann endlich der Schlusspfiff. »Ich bin gerannt wie ein Wahnsinniger«, erinnert sich Breitner, »habe mich auf der Treppe zu den Kabinen im Laufen beinahe komplett ausgezogen.« Drei Minuten später saß er verschwitzt im Auto, neben ihm Bernd Schröder. Der Polizist startete den Wagen – ab ins zehn Kilometer entfernte Krankenhaus. Auf der Fahrt bekamen sie die nächste Info: Der Name des Überlebenden war Uli Hoeneß. 20 Minuten später erreichten sie das Hospital, es war jetzt 22.50 Uhr. Just in dem Moment, als sie eintrafen, trugen Sanitäter den Schwerverletzten auf einer Trage Richtung Eingang der Intensivstation. Hoeneß hatte die Augen geöffnet, da stürzte Breitner auf ihn zu, berührte ganz vorsichtig sein blutverschmiertes Gesicht und schrie ihn an: »Uli, Uli, hörst du mich?« Hoeneß bewegte nur lautlos die Lippen.

Wenig später erreichte Karl-Heinz Rummenigge im Trainingsanzug das Krankenhaus Nordstadt. Er traf dort auf Paul Breitner, der auf einem Stuhl im Gang der chirurgischen Ambulanz saß und eine Zigarette nach der anderen rauchte. Sie durften in das Zimmer von Chefarzt

Dr. Otmar Trentz, bekamen Kaffee angeboten. Obwohl Rummenigge nicht so eng mit Hoeneß befreundet war wie Breitner, übermannten ihn die Gefühle. Er weinte. Erst aus Verzweiflung, dann aus Erleichterung, weil Chefarzt Trentz nach Mitternacht aus der Intensivstation kam und verkündete, dass Hoeneß auf jeden Fall durchkommen werde. Die Diagnose lautete: Querfortsatzbrüche an der Lendenwirbelsäule, eine Gehirnerschütterung sowie eine linksseitige Lungenquetschung, Frakturen am Oberarm und Knöchel, zudem ist Blut in die Lunge geraten. Aber eine weitere Operation war nicht notwendig. Trentz: »Herr Hoeneß kann sich an den Hergang des Absturzes überhaupt nicht mehr erinnern.«

Nun war es an der Zeit, Hoeneß' Ehefrau Susi per Telefon zu informieren. Breitners Frau Hildegard war zur Familie Hoeneß nach Hause geeilt, um sie zu trösten. Da es zu spät war, um noch nach Hannover zu fliegen, musste Frau Hoeneß auf die erste Frühmaschine am nächsten Tag warten.

Gegen drei Uhr fuhr Rummenigge dann zurück ins Mannschaftshotel, Breitner blieb im Krankenhaus. Die ganze Nacht, in der Hoeneß künstlich beatmet wurde, wachte er am Krankenbett seines Freundes. Ulis Bruder Dieter kümmerte sich unterdessen um ihre Eltern. Zum Glück hatten sie, die gerade Urlaub im österreichischen Seefeld machten, nicht aus der Zeitung oder dem Radio vom Flugzeugabsturz erfahren. Dieter Hoeneß: »Ich habe sie Donnerstagmorgen angerufen und es ihnen schonend beigebracht. Die Mutter war dennoch völlig fertig mit den Nerven.«

Am Donnerstag kam auch Susi Hoeneß im Krankenhaus an. Rein äußerlich sah ihr Mann eher aus, als hätte er eine Kneipenschlägerei hinter sich und keinen Flugzeugabsturz. Das linke Auge war wie für einen Faschingsball geschminkt, er hatte ein dickes Veilchen. Doch Hoeneß hatte auch Schmerzen, Stiche in der linken Lungenhälfte. Viel schlimmer war für ihn aber der Verlust eines Freundes, wie er Susi und seinen Freunden gestand: »Eigentlich fühle ich im Moment nur einen unwahrscheinlichen Schmerz wegen des Todes von Helmut Simmler, der ein echter Freund war.«

Paul Breitner kümmerte sich unterdessen um alles Wichtige, er wollte die rasche Verlegung von Hoeneß ins Klinikum Großhadern in München zu Professor Heberer für Freitagvormittag veranlassen. Doch da gab es ein Problem. Wie sollte Hoeneß nach München gebracht werden? Im Auto? Mit den Verletzungen und den Schmerzen? Im Flugzeug? Nur eineinhalb Tage nach dem Absturz – unmöglich. Aber Breitner hatte einen Plan. »Ich organisierte eine Cessna 441, sagte aber Uli nichts davon. Wir fuhren dann zum Flughafen, seine Frau Susi war auch dabei, und sind zusammen aufs Rollfeld raus. Ich musste Uli ein wenig stützen, er konnte nicht schmerzfrei gehen, war etwas wacklig.«
Sie näherten sich zwei Maschinen, einem kleinen Düsenjet und einer Propellermaschine ähnlichen Typs wie die Piper-Seneca. Nun kam der Moment, in dem sich die gesamte weitere Managerkarriere von Hoeneß entscheiden sollte. Wie würde er seinen Job weiter ausüben können, wenn er wegen des Absturzes nicht mehr in der Lage wäre, jemals wieder ein Flugzeug zu besteigen? Ein Scheideweg tat sich auf, mitten auf dem Rollfeld. Eine entscheidende Kreuzung im Leben. Ein Moment, in dem man einen echten Freund an seiner Seite braucht.
»Er hatte nur eine Chance«, sagt Breitner später, »ich wollte, dass er das so schnell wie möglich verarbeitete. Er ging zur Düsenmaschine hinüber, aber ich schob ihn, ohne etwas zu sagen, zur Propellermaschine.«
Hoeneß blieb stehen, nur wenige, aber ewig anmutende Sekunden. Er musste fliegen. Konnte er sich überwinden? Er konnte. Gemeinsam mit seiner Frau stieg er ein und flog nach Hause, Breitner fuhr mit dem

Auto zur Mannschaft nach Bremen und telefonierte dann Hoeneß hinterher. »Ich war erst beruhigt, als ich erfuhr, dass er gesund gelandet war. Also, ein Hund is' er scho', der Uli, wie man in Bayern sagt, ich würde mich nicht mehr in so eine Maschine setzen.«

»Ich wusste, dass er im umgekehrten Fall genauso gehandelt hätte, wir haben uns blind verstanden«, so Breitner im Rückblick. In München angekommen, wurde Hoeneß von Tochter Sabine (6) abgeholt, die mit Verwandten zum Flughafen gekommen war und dem Papa ein paar Bilder gemalt hatte. Sie überreichte ihm die Kinderkunstwerke und staunte über den Gehgips am rechten Fuß. Nach der Landung sagte Hoeneß zu Journalisten: »Der Schock kann noch kommen.« Es klang, als würde er darauf warten. An den Absturz selbst, die Rettung durch Jäger Deppe und seine erste Nacht im Krankenhaus hat er bis heute keinerlei Erinnerung, weil er ja tief geschlafen hatte während des Fluges. »Als ich aufgewacht bin, saßen meine Frau und der Paule an meinem Krankenbett. Es ist wohl besser so, dass ich mich nicht mehr erinnern kann. Sonst würden mich diese schlimmen Szenen nie mehr loslassen.«

Ganz verdrängen will er jene Nacht allerdings nicht. Deshalb liegen Fotos aus Zeitungen der Tage nach diesem 17. Februar 1982 in seinem Büro – nicht an der Säbener Straße, zu Hause an seinem Wohnsitz am Tegernsee. Ab und zu, gibt er zu, wirft er einen Blick darauf. Und dann wird ihm ganz anders. Er ist sich bewusst, dass er im Grunde keine Chance gehabt hatte zu überleben. Kaum zu glauben, dass überhaupt jemand aus dem Wrack lebend herausgekommen ist – und dass gerade er es war. Seitdem hat sich auch seine Einstellung verändert, wie er im Jahr 2003 einmal verriet: »Es war eben der Punkt in meinem Leben, an dem ich zu mir gesagt habe: Irgendwann zählt nicht mehr das Nehmen, sondern das Zurückgeben an die Gesellschaft.«

Unter den Bayern-Spielern herrschte in den Tagen nach dem Absturz »tiefe Betroffenheit«, wie es etwa Verteidiger Udo Horsmann ausdrückte, die Stimmung beim Training war komplett am Boden. Keine ideale Vorbereitung für das Prestigeduell im DFB-Pokal am Samstag darauf bei Werder Bremen. Und da gab es noch ein Problem: Kaum einer aus der Mannschaft und dem Betreuerstab wollte mehr in ein Privatflugzeug steigen. Also buchten die Bayern kurzfristig auf eine Linienmaschine nach Bremen um. Ab sofort wollte man sich wohl nur noch Berufspiloten anvertrauen – zumindest in den ersten Wochen und Monaten nach dem Absturz. In Bremen schien eine schlimme Niederlage vorprogrammiert. Vom Telefon am Krankenbett aus forderte Hoeneß: »Tut alles, damit ihr das Halbfinale um den DFB-Pokal erreicht.«
Vor dem Anpfiff sagte Breitner: »Es ist keine Partie wie jede andere. Wir alle spüren eine gewisse innere Verpflichtung.«
Die Mannschaft stand unter Schock – und siegte dennoch nach Verlängerung mit 2:1. Ausgerechnet Breitner schoss beide Tore. Heute noch spricht er davon, dass er damals eines seiner besten Spiele für den Verein gemacht habe, und dies aus gutem Grund: »Wir haben in erster Linie für ihn gekämpft und gesiegt. Meine beiden Treffer waren mein persönliches Geschenk und sicher die beste Medizin, um Ulis Genesung zu beschleunigen. Wäre ich Einzelsportler gewesen wie beispielsweise ein Tennisspieler – mir wäre an dem Samstag alles wurscht gewesen. Aber so war ich dem Verein und auch meinen Kollegen gegenüber verantwortlich.«
Die 5000 DM Siegprämie waren keine Genugtuung, Breitner hatte andere Sorgen: »Ich war nur noch eines: müde.« Denn Ulis bester Kumpel hatte kaum geschlafen seit Mittwochabend, seit Bernd Schröder während des Länderspiels gegen Portugal an die Seitenlinie gestürmt war.

Während seiner Abwesenheit übernahm Präsident Willi O. Hoffmann Hoeneß' Aufgaben als Manager, er sollte die Geschicke des Clubs vorerst gemeinsam mit Geschäftsführer Walter Fembeck lenken. »Wir haben immer eng zusammengearbeitet, sodass ich in die laufenden Angelegenheiten eingeweiht war«, sagte Hoffmann später. Allerdings sei seine Sorge gewesen, dass doch ein »kleines Vakuum« hätte entstehen können hinsichtlich neuer Aktivitäten im Bereich Werbung. Aber Breitner beobachtete genau, was passierte. Weil Hoeneß' Sekretärin gerade Urlaub auf Gran Canaria machte, wurde er persönlich zum Aufpasser, ungebetene Gäste durften nicht ins Büro an der Säbener Straße. Vor allem niemand, der womöglich das Manageramt übernehmen wollte. »Er hat sie alle weggebissen«, erinnert sich Hoeneß, »diese Erlebnisse haben uns zusammengeschweißt.«

Vier bis sechs Wochen sollte die Schreibtischsperre für Hoeneß andauern. Am 23. Februar lautete die Schlagzeile der »Abendzeitung« auf Seite 6: »Uli Hoeneß managt im Bett, Paul Breitner hilft im Büro«. Dem Reporter sagte Hoeneß: »Den 17. Februar feiere ich ab jetzt als zweiten Geburtstag.« Doch viel Zeit für Sentimentalitäten nahm er sich nicht, fügte fast im selben Atemzug hinzu: »Ich möchte so schnell wie möglich wieder arbeiten. Das Leben freut einen nun umso mehr. Außerdem habe ich bei allem Unglück die positive Erfahrung gemacht, dass ich doch eine Menge echter, guter Kumpel habe.«

Auf dem Nachtkästchen an seinem Bett auf Station H21, Zimmer 112 des Klinikums Großhadern standen Blumen, Obst und ein paar aufmunternde Karten. Und natürlich ein Telefon. Zum Arbeiten. Nur etwa jeder zehnte Anruf war privat. Etwa der: »Ja, servus, Uli, der Sepp ist hier. Kann man dich besuchen?« – »Freilich, gerne, komm vorbei!« Torhüter Maier fuhr sofort hin. »Ich wollte unbedingt, hatte das Gefühl, das machen zu müssen.« Auch weil er sich daran erinnerte, wie sich Hoeneß nach Maiers Autounfall 1979 eine Woche lang um ihn gekümmert hatte. »Als ich dort war und ihn im Bett sitzen sah, war ich erleichtert. Der Uli hatte ein blaues Auge – sonst nichts. Und was machte er? Telefonieren! Da wusste ich: So schlimm kann's also nicht sein.« Hoeneß zog sich an, und sie verließen gemeinsam das Klinikumgelände, weil sie Lust hatten auf Weißwürste gegenüber in einer kleinen Wirtschaft.

Hoeneß war zurück im Leben. Karl-Heinz Deppe, den Jäger, seinen Lebensretter, der noch heute in der Nähe von Osterwald wohnt, hat Hoeneß nie vergessen. »Ein Jahr später, im Februar 1983, hat mich Uli Hoeneß mit meiner Familie und dem gesamten Freundeskreis nach München eingeladen – das muss man sich mal vorstellen«, erzählt Deppe. »Wir waren 50, 60 Mann. Wir haben ein Spiel im Olympiastadion gesehen und dann im ›Sheraton‹-Hotel übernachtet. Unsere Party ging bis sechs Uhr früh, das war ganz toll.« Deppe bekam auch regelmäßig Post von Hoeneß zum Geburtstag. Und Anrufe von Journalisten, je nachdem, welcher Jahrestag anstand, wie viele Jahre sich die wundersame Rettung aus dem Wrack jährte.

»Ich wollte und will keine Geschäfte mit dieser Sache machen. Damals wollte ein People-Magazin mich kaufen, alle Erinnerungen, alles. Aber ich habe abgelehnt. Auch ein Reporter einer Boulevardzeitung war da. Einmal bin ich dann reingefallen. Sie haben mich gefragt, ob ich denn zum Geburtstag oder zu Weihnachten – ich weiß es nicht, egal – etwas von Uli Hoeneß bekommen habe. Ja, und tatsächlich, in diesem Jahr hatte ich nichts bekommen. Aber das war Zufall, er hat mir immer mal wieder was geschickt. Und was macht die Zeitung, sie schrieb: ›Hoeneß vergisst seinen Lebensretter!‹ Das war einfach lächerlich.« Seitdem ist Deppe skeptisch. Auch weil er völlig bescheiden geblieben ist. Er, der Menschenretter, der Karriereretter des Bayern-Managers. »Ich habe Hoeneß gerettet, ja. Aber ich finde, ich habe nur meine Pflicht getan.«

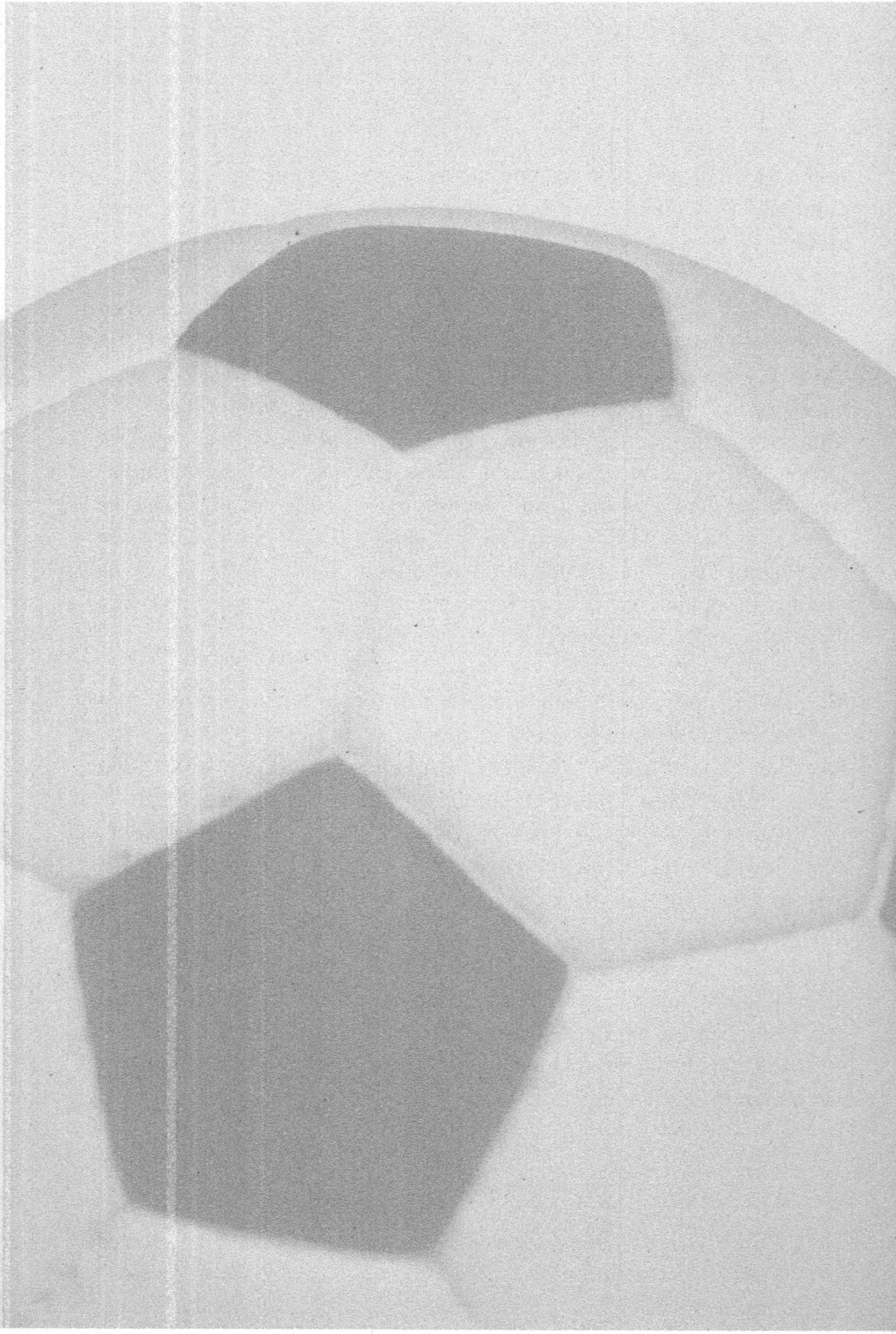

2.

Weltmeister und Depp der Nation

Denkt man an Uli Hoeneß und seine Zeit als Spieler zurück, hat man drei Bilder im Kopf. Gut, das ist wenig schmeichelhaft, weil zwei der Bilder negativ besetzt sind. Und der bei vielen in Erinnerung gebliebene Uli-Hoeneß-spielt-Fußball-Moment ist im Grunde der, als ein Ball weit über eine Querlatte hinwegsauste.

Belgrad 1976, der 20. Juni, das Stadion Roter Stern. Das Finale um die Europameisterschaft der deutschen Nationalmannschaft gegen die Tschechoslowakei ging mit unangemessenen Rahmenbedingungen über die Bühne. Ein schlecht ausgeleuchtetes Stadion und nur mäßig gefüllte Tribünen, da der Gastgeber Jugoslawien im Halbfinale gegen Deutschland ausgeschieden war. Die Tschechoslowaken führten bald 2 : 0, doch wie so oft glich die DFB-Elf noch aus, wie so oft erst kurz vor Schluss, Hölzenbein traf in der 90. Minute zum 2 : 2. Es gab Verlängerung, 30 Minuten ohne besondere Vorkommnisse, Ende. Normalerweise würde wie bis dahin üblich ein Wiederholungsspiel an selber Stelle zwei Tage danach ausgetragen werden. Doch von wegen. Der DFB hatte aus Fürsorgepflicht seinen Spielern gegenüber per Antrag durchgedrückt, dass es im Falle eines Unentschiedens erstmals bei einer EM oder WM ein Elfmeterschießen und kein kräftezehrendes Wiederholungsspiel geben sollte. Die Einigung war erst am Vorabend zustande gekommen. Die Spieler sollten nach einer langen Saison früher in den Urlaub gehen können.

Und so wurde Hoeneß wieder einmal zu einem Pionier. Er wollte ja immer schon in allen möglichen Dingen der Erste sein, und seit jener Juninacht 1976 war er der erste Depp der Nation, der erste Profispieler, der bei einem Elfmeterschießen eines großen Turniers versagte. Und das nicht irgendwie läppisch per Flachschuss in die Arme des Torhüters, nein, er ballerte die Kugel so richtig herzhaft über das Tor in den Nachthimmel von Belgrad. All die sieben Schützen vor ihm hatten souverän getroffen, nur Hoeneß nicht. »Das werde ich nie vergessen, diese Momente habe ich immer noch vor mir. Ich war körperlich völlig am Ende und dann nach dem Schuss völlig apathisch, alles um mich herum rückte in weite Ferne«, erinnert er sich später. Der Weg vom Elfmeterpunkt zurück zur Mittellinie wird zu einem Marathon der Selbstvorwürfe. Als er bei den Kollegen ankommt, tröstet ihn Franz Beckenbauer und streichelt ihm übers Haar. Gleichzeitig lupft der nächste Schütze, der Tschechoslowake Antonín Panenka, die Kugel ganz zart und zugleich rotzfrech am gefoppten Sepp Maier vorbei mitten ins Tor. So, als wolle er zeigen: Herr Hoeneß, es geht auch mit Gefühl. 7 : 5, Ende.

Die Deutschen konnten also ihren EM-Titel nicht verteidigen. Und das alles wegen zwei Tagen früher Urlaub. Hoeneß hatte etwas getan, das in Erinnerung bleiben sollte, und musste dafür in all den Jahren danach mit einer Menge Spott leben. »Ulis Ball suchen sie in Belgrad wohl heute noch«, ist einer von Beckenbauers Lieblingswitzen. In einem ehrlichen Moment aber gestand er Hoeneß gegenüber: »Ich bin ja sogar froh, dass du den Ball verschossen hast, weil ich nach dir drangekommen wäre.« Viele Jahre später konnte auch der Versager von 1976 über die Schmach lachen, er konterte bei einem UEFA-Cup-Spiel des FC Bayern vor Ort in Belgrad im Herbst 2007: »Den Ball hat man kürzlich bei den Aufräumarbeiten nach dem Balkankrieg wiedergefunden.«

1974 hatte Uli Hoeneß nicht für den Schlusspunkt, sondern auch für die unglückliche Ouvertüre eines bedeutenden Spiels gesorgt, indem er einen Elfmeter verursachte. »Die schrecklichste Nacht meines Lebens«, wie er sagt, musste er vor dem WM-Finale am 7. Juli 1974 im Münchner Olympiastadion gegen die Niederlande durchmachen. Ausgerechnet vor dem wohl größten Spiel seines Lebens litt er an einem fiebrigen Infekt – 39 Grad Fieber, Schüttelfrost und Schweißausbrüche. In seinem Hotelzimmer wechselte er mehrmals den Schlafanzug und wendete die Matratze. Trainer Helmut Schön sagte Hoeneß nichts, aus Angst, nicht dabei sein zu dürfen. Er schwindelte sich also ins Finale, und sein Plan ging auf. Hoeneß durfte spielen, die Ärzte merkten nichts. Das bisschen Fieber hätte ja auch Lampenfieber sein können.

Das Unglück kommt in Gestalt des niederländischen Kapitäns Johan Cruyff auf Uli Hoeneß zu, schon zwei Minuten nach dem Anpfiff. Unaufhaltsam führt der Oranje-Spielmacher den Ball von der Mittellinie wie einen Hund an der Leine bis in den Strafraum der Deutschen, er wird dabei von Berti Vogts verfolgt, als wäre er Cruyffs Leibwächter. Im Strafraum angekommen, übernimmt dann Hoeneß und foult den Eindringling – Elfmeter. Die Deutschen hatten den Ball noch nicht wirklich berührt und lagen schon 0 : 1 hinten, Schuld hatte Hoeneß. Doch sein Kumpel Breitner und später Gerd Müller schafften die Wende und erlösten ihn – 2 : 1. Der Weltmeistertitel 1974. Für Hoeneß der größte Erfolg seiner Karriere als Nationalspieler.

Wenige Wochen zuvor – und das ist der dritte, jedoch freudigste Moment in seiner Zeit als Spieler – hatte er den für ihn wichtigsten Titel als Bayern-Profi erreicht. Den wertvollsten jener drei Serientriumphe im Europapokal der Landesmeister ab 1974, weil es der erste war und weil Hoeneß den größten Beitrag geliefert hatte. Im Finale in Brüssel gegen Atlético Madrid zeigte er der Welt, was Schnelligkeit und Coolness bedeuten. Mit dieser Mischung erzielte er das 1 : 0. Einen Pass von Breitner aus der eigenen Hälfte nimmt Hoeneß auf, sprintet auf den Atlético-Torwart zu und schiebt dem Spanier den Ball elegant durch die Beine. Zwischendrin trifft – natürlich – Gerd Müller zweimal. Die Krönung ist jedoch das 4 : 0, wohl das schönste Tor in Hoeneß' gesamter Karriere. Nach einem Fehler der Spanier erhält

Hoeneß an der Mittellinie den Ball und startet ein Solo, begleitet von »ARD«-Kommentator Oskar Klose, der seine sonst stets vornehme Zurückhaltung in diesem Moment völlig vergisst: »Hoeneß – ein Mann noch, einer ist bei ihm. An dem muss er noch vorüber, der zweite kommt. Jetzt legen sie ihn um. Nein, er macht sie alle fertig.«
So war es.
Und das holt sich Hoeneß immer wieder in Erinnerung. Es ist das einzige Spiel, das er sich alle paar Jahre einmal auf Video anschaut und dabei »heute noch Gänsehaut bekommt«. Es ist der bedeutendste Moment während seiner Bayern-Zeit als Aktiver. »Als ich damals in der Kabine saß, habe ich mir gedacht: Wenn man das Leben anhalten könnte und Glück spüren – da hatte ich es.«

Das Glück von Brüssel im Mai 1974, das süß-saure Erlebnis WM-Finale im Juli desselben Jahres in München, zwei Jahre später der Moment der Wahrheit beim Elfmeterschießen in Belgrad. Es sind bis heute diese drei Momente, welche die aktive Fußballerkarriere von Uli Hoeneß nachhaltig geprägt haben.

Wegen jenes Treffers gegen Atlético Madrid und vieler anderer gleicher Bauart wurde Hoeneß in den 1970er-Jahren der Titel »Jungsiegfried« verliehen, die blonden, kaum zu bändigenden Locken und die hohe Stirn waren sein Markenzeichen. Sepp Maier freut sich heute noch über die Sorge, die ihn als Torwart damals umtrieb: »Wenn er da rechts außen mit seiner roten Birne über den Platz gehetzt ist, dachte ich oft: Jetzt platzt er gleich.« Zur WM 1974 widmete die Deutsche Post Uli Hoeneß eine Sonderbriefmarke aus der Serie »Fußballweltmeisterschaft« im Wert von 40 Pfennig, eine Ehre, die sonst nur bereits Verstorbenen zuteilwurde. Darauf zu sehen war Hoeneß im Duell mit zwei Gegenspielern, allerdings wie bei einem Cartoon leicht verfremdet.

Zu jener Zeit war er der schnellste Stürmer Europas. An guten Tagen konnte er die 100 Meter in elf Sekunden laufen, was theoretisch beinahe für die Qualifikation zu den Olympischen Spielen gereicht hätte. Tatsächlich trat er sogar einmal bei Olympia an, 1972 in München, nicht als Profi, sondern als Amateurspieler. Das hatte er zwei Jahre zuvor bei Vertragsabschluss mit Bayerns damaligem Manager Robert Schwan so vereinbart. Mit Hoeneß in der deutschen Mannschaft war Ottmar Hitzfeld, den er 26 Jahre später als Trainer engagieren wird. Eine Medaille gab es allerdings nicht für Uli, den Olympioniken, trotz des Heimvorteils. Nach einem 2:3 gegen die DDR schied die vom späteren Bundestrainer Jupp Derwall betreute Elf in der Zwischenrunde aus.

Zwei Monate zuvor hatte Hoeneß den Europameistertitel gewonnen. Überhaupt war seine Karriere geprägt von einer komprimierten Titelsammlung, der Mann war zur richtigen Zeit am richtigen Fleck. Europameister und Weltmeister mit der Nationalelf, dreimal mit dem FC Bayern in der besten Mannschaft Europas, Weltpokalsieger und Deutscher Meister sowieso. Fast als hätte er es geahnt, dass alles ganz schnell gehen musste. Schließlich hatte er nur wenig Zeit, denn mit 27 Jahren musste er seine Spielerkarriere beenden. Zuvor aber war er es, der die Arrivierten, die Altstars um Beckenbauer, Maier und Müller, die schon seit Mitte der 60er-Jahre zusammenspielten, als Jungspund kräftig aufmischte.

1970 war er gemeinsam mit Paul Breitner und Rainer Zobel zum FC Bayern gekommen. Und Hoeneß, der Neuling aus Ulm, entwickelte sich zu einem aufmüpfigen Zeitgenossen, einem frechen Burschen, der die bestehenden Hierarchien und anwesenden Autoritäten zwar respektierte, sich aber dennoch viel herausnahm. Bis es Franz Beckenbauer, dem Kapitän, einmal zu viel wurde und er Hoeneß öffentlich heruntermachte: »Bayern ist auch ohne ihn Europapokalsieger geworden.« So wurden damals zu renitente Jungprofis zurechtgestutzt. Auch Sepp Maier erinnert sich an die Sturm-und-Drang-Phase des damals 18-jährigen Hoeneß: »Der Uli hat ab und zu eine auf den Deckel gebraucht, der musste wieder runtergeholt werden.« Neben Beckenbauer übernahm dies Udo Lattek, obwohl der Trainer sonst eher ein Kumpeltyp war. »Es gibt niemanden, den ich öfter anbrülle als den Uli«, sagte Lattek damals, »der Kerl ist mir oft zu selbstsicher.«

Dieser Kerl machte auch schon früh sein eigenes Ding abseits des Platzes. Egal, wie skurril die Pflichten eines Werbevertrages aussahen, egal, wie viel Intimsphäre aus seinem Privatleben er dadurch preisgeben musste – er hatte seine Werberechte verkauft und probierte sich aus. Dass aber Sieger eines Gewinnspiels durch sein Wohnzimmer wie durch ein Museum latschten, missfiel seiner Frau gehörig. Das eigene Zuhause wurde zur Werbebühne. Aus heutiger Sicht eine aberwitzige Idee, dass Besucher einer Bundesgartenschau Ende der 70er-Jahre ein Wochenende mit Uli Hoeneß gewinnen konnten – inklusive eines Stadionbesuchs im Olympiastadion sowie am Tag danach einer Einladung ins Haus der Familie Hoeneß zum Bauernfrühstück. Der Star zum Anfassen, der Star ganz privat. Den Gästen, die durch die Zimmer schlichen und fotografierten, als handele es sich um Gemächer einer Königsfamilie, servierte der Gastgeber mit Haushaltshandschuhen Leberkäs aus dem Ofen, dazu Brezn, Wurst, Käse und zur Begrüßung ein Glas Sekt. Für Hoeneß war das damals völlig okay, er sagte einem TV-Team auf einer 2005 neu aufgelegten DVD mit dem Titel »Profis – ein Jahr Fußball mit Paul Breitner und Uli Hoeneß« über die Saison 1978/79 in die Kamera: »Zwischendurch macht's mir auch Spaß, den Leuten ein guter Gastgeber zu sein, auch wenn es fremde Leute sind.« Nur Frau Susi war ganz und gar nicht begeistert. Als ein TV-Team solch eine Besuchergruppe filmte, sprach sie ehrliche Worte

in die Kamera: »Mich stört es, ich hab's nicht sehr gern – vor allem, wenn die Leute dann meinen, sie können sich bei uns das Haus anschauen. Wenn die dann so im Haus rumlaufen, finde ich schon, dass es ein Eingriff ins Privatleben ist. Aber es gehört eben zum Berufsleben meines Mannes, es muss sein.« Sie arrangierten sich wohl irgendwie. Schließlich gab es für Hoeneß bis zu 100 000 DM pro Jahr. Weniger nervig als die Bewirtung der Eindringlinge waren Diskussionsrunden, Autogrammstunden, das Pfeifen eines Schüler-Fußballspiels oder die Leitung eines Trainings bei einem Amateurverein. In Gesprächen über seine möglichen Werbepartner verriet Hoeneß: »Zu mir passen eine Bausparkasse, eine Versicherung, eine Bank, aber auch Jugend- und Freizeitmode sowie alle kinderbezogenen Dinge, weil ich sehr gern mit Kindern zu tun habe.« Seine Gedanken gingen also damals schon weit über den Strafraum hinaus.
Hoeneß gehörte einer neuen Spielergeneration an, der Generation der Abiturienten, die nicht mehr widerstandslos alles mit sich machen ließen und den Autoritäten wie dem Trainer nicht bedingungslos folgten. Kein anderer Bundesligaverein hatte damals mehr Abiturienten unter Vertrag als der FC Bayern: Hoeneß und Paul Breitner, Rainer Zobel, Edgar Schneider, Günther Rybarczyk oder Charly Mrosko, der später Rechtsanwalt wurde. Oder Jupp Kapellmann, der während seiner Zeit beim FC Bayern Medizin studierte. Für damalige Verhältnisse eine Sensation.

Eine 2,4 – das war Hoeneß' Abiturnote. Dass er 1971, in seinem ersten Jahr bei Bayern, noch seinen Abschluss am Gymnasium machen konnte, erfüllte ihn mit Stolz. Und einer Portion Übermut. Er sah die Zeit gekommen für einen Wandel, nicht nur in der Gesellschaft infolge der 68er-Generation, sondern auch im Bereich der Profifußballer. Damals sagte er keck: »Die Ära der Analphabeten ist vorbei. Fußball in der Bundesliga wird mit Köpfchen gespielt. Und Spieler, die nur rennen, kommen entweder nie über ein Mittelmaß hinaus oder verschwinden bald wieder in der Versenkung.« Ein Uli Hoeneß aber nicht. Schließlich sollte seine zweite Karriere als Manager sogar noch erfolgreicher sein als die Zeit als Spieler. Sein Körper setzte ihm letztlich die Grenze. Nur ganz wenige Profis müssen ihre Laufbahn mit lediglich 27 Jahren beenden – in einem Alter, in dem einem Fußballer normalerweise die besten Jahre noch bevorstehen. Hoeneß hatte sich im Finale des Europapokals der Landesmeister 1975 gegen Leeds United in Paris eine schwere Knieverletzung nach einer Attacke von Gegenspieler Frank Gray zugezogen, die sich später als Kreuzbandriss entpuppte. Ein tröpfelndes Karriereaus, das sich noch über knapp vier Jahre hinziehen sollte. Dennoch hatte Hoeneß in relativ kurzer Zeit viel erreicht.

Wie hätte er aber zum damaligen Zeitpunkt ahnen können, dass seine zweite Karriere noch viel mehr für ihn bereithalten sollte, dass sie beinahe doppelt so lange andauern würde? Mit 27 Jahren Manager des FC Bayern zu werden ist etwa so, als würde ein Schüler der neunten Klasse sagen: Okay, ich geb alles auf, fange dafür gleich zu studieren an. Doch ein Pionier zu sein, der Beste zu sein – das treibt Uli Hoeneß seit je an, das befriedigt seinen großen Ehrgeiz.

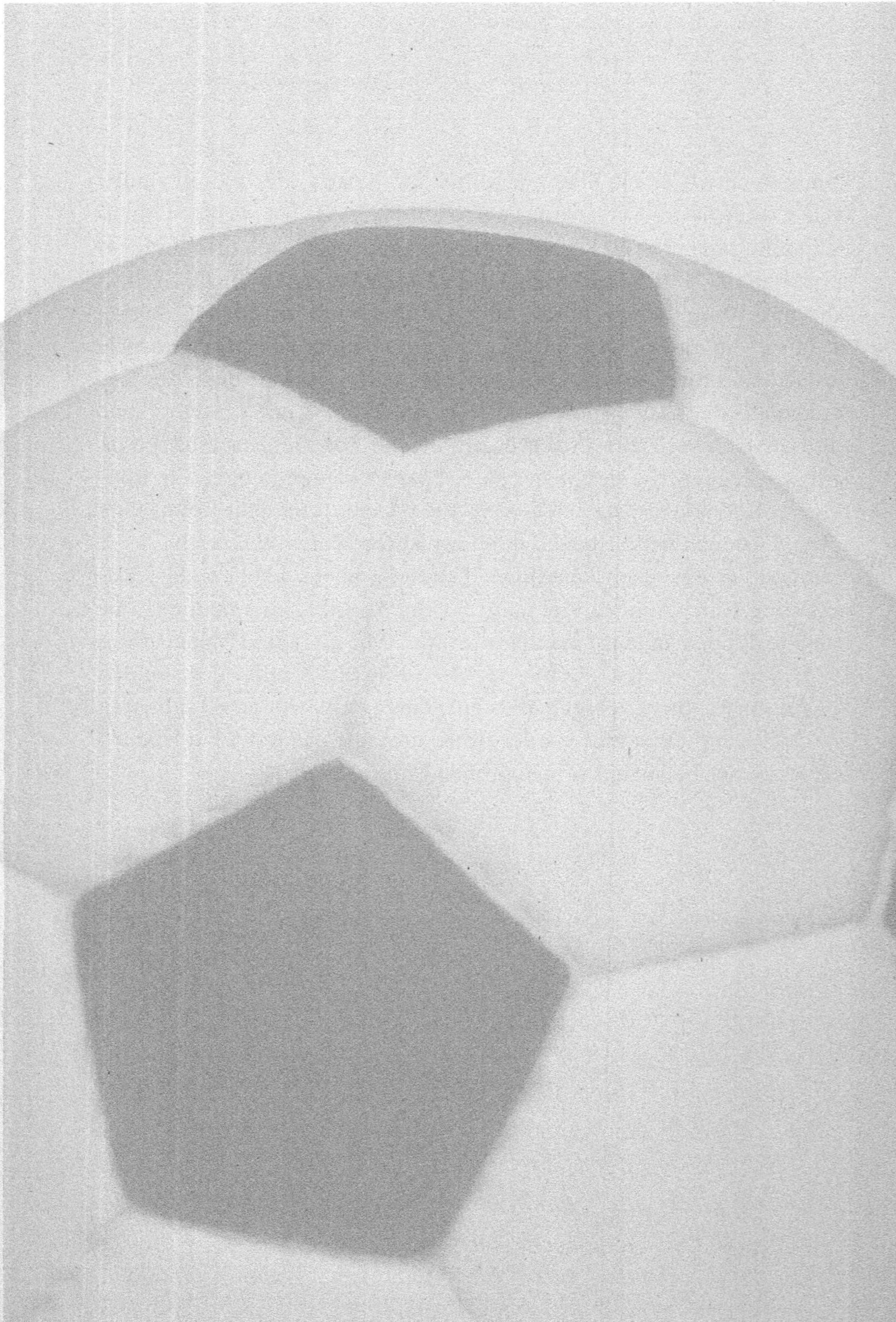

3.

Die Ehe mit Paul Breitner

Nein, Uli Hoeneß konnte nicht ahnen, dass seine Spielerkarriere so bald enden würde, nicht nach all den Erfolgen. Niemals wäre es ihm in den Sinn gekommen, dass die Saison 1978/79 seine letzte sein könnte. Schließlich war er gerade einmal 26 Jahre alt, als die Spielzeit mit einem freudigen Ereignis für Hoeneß begann. Sein Kumpel Paul Breitner kehrte nach drei Jahren bei Real Madrid und der Episode Eintracht Braunschweig zum FC Bayern zurück. Eigentlich war es eher eine Rückkehr zu Uli Hoeneß, der da noch aktiv war. Als Breitner von 1974 an drei Jahre in Madrid war, hatten sich die beiden Freunde oft gegenseitig besucht, mal in München, mal in Spanien. Wie ein Liebespaar das macht, flog mal der eine, mal der andere an trainingsfreien Tagen ein, sie trafen sich sogar in Barcelona, damit es für jeden nicht zu aufwendig wurde. »Wir haben gegessen, ein Gläschen Rotwein getrunken und ganze Abende lang diskutiert«, erzählt Breitner. Das Thema: Wie könnte man den FC Bayern, der nach den Fließbanderfolgen von 1974 bis 1976 träge und nachlässig geworden war, wieder zurück auf Europas große Bühne bringen? Zunächst durch Abwarten. Die Freunde sehnten den Abschied von Franz Beckenbauer herbei, glaubten daran, dass anschließend eine neue Spielergeneration, ihre Generation, das Sagen haben würde. »Unsere Überschrift über allem, unser Ziel war ein zweites Real Madrid«, so Breitner, der im Rückblick feststellt: »Es war ein Traum, der damals aber nicht realistisch war. Real, dieser stolze, weltmännische Club mit diesen weißen Trikots ohne Werbung, diese Grandezza – das war eine Galaxie für sich.« Breitner hatte Erfolg, hatte das Paradies gefunden. Doch selbst dieses Paradies war nicht ohne Tücken: »Mir ging's in Madrid schlichtweg zu gut.« Außerdem musste er auf seinen Kumpel Uli verzichten.

Im Frühjahr 1977 wollte ihn Bayern-Manager Robert Schwan daher für die kommende Saison zurückholen. »Doch ich war zu stolz, ich wollte nicht als reumütiger verlorener Sohn zurückkehren«, erinnert sich Breitner, der drei Jahre zuvor im Unfrieden gegangen war. Aus finanziellen Gründen und auch ein wenig, um den Bayern eins auszuwischen, wechselte er dann nach Braunschweig. Eintrachts Vereinspräsident Günter Mast, der mit »Jägermeister« Millionen gemacht hatte, trat als erster Brustsponsor der Bundesliga auf und spendierte dem mittelmäßigen Provinzclub die Attraktion Breitner. Bei Fans und Mitspielern kam der Ex-Spanien-Legionär mit seiner dominanten Art allerdings nie an, nach einem Jahr und lediglich Rang 13 fand die skurrile Episode daher wieder ein Ende. Es gab daraufhin viele Angebote, er verhandelte mit dem Hamburger SV, sprach mit Paris St. Germain. »Ich war dann schon mit einem Bein bei Cosmos New York«, so Breitner, er sollte Franz Beckenbauer in die Operettenliga folgen. »Die Verhandlungen waren abgeschlossen, ich hatte Uli informiert. Es war alles klar, nur noch die Unterschrift fehlte.« Und das Okay von Hoeneß, dem Freund und Bayern-Spieler, der jedoch an die Zukunft seines Vereins dachte. »Uli sagte dann zu mir: ›Du gehst nicht nach New York. Basta!‹ Das war ein Befehl. Ausschließlich er hat mich überzeugt.« Doch wie sollten der Weltstar Breitner, der die königlichen Bezüge aus Madrid und das hohe Salär aus Braunschweig gewohnt war, und die Ablösesumme von den klammen Bayern jener Tage bezahlt werden? »Ich habe zu Uli gesagt, wenn du die Kohle für mich auftreibst, komme ich.«

Und Hoeneß schaffte es. Es war der erste Transfer, den ein Spieler nicht nur eingefädelt, sondern dessen Finanzierung er auch gesichert hatte. Wenn man so will, war Hoeneß in diesem Moment aktiver Spieler, Breitners Spielerberater und bereits Bayern-Manager. Die Idee für die Finanzierung des Geschäfts hatte sich Hoeneß pikanterweise ausgerechnet von den Braunschweigern abgeschaut. Bis dato war der Schriftzug des Sportartikelherstellers Adidas auf den roten Bayern-Trikots gewesen, und eine sportfremde Firma galt als tabu.

Da Hoeneß seine Kontakte in die Heimat Ulm nie hatte abreißen lassen, konnte er aber den Lastwagenhersteller Magirus-Deutz dazu überreden, sich an der Säbener Straße zu engagieren. Hoeneß fädelte den Deal ein, und Schwan führte die Verhandlungen zum Abschluss. Fixiert wurde der Vertrag dann im Traditionsrestaurant »Franziskaner« in München auf einer Speisekarte. Die 2,25 Millionen DM, die der FC Bayern für einen Dreijahresvertrag bekam, wurden für die Finanzierung der Breitner-Ablöse, die mit 1,96 Millionen DM für damalige Verhältnisse exorbitant hoch war, hergenommen. »Innerhalb einer Woche hatte Uli das Geld aufgetrieben«, so Breitner, »dann konnte ich nicht mehr anders und habe mir gesagt: ›So, und jetzt kehrst heim nach München.‹ Es war Ulis Verdienst.«

Und mehr als ein Freundschaftsdienst. Paul Breitner beschreibt die außergewöhnliche Freundschaft auf der DVD »Die Profis« so: »Wir haben uns 1966 in der Schüler-Nationalmannschaft kennengelernt und seitdem einfach wunderbar verstanden. Für viele, die uns damals beobachtet haben, war das sehr merkwürdig, weil wir auf den ersten Blick so überhaupt nicht zusammengepasst haben. Wir hatten völlig andere Interessen, oftmals völlig konträre Meinungen – aber das war ja das Gute. Jeder hat den anderen in Ruhe gelassen, keiner wollte den anderen belehren, keiner musste sich vor dem anderen in irgendeiner Weise rechtfertigen. Auf andere haben der Uli und ich den Eindruck eines alten Ehepaares gemacht. Es war oft so, dass der eine für den anderen gedacht hat oder etwas ausgesponnen hat und der andere dann meinte: ›Das wollte ich jetzt auch gerade sagen.‹ Wenn du mit jemandem über Jahre beieinander bist und denjenigen immer wieder das Gleiche am Telefon sagen hörst, und es ruft ein wildfremder Mensch an, dann reagierst du genau wie der andere und weißt, wie er denkt, was er zu demjenigen jetzt sagen würde. Wir haben uns manchmal ans Hirn gegriffen und gesagt: ›Mensch, sind wir jetzt schon so weit? Gibt's denn das überhaupt?‹ Das gab es, das war ganz normal bei uns.«

Das Duo Breitner/Hoeneß war unzertrennlich – höchstens wenn Frauen ins Spiel kamen, gab es Unstimmigkeiten. Anfang der 70er-Jahre hatten sie sogar eine gemeinsame Wohnung in München-Trudering. Je nach Spielplan legten sie fest, an welchem Wochenende die jeweilige Freundin vorbeikommen durfte, mal Ulis Susi, mal Pauls Hilde. Das Ganze lief jedoch nicht reibungslos, etwa wenn sich ein Pärchen ins Schlafzimmer zurückzog und der andere dann tatenlos herumsitzen musste. Die Konsequenz: Paul und seine Hilde nahmen sich eine eigene Wohnung in der Stadt. Oft sah sich das Pärchen damals ohnehin nicht, denn die Profis des FC Bayern mussten damals rund 110 Spiele im Jahr bestreiten, um Geld in die Vereinskasse zu bringen. Lagerkoller kam dennoch nie auf. Es gab Zeiten, so Breitner, »da war ich mit Uli viel mehr zusammen als mit meiner Frau und der Familie, weil wir eben damals mindestens vier, wenn nicht fünf oder sechs Tage in der Woche unterwegs waren«.

Hoeneß nutzte die Zeit auch zur beruflichen Fortbildung. Bei manchem Freundschaftsspiel Anfang der 70er-Jahre sagte der Trainer Dettmar Cramer zu den Veranstaltern: »Meine Herren, ich lass Ihnen den Uli hier. Machen Sie die Abrechnung mit ihm.« Der Azubi unter den Profis beschäftigte sogar Mitspieler wie Sepp Maier: »Uli hat nicht nur ans Fußballspielen gedacht, auch weit darüber hinaus. Er besorgte sich auf eigene Faust Werbeverträge. Wenn es ihm dann doch nicht gepasst hat oder er keine Zeit hatte, gab er uns die Sachen einfach weiter. ›Da schaut's mal, wollt ihr das machen?‹ Egal, ob das eine Autogrammstunde oder die Eröffnung eines Geschäftes war.« Der Eindruck dieser Tage festigte sich mit der Zeit mehr und mehr, dass Hoeneß bereits als Manager, nicht allein als Spieler auf der Bank saß. Was ihm, dem kickenden Geschäftsmann, natürlich Zeit raubte. Hoeneß war daher ständig gehetzt, ständig hatte er Termine abseits des Fußballs. »Irgendwann einmal in einem Hotel bei einer Auswärtsreise bin ich durch die Lobby gegangen und sehe den Uli an einem Münztelefon. Er hat irgendwas von Aktien und Kursnotierungen gebrabbelt«, erinnert sich Georg, genannt Katsche, Schwarzenbeck, der Verteidiger. »Da hat er sich schon mit der Börse beschäftigt. Für mich war das nichts, aber er war Feuer und Flamme. Uli war so umtriebig, machte ständig 1000 Dinge gleichzeitig.« Aber damals nahm noch niemand Hoeneß' Affinität zu Spekulationsgeschäften als beunruhigend wahr. Erst als er im Jahr 2013 wegen Steuerhinterziehung angeklagt wurde, entwickelte sich das Bild vom Börsenzocker.

Peter Kretzschmar war damals bei Magirus-Deutz für das Marketing zuständig. »Wir hatten 1978 einen neuen Vorstand gekriegt, der ein Fußballfan war. Dieser sagte zu mir: ›Sieh mal zu, dass du für das Sponsoring irgendeine bekannte Fußballmannschaft an Land ziehst wie Bayern oder 1860.‹ Das war meine Aufgabe.« Zu jener Zeit betreute Hoeneß nebenbei das Mitglieder- und Stadionheft »Bayern Magazin« und warb Anzeigenkunden an. »Er kam eines Tages in unsere Niederlassung in München und fragte, ob wir eine Anzeige schalten wollten«, erinnert sich Kretzschmar. »Während der Gespräche wegen der Anzeige sprachen wir auch über eine Sponsorenpartnerschaft, und Hoeneß meinte: ›Warum eigentlich nicht? Ich muss nur noch unseren Präsidenten fragen.‹« Kurz danach gingen Wilhelm Neudecker sowie der Vorstand von Magirus-Deutz gemeinsam essen. Am Ende wurde unterschrieben – für drei Jahre plus Option auf eine Vertragsverlängerung.

Wieder einmal zeigte sich Hoeneß als Pionier. Als noch aktiver Spieler hatte er mit einem Sponsor verhandelt. »Herr Hoeneß war sehr offen, es war immer angenehm, mit ihm zu sprechen. Ich spürte, wie zielstrebig und clever er war. Ein harter Hund während der Verhandlungen. Seine Vorstellungen waren deutlich höher als unsere, aber da war er knallhart. Er hat die Gesamtsumme des Vertrages am Ende noch um einiges höhergeschraubt.« Und Erfolg gehabt. Erstmals spürte Hoeneß, dass es noch andere Triumphe gab als den Torjubel und das Glücksgefühl, einen Pokal in den Händen zu halten. Außerdem merkte er: Die Aufgabe machte ihm unheimlichen Spaß.

Nun wollten sie angreifen. Hoeneß & Breitner wie Bonnie & Clyde. Sie fühlten, dass ihre Zeit gekommen war. Anfang der 70er-Jahre hatten sie als Jungspunde eine schwere Zeit mit den arrivierten Profis wie Maier, Müller, Beckenbauer. Wenn im Training Alt gegen Jung gespielt wurde, zogen die Jungen Schienbeinschoner an, bei Bundesligaspielen brauchten sie die Dinger nicht – was damals im Gegensatz zu heute jedem selbst überlassen war. Was dann ab Sommer 1978 geschah, ist einzigartig im deutschen Fußball. »Wir haben alles auf eine Karte gesetzt«, erinnert sich Breitner, »wir wollten den Verein übernehmen.« Es war eine Revolution von der Basis aus.

Für die Revoluzzer musste Trainer Gyula Lóránt weg. Schon Wochen vor dem Start in die Liga suchte Breitner daher die offene Konfrontation. »Ich habe nachdrücklich gesagt, dass unter der Leitung von Lorant keine Chance besteht, sich zu entfalten.« Was sich damals, öffentlich in Blöcke und Mikrofone gesprochen, so anhörte: »Ich habe ihn durchschaut. Lorant fehlen die fachlichen Voraussetzungen, um den FC Bayern in der Bundesliga zu führen.« Breitner sah nur einen einzigen Ausweg: »Daher habe ich so lange Stunk gemacht, bis der Trainer gehen musste.«

Vorher aber ging Hoeneß, wegen Lorant. Der Ungar hatte Hoeneß ausgemustert und setzte ihn nur noch auf die Bank. Lorant argumentierte, dass der einstige Star nach zwei Operationen wegen seiner anhaltenden Kniebeschwerden infolge eines Kreuzbandrisses nicht mehr gut genug für den FC Bayern war. Die Verletzung war schon alt, stammte aus dem Champions-League-Finale von 1975 gegen Leeds United, und die Kniebeschwerden waren langwierig. Von regelmäßigem Training konnte daher keine Rede sein. »Wir hatten mit Gyula Lóránt einen Trainer, der wenig Rücksicht genommen hat auf Spieler, die verletzt waren und die man an die Mannschaft hätte heranführen müssen«, erzählt Hoeneß. »Er hat nach der Methode gearbeitet: Vogel friss oder stirb! Das war für meine damalige Situation schwierig. Diskutieren konntest du mit ihm nicht, das gab es für ihn nicht. Es gab legendäre Streitszenen zwischen dem Trainer und Paul, der eine gänzlich andere Auffassung vom Fußball hatte, die waren so legendär, dass man sie gar nicht beschreiben kann.« Breitner kämpfte für seinen Freund, aber vergeblich.

Hoeneß hatte da schon resigniert und sah sich nach anderen Vereinen um. Der damalige HSV-Manager Günter Netzer überredete ihn dann, nach Hamburg zu gehen. Und obwohl Hoeneß sogar schon das Training vor Ort aufgenommen hatte, scheiterte der endgültige Wechsel zum HSV für eine Ablösesumme von 250 000 DM doch noch im letzten Moment. Um sicherzugehen, keinen baldigen Sportinvaliden zu verpflichten, wollte der Hamburger Mannschaftsarzt Ulrich Mann Hoeneß per Arthroskopie – einer Kniegelenksspiegelung unter Vollnarkose – untersuchen lassen. »Das war damals ein sehr seltener Eingriff«, so Hoeneß, »noch dazu mit diesem riesigen, zehn Zentimeter langen Rohr. Die Technik war in Deutschland noch nicht so weit fortgeschritten. Und ich sah keinen Anlass, auf diese Weise aus Jux und Tollerei in mein reizfreies Knie hineinzuschauen.« Hoeneß weigerte sich also und ließ den Deal in letzter Sekunde platzen. Bei einem Besuch im »ZDF-Sportstudio« schimpfte er: »Solch eine Arthroskopie kann Infektionen verursachen, oder es kann das Kniegelenk geschädigt werden. So etwas machen zu wollen ist unverantwortlich. Ein Arzt in München spricht sogar von einem Kunstfehler. Wenn solche Zustände einreißen sollten, dann möchte ich kein Profi mehr sein. Dann höre ich auf mit Fußballspielen.« Machte er aber nicht.

In den nächsten Wochen und Monaten wurde Hoeneß jedoch nur noch sporadisch eingesetzt wie ein lausiger Einwechselspieler, der eben ab und an einmal ranmuss, aber im Grunde gar nicht mehr dazugehört. Wenig später kam es dann zum Eklat. Sein letzter Auftritt im Bayern-Trikot dauerte nur elf Minuten. Obwohl Lorant wusste, dass beim Auswärtsspiel in Stuttgart wegen der Nähe zu Ulm viele Verwandte und Freunde von Uli Hoeneß zusehen würden, wechselte er ihn nicht ein, sondern brachte stattdessen bei einem 0:2-Rückstand zehn Minuten vor Schluss den Verteidiger Klaus Augenthaler. Paul Breitner hatte schon während der letzten halben Stunde vehement und lautstark die Einwechslung des Stürmers Hoeneß gefordert – vergeblich. Erst gegen Ende, als das Spiel verloren war, durfte Hoeneß endlich mitmachen. »Es war der Höhepunkt eines Rachegefühls, einer Antipathie Lorants«, findet Breitner. Auf diese Weise endete am 21. Oktober 1978 Hoeneß' aktive Zeit im Bayern-Trikot – als nahezu überflüssiger Ersatzmann. Das war's.

Nicht ganz. Denn der 1. FC Nürnberg nutzte die Chance und überredete Hoeneß, dem Verein in der laufenden Spielzeit im Kampf gegen den Abstieg zu helfen. Zwei Wochen später feierte Hoeneß im Club-Trikot sein Comeback, bei einem 0 : 2 gegen Schalke. Aber Hoeneß sah darüber hinweg, dass er plötzlich in einer Mannschaft gelandet war, die mehr Spiele verlor als gewann. Er bestritt zehn Partien, allesamt von Anfang an. Doch der Körper machte bald nicht mehr richtig mit, das mehrfach operierte Knie hielt den Belastungen einfach nicht mehr stand. Im Bochumer Ruhrstadion absolvierte Hoeneß schließlich am 20. März 1979 sein letztes Spiel im Profifußball, der Club verlor 1 : 2. Als Hoeneß nach 55 Minuten ausgewechselt werden musste, er-

setzte ihn Miodrag Zivaljevic. Immerhin, eine Marke hatte Hoeneß damit noch erreicht, das Bochum-Spiel war sein 250. Bundesligaeinsatz. Sein Körper aber war es, der ihn letztlich bezwungen hat. Wegen einer Knieverletzung, die bei Profis heutzutage lediglich eine mehrmonatige Pause nach sich zieht, musste Hoeneß mit nur 27 Jahren seine Fußballerkarriere beenden. Die Mannschaftskollegen waren geschockt. »Er konnte einem richtig leidtun mit all den 1000 Salbenverbänden, die er immer drauf hatte. Nach den Operationen waren seine Knie immer angeschwollen«, hatte Sepp Maier beobachtet. »Es war besser für ihn, einen Schlussstrich zu ziehen.«
Was das allerdings für Hoeneß bedeutete, was für eine unvorhergesehene Chance sich für ihn im Anschluss auftat, ist eine glückliche Fügung seines Lebens. Er hatte Fußball immer als einen Lebensabschnitt betrachtet, der irgendwann vorbeigehen würde. Er wollte so lange spielen, wie er es für richtig hielt und körperlich dazu in der Lage war. Daher ging Hoeneß relativ nüchtern mit seinem frühen Karriereende um. Unmittelbar nach seiner Entscheidung, diesen Weg zu gehen, diesen riskanten Schritt zu wagen, sagte er im Sommer 1979: »Ich hätte noch zwei, drei Jahre spielen können. Aber jetzt war der Zeitpunkt da, an dem ich die Möglichkeit zu einem nahtlosen Übergang ins andere Berufsleben gesehen habe. Wer weiß denn, ob in zwei, drei Jahren noch ohne Probleme diese Möglichkeit bestanden hätte, einen anderen Beruf zu ergreifen. Jetzt war die Chance da.«

Hoeneß wurde der jüngste Manager der Bundesliga-Geschichte, und das beim großen FC Bayern. Er, der kleine Uli aus Ulm.

4.

Gutes Fleisch

Unten, im Erdgeschoss, ist nun ein Getränkemarkt, im oberen Stockwerk eine Wohngemeinschaft. Es gibt kaum noch etwas, das dort in Ulm, am Eselsberg Hausnummer 1, an die Metzgerei der Eltern von Uli Hoeneß erinnert. Das Gebäude ist heute grau verputzt, der Wohnbereich wirkt, als wäre er dem Laden darunter per Kran aufgesetzt worden. Oben grau, unten bunt. Im Fenster des Marktes hängt eines dieser Leuchtschilder nach amerikanischem Vorbild: »Open« blinkt es dann in verschiedenen Farben während der Öffnungszeiten. Ein weißblau abgesetzter Vorhang schützt die Getränkekisten im Sommer vor der Hitze. Über den grauen Minifliesen im Mosaikmuster, garniert hier und da mit einigen bunten Quadraten, klebt ein tellergroßes Coca-Cola-Werbeschild, an einer Seite des Eingangs mit den drei Stufen steht ein Blumenkübel. Ein Tante-Emma-Laden, wie man ihn sich vorstellt, mit viel Schnickschnack. Allerdings von außen ohne jeden Hinweis darauf, dass es sich einmal um eine Metzgerei gehandelt hat. Abgesehen von diesem Duft. Na ja, es ist eher ein Geruch, ein strenger, süßlich schwerer Geruch. Einen der hinteren Räume des Parterres nutzen die Betreiber des Getränkemarktes als Abstellraum für ein paar Fahrräder. Früher war das der Kühlraum der Metzgerei. Das kann man heute noch nachvollziehen, riechen eben. Ein Raum ohne Fenster, alles war gelb gefliest. Hier bewahrte man die Fleischwaren auf, die an Haken von der Decke herabhingen. Vorne war dann der eigentliche Verkaufsbereich, der Laden, gefliest bis kurz unter die Decke. Hier wurden die Kunden bedient. Da stand Hoeneß schon als kleiner Uli. Wenn es sein musste, hat er bereits als Zehnjähriger an der Kasse ausgeholfen. Denn in seinem Elternhaus wurde nie mehr Geld ausgegeben als eingenommen, schon gar nicht für Personal, also half die Familie aus. Nie mehr Geld ausgeben, als man eingenommen hat – eine Losung, die Hoeneß später zur Maxime seiner Tätigkeit als Bayern-Manager machen sollte. Für Uli und seinen ein Jahr jüngeren Bruder Dieter waren Mutter Paula und Vater Erwin Vorbilder. Im Rückblick sagte Hoeneß einmal in einem Interview: »Weihnachten war nur dann ein gutes Fest, wenn vorher gut verkauft wurde. Das bedeutete schlaflose Nächte vor Heiligabend. Ihnen bin ich ewig dankbar. Die sind für uns gestorben, weil sie sich aufgeopfert haben, dass etwas wird aus ihren Kindern.« Jeden Morgen um drei Uhr quälte sich Hoeneß senior aus dem Bett, um im Laden alles vorzubereiten für die ersten Kunden am Morgen. Mama Hoeneß stand tagsüber in der Metzgerei und machte am Wochenende die Buchhaltung. »Zwischendurch hat sie uns Kinder großgezogen«, sagt Dieter Hoeneß heute noch bewundernd. Was umso schwieriger war, weil zwischen den beiden Buben nur ein Jahr lag. Schnell begannen aus Spielereien handfeste und ernsthafte Auseinandersetzungen zu werden. »Wenn wir ein Tippkick zu Weihnachten geschenkt bekamen, dann hat es Heiligabend manchmal nicht überlebt, so sehr haben wir uns gefetzt«, erinnert sich Dieter. Es ging zu wie in jedem Kinderzimmer in jenen Jahren, als es noch keine Handygames oder PC-Spiele gab. Uli weiß noch genau, um was es ging: um Gelb oder Nichtgelb, das war damals die Frage: »Dran war ja immer der, dessen Farbe auf dem kantigen Ball oben zu sehen war. Das ist jetzt Rot, nein, das ist Gelb, das ist Rot, das ist Gelb. Rot, Gelb – irgendwann hat's der eine dem anderen über den Schädel gehauen.« Dann gab's Prügel. Kindheit as usual, besonders unter Brüdern. Und dann zeigte sich, wer seinen Körper besser einsetzen konnte. Wie später auf dem Platz als Fußballer. »Ich hab meist verloren, weil er viel stärker war. Dieter war immer der Größere und Stärkere, ich der Schnellere«, erzählt Uli, »insofern musste ich schon manchmal die Beine unter die Arme nehmen, um abzuhauen. Ich konnte schnell weglaufen.« Damals seinem Bruder, später den Gegenspielern. Weil er das wusste, konnte er sich schon als Bub manches Mal eine große Klappe leisten.

Mit fünf Jahren meldeten ihn die Eltern dann beim VfB Ulm an, der Vater war schließlich Gründungsmitglied. Noch heute erzählen sich

die Menschen mit Freude Geschichten über den kleinen, manchmal jähzornigen Uli vom Eselsberg 1. Als er zehn Jahre alt ist, schmeißt er beim Spiel seines VfB beim heimischen Verein in Pfaffenhofen im Landkreis Neu-Ulm aus lauter Wut über die Niederlage einen Sonnenschirm quer über die Terrasse des Clubhauses. Hermann Zeiselmayer, damals Ordnungsdienst am Pfaffenhofener Sportplatz, knöpft sich den Buben vor und brüllt ihn an: »Meinst du, weil du der Hoeneß bist, kannst du das machen?« Das lässt der sich nicht gefallen, baut sich vor dem damals 13 Jahre älteren Hermann auf und blafft zurück: »Halt dei' Goschn, du Bauernbub!« Zeiselmayer weiß es noch, als wäre es heute: »Da hat er dann gleich von mir eine g'schossen bekommen. Der Fred Hofmann, der damals sein Trainer war, meinte dann zu mir: ›Dem Hoeneß hättest du ruhig noch eine geben können.‹ Wir wussten, der braucht das. Wir wussten aber auch, der kann was.«
Einer seiner besten Fußballkumpel damals war der etwas jüngere Kurt Stark, der in der Nachbarschaft wohnte. Nach dem Unterricht in der Hans-Multscher-Grundschule treffen sie sich am Bolzplatz zum Kicken, was anderes gibt es kaum. Doch – ab und an wird eine Runde Hockey im Hinterhof des Elternhauses gespielt. Die Kumpel nehmen Äste und bilden daraus Schläger. Am besten aber spielt es sich mit dem Spazierstock von Opa Hoeneß. Wenn der eine Runde durch den Ort drehen will, muss er eben warten. Stark sieht es noch vor sich, wie Uli befiehlt: »Opa, wir spielen jetzt. Du wartest noch.« Da war Hoeneß zwölf. Schon früh zeigte sich, wie dominant der kleine Uli sein konnte – der ganzen Familie gegenüber. »Ich weiß noch«, meint Stark, »dass ich einmal ein Trikot gebraucht habe, das ich mir bei Ulis Mutter abholen sollte. Sie hatte es gewaschen. Ich kam an, das Trikot war nicht da, hatte wohl schon ein anderer Junge bekommen. Da hat er sie ziemlich zusammengestaucht.« Sicherlich nicht ohne Folgen. Was in der elterlichen Dreizimmerwohnung passierte, als Kumpel Kurt nicht mehr dabei war, lässt sich nur erahnen.

Weil er so herausragend gut war, wurde Hoeneß in allen Mannschaften Kapitän. »Weil es keinen besseren Spieler in unserem Bezirk gab«, erinnert sich Stark, »war er der Macher. Schon früh hat er versucht, mit seiner Meinung auf die Trainer Einfluss zu nehmen. Und tatsächlich: Die haben auf ihn gehört.« Mit 13 Jahren wechselte Hoeneß dann den Verein und ging zum TSG Ulm, dem Stadtrivalen. Kumpel Kurt kickte stets eine Jahrgangsstufe unter ihm, gemeinsam mit Dieter Hoeneß. Das Training und das Konditionsbolzen wurden mit der Zeit immer ernsthafter, zielstrebiger. Papa Erwin, der ja ohnehin wegen seiner Arbeit früh aufstand, musste seinen Sohn Uli jeden Morgen je nach Jahreszeit um fünf oder sechs Uhr wecken. Der tägliche Waldlauf mit ein paar Kumpels stand an. »Die meisten von uns haben dabei nur Blödsinn gemacht, sind über Gartenzäune gesprungen, haben Erdbeeren geklaut«, erzählt Stark, »nur der Uli nicht, der ist weitergerannt, hat sich nicht beirren lassen.« Früh spürte Hoeneß, dass er auf dem richtigen Weg war in Richtung einer großen Karriere: württembergische Schulauswahl, süddeutsche Schülerauswahl, mit 15 deutsche Jugendnationalmannschaft. Und der Ehrgeiz nahm nie ab. Sein Jugendleiter Roland Schmidle, ein Dachdecker, hielt große Stücke auf ihn: »Mit seinem Ehrgeiz hätte er in jeder anderen Sportart auch etwas erreichen können. Er hat immer Einsatz gezeigt, gerade weil er ja auch ein wenig pummelig war.« Längst hatte er begonnen, an dieser Schwäche zu arbeiten. »Ich war nämlich zu langsam und nicht ausdauernd genug«, sagt Hoeneß im Rückblick. »Mit 18 wurde ich dann in Ulm Winterwaldlaufmeister über 2000 Meter und bin die 100 Meter in elf Sekunden gelaufen. Ich wollte die soziale Leiter hochsteigen. Ich habe im Fußball für mich eine Chance gesehen.«

Bruder Dieter war da ganz anders. Eher ein Träumer, weniger zielstrebig. Weil er der Jüngere war, musste er oft parieren, wie Schmidle noch weiß. »Dieter stand immer in Ulis Schatten, der gab den Ton an. Weil er dem älteren Bruder nacheifern wollte, gehorchte er, ohne groß zu murren.« Also musste Dieter beim Bolzen meist ab ins Tor. Wenn es dann eine gehörige Portion Gegentore setzte, blaffte ihn Uli an. Er hatte das Gefühl, vorne für die Tore sorgen zu müssen, die der Kleine seinem Team hinten als Torwart eingebrockt hatte. Bei Dieter flossen Tränen, er packte seine Sachen und trottete nach Hause.

Dort reagierte er sich dann ab – mit Malen. Anders als Uli hatte er eine künstlerische Ader, war auch musikalisch. »Er war ein Hänfling«, sollte der ältere Bruder später über den jüngeren sagen, »erst mit 16 ist Dieter unglaublich gewachsen. Anfangs blieb er dünn, dann ist er auch in die Breite geschossen. Er war dann ein richtiger Bär.« Hochsprung war seine Sache, Leichtathletik allgemein, ein bisschen Basketball, Fußball jedoch eher weniger. Dieter war ein Spätzünder. Erst mit 18 Jahren begann er, konsequent Fußball zu spielen. Da war der größere Bruder schon drei Jahre Juniorennationalspieler. Erst als 22-Jähriger hat Dieter seine Fußballerkarriere beim VfB Stuttgart so richtig gestartet. Vorher studierte er in Tübingen Sport und machte an den Wochenenden lieber Ausflüge zum Windsurfen oder in die Alpen. Das Witzigste und Skurrilste, für die Eltern aber wohl Schrecklichste überhaupt, mutet fast wie Verrat an: Dieter war Vegetarier. »In einer Metzgerfamilie eine Katastrophe«, wie Uli später einmal gestand.

Uli Hoeneß dagegen verzichtete selten auf ein Schnitzel. Auch als Verantwortung gefragt war, konnte er kaum einmal Nein sagen. Irgendein Amt musste er immer innehaben, eine innere Stimme drängte ihn wohl dazu. Er war Ministrant, Laienschauspieler, Schulsprecher – und spielte auch auf dem Schubarth-Gymnasium, einer reinen Jungenschule, eine führende Rolle. Kraft-Otto Steinle, über mehrere Jahre Hoeneß' Klassenlehrer, sieht den jungen Uli noch vor sich, wenn er heute erzählt: »Er war eine Autorität im Klassenzimmer, weil er beides vereinen konnte: sich auf den Fußball konzentrieren und dennoch gut sein in der Schule. Daher habe ich seine Eltern nie kennengelernt, die mussten ja nie in die Sprechstunde kommen. Uli machte keine Sorgen.« Er war eher der Streberfraktion zuzurechnen, ein »Gscheitle«, wie man in Schwaben sagt, aber ein sympathischer und äußerst selbstbewusster. »Arrogant war er nicht, er wollte nicht unangenehm auffallen«, erinnert sich Steinle, »seine Meinung hat er stets ganz diplomatisch vertreten. Dieses Aufbrausende in Interviews, das als Bayern-Manager ab und an aus ihm herausbricht, war damals nicht zu erkennen.« Die Mitschüler schauten heimlich zu ihm auf, weil er trotz all der Fehlstunden wegen der ständigen Berufungen in die Jugendnationalmannschaft im Unterricht gut war. Fast zwangsläufig wurde er erst Klassensprecher, dann Schulsprecher. Das war womöglich die beste Entscheidung seines Lebens. Denn so lernte er seine spätere Frau Susi kennen, die auf einer Mädchen-Realschule war. Die beiden Schulen brachten eine gemeinsame Schülerzeitung heraus und versuchten Anzeigen bei ortsansässigen Geschäften und Betrieben aufzutreiben. Denn die Zeitung war nahezu pleite. »Ein guter Freund von mir war Chefredakteur und hat die Zeitung gemacht, und ich hab das Geld reingeholt. Nachher war sie saniert«, sagt Hoeneß im Rückblick voller Stolz.

Mit seiner Freundin Susi haben sie im Sommer 1969 ein Schulfest auf die Beine gestellt, das manchem älteren Semester auch heute noch ein Begriff ist. Hoeneß hatte von der Bundeswehr ein riesiges Tarnnetz ausgeliehen und über den gesamten mehr als 600 Quadratmeter großen Schulhof gespannt. Hausmeister Michlberger half dabei, die vier bis fünf Meter hohen Masten aufzustellen und das Netz dort zu fixieren. In dem nun plötzlich überdachten Schulhof wurden Biertische aufgestellt. Livebands traten auf, und die Würstl kamen natürlich aus der elterlichen Metzgerei. »Wie Uli überhaupt an das Zelt rangekommen war, konnte sich keiner erklären. Das Fest war legendär, irre«, schwärmt Klassenlehrer Steinle noch heute, »für damalige Verhältnisse wirklich ein Wahnsinn.«

Am 18. November 1973 heiratete Hoeneß dann in Rottach-Egern am Tegernsee die Frau, die mit ihm vier Jahre zuvor das Fest organisiert hatte. Beide waren damals erst 21 Jahre jung. Und geschäftstüchtig. Sie verkauften die Fotos der Hochzeit exklusiv an eine Agentur. »Das war ein Riesenfehler. Totaler Schwachsinn«, ärgert sich Hoeneß noch heute, »damals bin ich zu sehr hinter der Kohle her gewesen.« Anders formuliert: Sie waren jung und brauchten das Geld.
Eine andere, für Hoeneß ebenfalls wegweisende Begegnung findet 1969 eine Woche vor Weihnachten statt, als die Eltern Besuch bekommen – nicht von einem Lehrer oder dem Schuldirektor, nein, vom Direktor des FC Bayern, von Robert Schwan. Der FC Bayern hatte den damals 17-jährigen Hoeneß oft genug beobachten lassen, Jugendnationaltrainer Udo Lattek hielt ihn für das »vielleicht größte Talent der Nachkriegszeit«. Nun sollte der Junge nach München geholt werden. Doch der Umworbene hatte Angebote von einem Dutzend Bundesligisten, auch vom TSV 1860 München. Schwan versprach ein Gehalt von 2000 DM im Monat, doch Hoeneß bat um Bedenkzeit. Rat holt er sich nicht nur bei Mama und Papa, sondern auch von dem jungen Sportlehrer Steinle. »Ich erinnere mich noch genau, dass wir damals an der Weitsprunggrube auf dem Sportplatz standen und er mir erzählte, er habe Angebote von Bayern und Köln. Die eigentliche Frage für ihn aber lautete: Sollte er einen Profivertrag mit einem höheren Einkommen unterschreiben oder vorerst Amateur bleiben, um an den Olympischen Spielen 1972 in München teilnehmen zu können?«

Außerdem wollte Hoeneß eigentlich studieren, ursprünglich Betriebswirtschaft – er sah darin eine notwendige Anregung. Denn würde er eindimensional denken und lediglich Fußball spielen, litten Geist und Körper. Dabei wollte seine Mutter Paula, dass er Landwirt oder Lehrer wird, auf »jeden Fall was G'scheits«, ermahnte sie ihn als Jugendlichen wieder und wieder. Als Hoeneß beim Abitur den Numerus clausus für die Universitätszulassung in München verfehlte, begann er ein Lehramtsstudium in Anglistik und Geschichte. Denn hatte er einmal ein Ziel vor Augen, verfolgte er es konsequent, Rückschläge führten da nur zu leichten Kursänderungen.

Der Gedanke an die einmalige Chance, ein Olympia-Abenteuer im eigenen Land miterleben zu können, ließ ihn nicht mehr los. Ganz der frühreife Geschäftsmann, realisierte er bereits damals die Vermarktungsmöglichkeiten in eigener Sache: »Ich hoffe, dass mir mein Entschluss Kreativität eingebracht hat und noch mehr einbringen wird. Ich hoffe, dass er sich nach den Spielen auszahlen wird.« Er war sein eigenes Anlageprojekt: Ein »Cleverle« nennen sie in Schwaben so einen Burschen. Er verzichtete auf die schnelle Mark und träumte eher von einer mittelfristigen Gewinnmaximierung. Auch Steinle riet ihm, sich Olympia nicht entgehen zu lassen. Also setzte sich Hoeneß bei dem Verein durch und gewann in allen Punkten. Er unterschrieb bei Bayern, durfte aber Olympia 1972 in München noch als Amateur bestreiten. Als Dankeschön erhielt er einen neuen BMW 2002, der vor der Metzgerei der Eltern abgestellt wurde. Aber auch für den TSG Ulm rechnete sich der Abgang, denn der Verein erhielt eine Transfersumme von 40 000 Mark. So war Hoeneß zum ersten Mal mit der Businessseite des Fußballs in Berührung gekommen. Erst als er 1972 Nationalspieler wurde und dann einen Profivertrag unterschrieb, brach er das Studium ab. Beides konnte er nicht unter einen Hut bringen.

1970 war er also ausgezogen, um München zu erobern – mit 50 Mark Taschengeld im Gepäck von den Eltern. Den Kontakt nach Hause, in die Heimat ließ Hoeneß jedoch nie abreißen. Vier Jahre nach seinem Abitur schickte er seinem ehemaligen Klassenleiter Steinle während der WM 1974 eine Postkarte mit allen Unterschriften der Nationalmannschaft. Zwei Jahre lang hatten sie da schon keinen Kontakt mehr gehabt. Steinle war überwältigt. Nicht nur das Elternhaus, auch die persönliche Eitelkeit trieb Hoeneß immer wieder in die Heimat. Noch lange nachdem er seinen Vertrag beim FC Bayern unterschrieben hatte, fuhr er regelmäßig zu seinem Stammfriseur nach Ulm. Im Laufe der Zeit wurden die Besuche beim Friseur wie bei den ehemaligen Freunden, Mitschülern und Mitspielern der TSG Ulm allerdings seltener. Als im Frühjahr 2009 ein schon versprochenes Testspiel gegen die Bayern-Profis nicht zustande kommt, spendet Hoeneß spontan 100 000 Euro. Auch komplette Trikotsätze sind bei der TSG Ulm ab und an in der Post. »Wenn ich etwas brauche, schreibe ich dem Uli einen Brief«, erzählt Ulms Jugendleiter Roland Schmidle, »da ist er stets sehr hilfsbereit, weil ihm sein Verein noch immer am Herzen liegt.« Für die aktuellen Partien in der Allianz Arena schickt Hoeneß immer wieder mal 30 oder 40 Karten für die Jugendspieler des Vereins.

Er, der Ulmer Junge, hat seine Wurzeln und die Menschen seiner Heimat nie vergessen. Heute lebt er jedoch am Tegernsee und ist ein großer Fan der bayerischen Kultur, insbesondere von Gerhard Polt. Für Hoeneß steht fest: »Ich bin mit Leib und Seele Bayer und Münchner geworden. Früher hätte ich mir vorstellen können, auch noch mal für eine begrenzte Zeit im Ausland zu leben, heute weiß ich: Hier geh ich nicht mehr weg.«

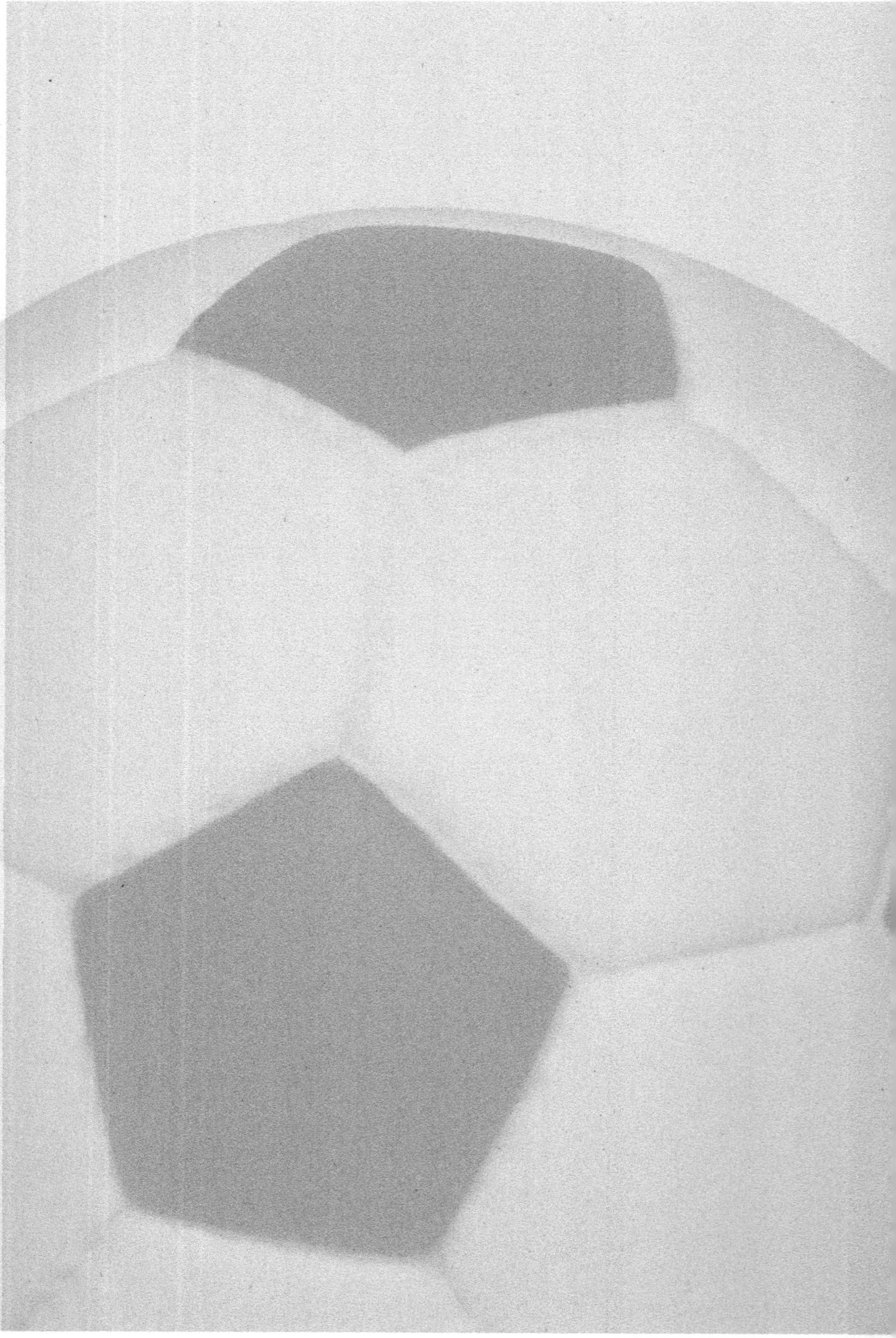

5.

Learning by doing

Die Spinnereien, die Träume bei Wein und Tapas von einer Münchner Version eines Real Madrid, hatten plötzlich realistische Formen angenommen. Mit Uli Hoeneß und Paul Breitner war Mitte des Jahres 1979 ein Duo bereit, einen gesamten Verein zu übernehmen. Der FC Bayern erlebte innerhalb von nur zwölf Monaten seinen bis dato größten Umbruch.

Zwei Jahre zuvor schon war der Mann, der Mitte der 70er-Jahre gemeinsam mit Trainer Dettmar Cramer das uneingeschränkte Sagen gehabt hatte, nach New York ausgewandert: Franz Beckenbauer versuchte einen Neustart bei Cosmos New York. Eingefädelt hatte den Deal Robert Schwan, in Personalunion Bayerns und Beckenbauers Manager, doch dieser wollte sich auch an der Ostküste der USA um den Superstar kümmern.

Nun, im Dezember 1978, musste der gleichermaßen glück- wie planlose Trainer Gyula Lóránt gehen. Nach einem verheerenden 1 : 7 gegen Fortuna Düsseldorf, bei dem man wirklich einmal davon sprechen kann, dass die Spieler gegen ihren Trainer spielten, ersetzte ihn sein bisheriger Assistent Pál Csernai, ebenfalls ein Ungar. Er war der Wunschtrainer der Mannschaft, sprich der Favorit von Breitner. Und auch von Hoeneß, obwohl dieser zu jenem Zeitpunkt als Leihspieler beim 1. FC Nürnberg spielte, dennoch aber ganz engen Kontakt zu seinem Kumpel Paul hielt.

Bayerns Präsident Wilhelm Neudecker, ein konservativer Bauunternehmer aus der niederbayerischen Provinz Straubing, sah den beliebten Csernai aber nur als Zwischenlösung. Heimlich arbeitete er daran, Max Merkel, der mit dem TSV 1860 München 1966 Meister geworden und als unerbittlicher Schleifer mit diktatorischen Zügen bekannt war, als Bayern-Trainer zu engagieren. Als die Mannschaft von dem Plan erfuhr, rebellierte sie, da alle Merkel ablehnten. Am 19. März 1979 trat Neudecker daraufhin entnervt zurück. Ein einmaliger Vorgang – wie auch das nächste Bundesligaspiel fünf Tage später. Ausgerechnet mit 7 : 1 gewannen die Revoluzzer bei Borussia Mönchengladbach. Es war ein Triumph des Mannschaftsgeistes über ein immer noch mit Stars gespicktes Team. Noch in der Kabine wurde beschlossen, nach der Ankunft in München »einen saufen zu gehen«, wie Breitner meinte, weil »wir einem gewissen Herrn gezeigt haben, dass es auch ohne Diktatur geht und ohne dass wir wie Idioten behandelt werden«.

Selbst Abwehrspieler Jupp Kapellmann, sonst eher einer der ruhigeren Spieler, sprach damals völlig beseelt und berauscht vom eigenen Spiel in die TV-Kameras: »Ich kann es noch gar nicht glauben, so sehr habe ich mich gefreut. Was sich heute bei uns abgespielt hat, war eine spontane Reaktion der Mannschaft, da gab es keine materielle Motivation. Wenn ich das vergleiche mit unseren Europacup-Siegen, dann war die innere Freude heute ganz bestimmt größer, als ich das damals erlebt habe. Jetzt machen wir mal richtig einen drauf.«

Eine Mannschaft verhindert einen Trainer und entlässt damit indirekt ihren Präsidenten nach 17 Jahren Amtszeit. Eine Idee aber hat Neudecker noch, eine mit weitreichenden Folgen für den FC Bayern. Er schlägt vor, Hoeneß aus Nürnberg zurückzuholen. Nicht als Spieler, sondern als Manager. An seinem letzten Arbeitstag zeigt sich Neudecker in einer Ansprache an die Spieler beleidigt: »Mit einem solchen Kapitän und dieser Mannschaft kann ich nicht weiter zusammenarbeiten, ich wünsche Ihnen und Ihren Familien alles Gute. Auf Wiedersehen.«

Für den Verein war das wie eine Erlösung, denn Neudecker hatte der weiteren Entwicklung nur noch im Wege gestanden. Die letzte Meisterschaft lag immerhin beinahe schon fünf Jahre zurück, 1978 fand man sich zeitweise sogar im Abstiegskampf wieder. Der Ruhm der Europacup-Triumphe von 1974 bis 1976 war verblasst, in der Saison 1978/79 war man nicht einmal in einem internationalen Wettbewerb vertreten. Neudeckers Nachfolger wurde der bisherige Schatzmeister Willi O. Hoffmann, der sich hauptsächlich dadurch auszeichnete, ein netter Kerl zu sein – für Breitner wunschgemäß pflegeleicht.

Beckenbauer und Schwan waren längst in den USA, Trainer Lorant fortgeschickt, Nachfolger Merkel verhindert, Wunschkandidat Csernai im Amt und Präsident Neudecker abgelöst. Es lief gut für Breitner in München und für Hoeneß in seinem Nürnberger Exil. »Den Trainer und den Präsidenten hatten wir, sagen wir mal, wegbekommen«, so Breitner über die turbulenten Tage. Kurz zuvor war noch ein weiterer, stets loyaler Mitstreiter von Beckenbauer verschwunden. Im Februar 1979 flüchtete Gerd Müller, der legendäre Torjäger, ebenfalls in die US-amerikanische Operettenliga – er wollte einfach nur noch weg. Als ob er, der Rekordschütze, der noch den Aufstieg des FC Bayern 1965 von der Regionalliga Süd in die Bundesliga mitgemacht und seitdem in jeder Saison mindestens 15 und auch mal bis zu 40 Tore erzielt hatte, plötzlich nicht mehr gut genug wäre. Nachdem Müller schon erschreckende fünf Ligaspiele nicht mehr getroffen hatte, wechselte ihn Trainer Csernai bei einem Auswärtsspiel in Frankfurt aus – für den Bomber der Nation eine Majestätsbeleidigung. Gekränkt unterschrieb Müller bei den Fort Lauderdale Strikers, einer unbedeutenden Mannschaft in Florida.

Endlich war der Weg frei für Breitner und Hoeneß. Der zunächst ungewollte und im nervenden Abstiegskampf schließlich auch erfolglose Wechsel als Ausleihe für 150 000 Mark zum 1. FC Nürnberg stellte sich plötzlich als Segen für Hoeneß heraus. Denn so hatte er die nötige Distanz zu den Turbulenzen und Streitereien in München, war nicht involviert und konnte aus einer bequemen Beobachterrolle heraus im Hintergrund agieren. Womöglich hätte eine direkte Mittäterschaft eine spätere Managerkarriere sogar verhindert. Denn Neudecker wollte jemanden ins Amt befördern, der unbefleckt war von diesen Dingen, und ihn neben Geschäftsführer Walter Fembeck einstellen.

Damals entgegnete Hoeneß Reportern, die ihn für diese verantwortungsvolle Aufgabe als zu jung und zu grün einschätzten: »Das ist keine Frage des Alters, sondern eine Sache der Leistung, des Engagements, der Ideen. Ich kann doch ein solches Angebot nicht ablehnen, nur weil ich 27 bin. Mit 35 könnte es vielleicht zu spät sein.« 30 Jahre später sollte Hoeneß sagen: »Für mich war es eine Erlösung, als der Anruf aus München kam, weil klar war, dass ich mit meinem lädierten Knie die Karriere nicht mehr hätte fortsetzen können. Das hat mein Leben total verändert.« Auch das des FC Bayern. Hoeneß fragte Breitner um Rat, der pflichtete ihm natürlich bei. Einen besseren Einstieg ins zweite Berufsleben hätte sein Kumpel ja nicht haben können.

Ende April bittet Neudeckers Nachfolger Hoffmann, ein Mann, der sein Geld durch Immobiliengeschäfte gemacht hat, Breitner und Hoeneß in sein Büro im zweiten Stock der Geschäftsstelle an der Säbener Straße. Es beginnt das wohl kürzeste Einstellungsgespräch der Bayern-Historie – und das wohl ungewöhnlichste. Breitner erinnert sich: »Der Uli und ich hatten uns gerade gesetzt, da kam Hoffmann schnell zum Thema und meinte ganz pragmatisch: ›So, ihr zwei macht das ab jetzt. Sie, Paul, machen das Fußballerische und Sie, Uli, regeln das Finanzielle. Ich repräsentiere lediglich.‹ Das war genau das, was wir hören wollten. Und der Präsi war auch happy.« Breitner gibt Hoffmann damals sogar noch eine Aufgabe mit auf den Weg: »›Alles wunderbar. Sie brauchen sich um nichts zu kümmern. Schauen'S bloß, dass Ihr Kopf so oft wie möglich in der Zeitung ist.«

Das Duo ist am Ziel. Nach außen war es so, dass Präsident Hoffmann und Trainer Csernai den Verein führten, die Entscheidungen aber trafen Hoeneß und Breitner – ein Jungmanager und ein Spieler.
Da saß Hoeneß dann am Schreibtisch seines Büros an der Säbener Straße, an seinem ersten Arbeitstag, am 1. Mai 1979. Etwas hilflos und alleingelassen. Eine Einarbeitung hatte es nicht gegeben, auch nicht von Robert Schwan, seinem Vorgänger. Learning by doing, das war das Prinzip. Die Erinnerung an Tag eins des neuen Lebensabschnittes muss bei Hoeneß noch sehr präsent sein, sonst würde er nicht wissen, was er damals als Premierenoutfit gewählt hatte: ein graues Sakko, dazu ein hellblaues Hemd.

Hoeneß hatte sich auf dem Weg ins Büro einen schwarzen Notizblock unter den Arm geklemmt, und los ging's. Doch was sollte er eigentlich tun? Was sollte er seiner Sekretärin zu tun geben? Schwan hatte sein Büro nahezu komplett ausgeräumt, Hoeneß arbeitete an einem eher popeligen weißen Schreibtisch, vor sich ein Stapel weißes Papier, daneben einer dieser mausgrauen Telefonapparate mit Wählscheibe und den weißen Verschlüssen über Hör- und Sprechmuschel. Alles in Weiß, unberührt, unschuldig. »Dann habe ich mit drei, vier Leuten zwei Stunden rumtelefoniert und bin wieder heimgefahren.«

Ein erster Arbeitstag, der gerade einmal ein bisschen länger gedauert hat als ein Fußballspiel. Damals wusste Hoeneß noch nicht, ob ihm das auf Dauer genügen würde, ob seine Aufgabe ihn ausfüllen würde. Auch sein bester Freund Paul Breitner war sehr skeptisch, obwohl er ihm ja geraten hatte, den Job anzunehmen. Denn aus seiner Sicht war das nur Hoeneß' erster Schritt in eine ganz andere Welt, der Beginn einer ganz anderen Karriere. »Ich hatte nie geglaubt, dass der Uli bei Bayern Manager werden würde – das kam in meinen Überlegungen einfach nicht vor. Und das nicht, weil ich ihn nicht für fähig genug gehalten hätte, nein, im Gegenteil. Ich dachte, dass der FC Bayern eine zu kleine Nummer war, eine viel zu kleine Aufgabe. Für mich war sein Weg in die Wirtschaft vorgezeichnet. Ich dachte, dass er einmal einen richtig dicken Posten übernehmen würde, etwa in einem Konzern Vorstandsvorsitzender wird, so eine Karriere macht.«

Hoeneß ergriff seine Chance, schließlich war er vorbereitet, obwohl er keine wirkliche Ausbildung dafür besaß. Als Spieler hatte er Robert Schwan erlebt, den ersten Manager des FC Bayern, den Mann, der mit ihm den ersten Vertrag im elterlichen Haus in Ulm ausgehandelt hatte. Ein Mann, der den Beruf des Managers erst kreiert und ihm mehr als nur einen zeitgemäßen, modernen Anstrich verpasst hatte. Schwan war seiner Zeit voraus, einer Zeit, die jedoch in puncto Vermarktung und Einnahmemöglichkeiten durch Sponsoring und TV-Gelder im Vergleich zur heutigen Zeit als steinzeitlich zu betrachten ist. Seit 1964 war Schwan, ein gebürtiger Münchner, beim FC Bayern, erst als Spielausschuss-Vorsitzender, dann als Manager. Vor ihm gab es in der Bundesliga keinen, der sich so wie er um die individuelle Betreuung der Spieler gekümmert, der die medizinische Versorgung ausgebaut und auf eigene Faust Freundschaftsspiele in Südamerika ausgemacht hatte. »Schwan war sehr fürsorglich. Wir Spieler waren wie seine Kinder, seine Familie«, lobte etwa Abwehrspieler Katsche Schwarzenbeck.
Von Schwan konnte Hoeneß vieles lernen, nicht nur das Handwerkliche, da schaute er ihm regelmäßig über die Schulter, auch das nötige Selbstbewusstsein. Mit einem Satz erlangte Schwan, der sich ja auch noch um die Vermarktung des Kaisers kümmerte, bundesweit Berühmtheit: »Ich kenne nur zwei vernünftige Menschen: Robert Schwan am Vormittag und Robert Schwan am Nachmittag.«

Hoeneß am Vormittag, das hieß damals telefonieren. Hoeneß am Nachmittag: weiter telefonieren. Ein Festnetzmanager – heute kaum mehr vorstellbar, dass er nur an seinem Schreibtisch erreichbar war. Im Büro und zu Hause hatte Hoeneß Geheimapparate, die Gebühren übernahm der Verein. Und so einsam wie am ersten Tag war es dann recht bald doch nicht mehr. Zeitweise musste er sich sogar ein Büro mit Präsident Hoffmann teilen, dazu wurde einfach ein zweiter Schreibtisch in das Zimmer gestellt. Von dort aus organisierte er dann die Busfahrten oder Flüge zu den Auswärtsspielen, dazu die Hotels, die Privatspiele – solche Sachen eben. Alles eine Frage der Organisation. Und des Geldes.

Als Hoeneß in sein neues Berufsleben startete, machte der Verein zwölf Millionen DM Umsatz, der Schuldenstand betrug sieben Millionen DM. Zum Vergleich: In der Saison 2008/09 wurden rund 300 Millionen Euro Umsatz verzeichnet, allein beim Fanartikel-Geschäft bis zu 45 Millionen Euro. Abgesehen davon, liegen auf dem Festgeldkonto genug Argumente für eine sorgenfreie Zukunft.
Wie zur Begrüßung besuchte in den ersten Wochen von Hoeneß' neuer Tätigkeit eine Abordnung der Steuerfahndung die Büros an der Säbener Straße. Der Neue gewährte ihnen Einsicht in die Bücher des Vereins. Das Problem war allerdings, dass seine Vorgänger über Jahre hinweg größere Summen als Spesen für die Spieler abgeschrieben hatten. Es wurde daher ein Besuch mit Schrecken – denn laut Finanzamt kamen Steuernachzahlungen in Höhe von 2,5 Millionen Mark auf den Verein zu. Expräsident Neudecker soll gewusst haben, was dem Verein da blühen würde. Er hatte gespürt, dass möglicherweise alles den Bach runterginge. Er selbst und Schwan mussten dann auch mehrere Hunderttausend Mark an Bußgeldern berappen. Im Nachhinein glaubt Hoeneß, dass Neudecker wohl vorhatte, ihn als Jungmanager zu verheizen. Ein unschöner Beigeschmack!

Für Hoeneß stand nun absolut im Vordergrund, den Verein zu sanieren, die Schulden abzubauen. In der Saison 1978/79 schwankten die

Zuschauerzahlen extrem. Mal waren die Plätze komplett belegt, mal kamen nur etwas mehr als 10 000 Fans in das riesige Olympiastadion. Die Ticketerlöse machten damals einen beträchtlichen Teil, nämlich rund 85 Prozent der Gesamteinnahmen, aus. Heutzutage sind es noch rund 18 Prozent – mit weiter sinkender Tendenz, weil die Einnahmen aus der TV-Vermarktung der Bundesliga und der Champions League steigen und den Vermarktungserlösen im Ausland ein Zuwachs prognostiziert wird. Als Triple-Sieger 2013 ist der FC Bayern endgültig auch für den asiatischen und nordamerikanischen Markt eine Marke geworden.

Für lächerliche 8000 DM oder sogar weniger waren die Bayern vor 35 Jahren zu haben. Das war der Tarif, um die Mannschaft mit allen Stars – viele davon waren verdiente Europacupsieger – für ein Freundschaftsspiel zu buchen. Hoeneß ließ die Mannschaft weiter über die Dörfer tingeln, schraubte aber bald nach Amtsantritt die Testspielgage auf mindestens 20 000 DM hoch und legte eine Garantiesumme fest. Die Billig-Bayern sollten bald Vergangenheit sein.

Um die Finanzen stand es so schlecht, dass man sich bei jeder Investition ganz genau überlegen musste, ob sie wirklich notwendig war – etwa, als der Kauf von sechs Bäumen auf dem Trainingsgelände anstand. »Da haben wir diskutiert, ob wir uns diese 20 000 Mark leisten können«, sagt Hoeneß im Rückblick und wiederholt noch einmal mit nicht gespielter Fassungslosigkeit: »Wegen 20 000 Mark!«

Hoeneß musste innovativ sein, erfinderisch. Und das war er, im Kleinen wie im Großen. Er dachte eben immer den einen Schritt voraus: Wenn andere Spieler umständlich Autogramme auf Hemden, Trikots, Fotos oder Servietten gaben, zog Hoeneß ganz cool eine bereits unterschriebene Autogrammkarte aus dem Sakko, er war eben vorbereitet.

Keine Frage, er lebte die Geschäftstüchtigkeit seiner Eltern weiter, unermüdlich, obwohl er Neuland betrat.

Sponsoring? Merchandising? Alles Fremdwörter in jenen Tagen. Geldgeber mussten her, doch in Zeiten der sportlichen Krise waren die Unternehmen skeptisch, was die Entwicklung des FC Bayern betraf. Noch dazu mit einem 27-jährigen Manager. Sponsoring in eigener Sache war Hoeneß dagegen ein Begriff. Als Spieler hatte er Werbung für Bausparkassen und Eiscreme, für Banken und Margarine gemacht. »Er war der erste Spieler seiner Zeit, der nebenbei schon Geschäftsmann war. All die Kontakte zu Prominenten und in die Wirtschaft hat er für seine Zwecke ausgenutzt«, erinnert sich Katsche Schwarzenbeck. Und Sepp Maier: »Wir haben uns damals immer gesagt: Der Uli wird Manager. Er hatte sich immer schon mit dem ganzen geschäftlichen Zeugs beschäftigt, er hat auch vieles im Mannschaftskreis organisiert.« Wie in der Schule mit den großen Partys, so nun im Job.

Der Tagesablauf der ersten Wochen seines neuen Lebens war genau durchstrukturiert und lässt sich dank einer damaligen Ausgabe der »Abendzeitung« genau nachvollziehen: Um 6.30 Uhr steht er auf, eine halbe Stunde später geht es mit dem Dackel und dem Schäferhund auf eine Runde. Danach Frühstück mit Frau Susi und der vierjährigen Tochter Sabine. Beim Frühstück langt er kräftig zu: gekochtes Ei, eine Grapefruit, zwei Brote mit Wurst und Marmelade. Dafür isst er mittags so gut wie gar nichts. Danach fährt Hoeneß mit dem Auto vom Wohnsitz Ottobrunn nach Harlaching zum Trainingsgelände, sein Dienstzimmer betritt er spätestens um 9.30 Uhr. Diesen Rhythmus gibt er jedoch bald auf. Wenn keine besonderen Termine anstehen, schläft er auch gerne mal länger. »Ich bin keiner, der jeden Tag früh um neun Uhr antritt. Ich fange lieber morgens später an und bleibe abends länger.«

Am 5. Mai 1979 bestritten die Bayern in Darmstadt ihr erstes Pflichtspiel, seit der Manager nun offiziell im Amt war. Es wurde ein 3 : 1. Und wer schoss dabei den ersten und den letzten Treffer? Natürlich Paul Breitner, was dem Ganzen beinahe einen Hauch von Emotionalität verlieh. Die »Süddeutsche Zeitung« vom Montag danach titelte: »Bescheidener Uli Hoeneß – Sekt zum Einstand«. Es waren immerhin ein paar Flaschen, die er der Mannschaft spendierte. »Ich maße mir nicht an zu sagen, dass dieser Erfolg bereits auch mein Verdienst ist«, wird er zitiert. Bei Leberknödelsuppe, Kalbssauerbraten, Spätzle, Salat und Vanilleeis mit Schokoladensauce sagte er im »Hotel Gravenbruch«: »Ich möchte mich für diesen Einstand herzlich bei euch bedanken.« Er wollte als ehemaliger Mitspieler bewusst keine Kluft zur Mannschaft aufkommen lassen und fügte sich ein, als gehörte er noch dazu. Mit Maier und Schwarzenbeck duzte er sich weiter, »weil ich die ja noch aus einer Zeit kenne, als ich bei Bayern selber noch ein Pimpf war. Da wäre es albern, das Sie einzuführen.« Hoeneß packte auch mit an, schleppte Gepäck und Ausrüstung vom Bus zum Checkin am Flughafen, kümmerte sich um Gastgeschenke und Mitbringsel auf Reisen, richtete in der Kabine persönlich die Elektrolytgetränke her. Er war das Mädchen, nein der Uli für alles. Präsident Hoffmann war begeistert: »So einen Mann brauchen wir, der hinlangt, wo es notwendig ist – keinen Scharlatan, der uns nur auf der Tasche liegt.«

Parallel zu den letzten Saisonspielen galt es, die ersten Transfers vorzubereiten. Bereits am 6. Mai reiste Hoeneß gemeinsam mit Trainer Csernai nach Arnheim, um Sören Lerby und Frank Arnesen von Ajax Amsterdam zu beobachten. »Die beiden jungen Dänen könnten in unserer Zukunftsplanung eine Rolle spielen.« Tatsächlich wechselte Lerby vier Jahre später nach München. Als Hoeneß damals über Frankfurts Mittelfeldspieler Wolfgang Kraus spricht, hört es sich bereits so an, als sei er seit zig Jahren im Geschäft. »Seine Ablösesumme ist immer noch verdammt hoch.« Kein Wunder, rund 500 000 Mark kostete Kraus – viel Geld für damalige Verhältnisse. Denn die Aufwendungen für die Gehälter betrugen bei Bayern im Jahr zuvor nur knappe neun Millionen DM – heutzutage dürfte ein gestandener Bayern-Star brutto auf das Doppelte kommen. Für die neuen Spieler, die ab diesem Zeitpunkt verpflichtet wurden, war Hoeneß der »Herr Hoeneß«. Anders als bei den früheren Mitspielern legte er nun Wert auf Distanz. »Da ist das Du nicht angebracht.«

Die Bilanz der ersten Wochen Hoeneß'scher Personalpolitik: Branko Oblak verlängert seinen Vertrag, Jan Einar Aas kommt aus Norwegen, Hanne Weiner von Hertha BSC, Wolfgang Dremmler nach schwierigen Verhandlungen aus Braunschweig und als prominentester Neuzugang Ulis Bruder Dieter vom VfB Stuttgart. Während Breitner sagte, dass »wir den Dieter geholt« haben, stellte Hoeneß später klar: »Dieter wäre sowieso nach München gekommen, das war schon zuvor und unabhängig von meiner Person vereinbart.«

Abgegeben wurden der Niederländer Martin Jol, Wolfgang Rausch, Peter Gruber und Jupp Kapellmann. Der Rheinländer, an allen großen Triumphen seit 1973 beteiligt, wechselte ausgerechnet zum Stadtrivalen TSV 1860. Sein Motiv: Er wollte sein Medizinstudium durchziehen – und schon sah sich Hoeneß dem ersten Zoff mit einem Spieler ausgesetzt, der zum Teil über die Medien ausgetragen wurde. Und in dem sich erstmals das knallharte Geschäftsdenken von Hoeneß zeigte. Die Bayern-Verantwortlichen hatten damals eine Vertragsklausel bei Kapellmann, wonach er für Prüfungstermine freigestellt werden sollte, kurzerhand gestrichen. Der Abwehrspieler wehrte sich dagegen und erklärte, diesen Passus so gut wie nie benutzt zu haben. Er habe in der abgelaufenen Saison lediglich bei einer Trainingseinheit und einem Freundschaftsspiel wegen Prüfungsterminen gefehlt. Kapellmann beklagte sich öffentlich: »Das ist eine reine Retourkutsche der Herren Breitner und Hoeneß, die hier die einzige Möglichkeit sehen, mir die Pistole auf die Brust zu setzen. Von Trainer Pál Csernai habe ich menschlich allerdings eine stärkere Position erwartet. Aber ich habe Verständnis für sein Verhalten. Sein Hemd ist ihm eben näher als der Rock.« Auf Kapellmann kam der Vorstand der Bayern sogar im Jahr 2013 zu sprechen, als in den ersten Monaten unter dem neuen Trainer Pep Guardiola eine kleine »Maulwurf-Affäre« den Verein für einige Tage beschäftigte. Der Vorstandsvorsitzende Karl-Heinz Rummenigge richtete eine Warnung an denjenigen, der einige Mannschaftsinterna über Aufstellung, Taktik und Traineransprache an die Presse weitergegeben hatte, und erinnerte daran: »Jupp Kapellmann musste vor vielen Jahren den FC Bayern verlassen, weil er ein Maulwurf war.«

Und Hoeneß war sein Bruder Dieter näher als andere. Er sollte der Nachfolger von Gerd Müller auf der Mittelstürmerposition sein. Ein schwereres Erbe war kaum vorstellbar. 175 000 DM mussten an den VfB Stuttgart überwiesen werden – eine Risikoinvestition. Der Stil des großen, dürren, aber zugleich schwerfälligen Kopfballspezialisten hatte rein gar nichts mit dem des kleinen, wendigen Müller zu tun. Die Fans lehnten den zweiten Hoeneß dann auch zunächst ab, es sah ihnen doch zu sehr nach Vetternwirtschaft aus.

»Hoeneß raus! Hoeneß raus!«, brüllten die Zuschauer. Für den Bruder eine Zumutung: »Das schmerzt wahnsinnig.« Doch beide blieben stur und zogen die Nummer durch – mit Erfolg. Der ein Jahr jüngere Bruder erkämpfte sich die Anerkennung dann durch Tore. 102 Bundesligatreffer in acht Jahren folgten, dazu die Spitznamen »Mister Europacup« und »Turban-Dieter«. Letzteren verdankte er einer Situation, die immer noch sehr oft mit der Karriere von Dieter Hoeneß verbunden wird: Im Pokalfinale 1982 gegen den 1. FC Nürnberg erleidet er nach einem Zweikampf mit Alois Reinhardt eine klaffende, stark blutende

Platzwunde an der Stirn. Er muss genäht werden. In der Kabine fleht ihn sein Bruder an: »Du darfst dich jetzt nicht auswechseln lassen.« Dieters Erinnerungen sind eher pragmatischer Natur: »Was wirklich wehtat, das war das Nähen.«

In der letzten Minute erzielt Dieter dann nach einem anfänglichen 0:2-Rückstand der Bayern das Tor zum 4:2-Endstand per Kopf – mit seinem mittlerweile durch all die Zweikämpfe wieder blutdurchtränkten Turbanverband.

Auf kein Spiel seiner Karriere wurde Ulis Bruder öfter angesprochen. »›ZDF‹-Kommentator Dieter Kürten hat das im Fernsehen damals sehr dramatisch dargestellt«, sagt Dieter Hoeneß im Rückblick. »Dabei war es ja nicht gefährlich. Und außerdem war so viel Adrenalin in meinem Körper, dass ich gar keine Schmerzen empfand.« Die Beteiligten aber staunten. »Man sollte ihm das Eiserne Kreuz verleihen«, jubelte Präsident Hoffmann.
Was Dieter dann tatsächlich bekam, war ein Eintrag ins Guinnessbuch der Rekorde: Zwischen der 68. und 89. Minute traf er beim 6 : 0 gegen Eintracht Braunschweig im Februar 1984 satte fünf Mal. Und als unerwartete Krönung seiner Karriere durfte Dieter dann sogar als Spätberufener unter Teamchef Franz Beckenbauer noch mit zur WM 1986 in Mexiko und wurde beim 2 : 3 im Finale gegen Argentinien eine halbe Stunde vor Schluss als Joker eingewechselt. Im Rückblick meinte Uli einmal: »Dieter war der beste Einkauf meiner Karriere.«

Am 2. Juni 1979, beim Heimspiel gegen Fortuna Düsseldorf, nimmt Uli Hoeneß im Olympiastadion zum ersten Mal neben Trainer Csernai auf der Bank Platz. Er kommt, wie man heute sagen würde, im Casual-Look daher, trägt ein blaues Hemd, den zweiten Knopf offen, die Ärmel hochgekrempelt. Der Trainer glänzt im schwarzen Kurzarmhemd, weiß gepunktet. Nach einem Bundesligaspiel sieht das nicht aus, eher nach einem lässigen Betriebsausflug. Dass Hoeneß später seine entweder rot-weiß oder blau-weiß gestreiften Hemden samt roter Stadionjacke zu einer Art Arbeitsuniform in den Stadien machen würde, war damals kaum vorstellbar.

Am Ende der Saison waren die Bayern Vierter, qualifizierten sich nach zweijähriger Abstinenz wieder für einen internationalen Wettbewerb, wenn es auch nur der UEFA-Cup war. Für Trainer Csernai war es nach dieser Saison der Extreme »ein kleines Wunder« – für Hoeneß ein kleiner Anfang. Jedoch nach einer enormen Anstrengung. Nach knapp drei Monaten im Job gab der Jungmanager zu Protokoll: »Ich habe nicht mit dieser ungeheuren Belastung gerechnet. Aber ich habe es nicht bereut.«

Die »Abendzeitung« titelte in einer der ersten Ausgaben nach seinem Amtsantritt: »Jungmanager des FC Bayern arbeitet auch im Urlaub durch«. Sein Kumpel Paul machte sich Sorgen um den Rund-um-die-Uhr-Manager: »Wenn er so weitermacht, wird er keine 30. Als er aktiv Fußball gespielt hat, habe ich ihm gesagt: ›Du bist mit 32 ein echter Infarktkandidat.‹ Jetzt ist er bereits mit 30 einer.«

Des Managers erste Transfers schlugen ein, am Ende seiner ersten kompletten Saison als Manager wurde der FC Bayern Deutscher Meister, auch dank der 16 Tore von Dieter Hoeneß, Sturmpartner Karl-Heinz Rummenigge traf gar 26-mal. Der erste Titel in seinem neuen Leben wurde zünftig gefeiert – mit Folklore, so als wäre das Oktoberfest zum Spiel am 31. Mai 1980 gegen Eintracht Braunschweig in das Olympiastadion verlegt worden: Blaskapellen, Schuhplattler, Lederhosen und Dirndl überall – die Party konnte geplant werden, da Bayern schon vor dem letzten Spieltag als Titelträger feststand. Präsident Hoffmann

hatte die Zuschauer gebeten, in Tracht zu erscheinen. Schließlich galt es, die erste Meisterschaft seit sechs Jahren zu feiern – mit Hoeneß als Manager, seinem Kumpel Paul als Kapitän und seinem Bruder Dieter als Torjäger. Ein großes Ziel war erreicht, für Hoeneß mit seinen erst 28 Jahren war es aber nur ein Zwischenziel. Dies war jedoch kein Grund, nicht mal richtig die Sau rauszulassen.
Vor seinem Abschied und Weggang 1974 zu Real Madrid hatte Breitner geschimpft, dass man »in diesem Scheißverein nicht mal richtig feiern« könne, zur Meisterfeier 1980 genehmigte er sich bereits in der Halbzeit ein Glaserl Sekt. Dieter Hoeneß öffnete nach dem 2 : 1 eine Magnum-Flasche Champagner und jagte Spieler, Offizielle und Journalisten durch die Stadionkatakomben. Und Uli Hoeneß landete in voller Montur im Entmüdungsbecken. Endlich mal ausgelassen nach all den Zweifeln und all dem Stress. Schnell war das Motto für die Party gefunden: »Wer heute unter zwei Promille bleibt, ist kein richtiger Bayer.«

1981 wiederholte man in beinahe derselben Besetzung die Meisterschaft, 1982 wurde der DFB-Pokal gewonnen, ein Jahr später blieb Bayern titellos. Der Schuldenstand konnte allerdings nicht wesentlich reduziert werden. Als Breitner 1983 aufhörte, musste ein Nachfolger für seine zentrale Position verpflichtet werden. Vier Jahre schon stand Sören Lerby von Ajax Amsterdam auf der Liste, nun schlugen die Bayern zu und engagierten den Dänen für eine Ablöse von zwei Millionen Mark. Nun waren die Schulden auf neun Millionen DM gestiegen.

Und Hoeneß hatte einen Freund weniger. Denn in diesem Sommer sollten sich die Wege von Hoeneß und Breitner für lange Zeit trennen. Die Freundschaft zu Paul hatte nicht in der ersten, schwierigen Anfangszeit gelitten – auch wenn sich die Kumpel ab und an richtig gestritten hatten. Breitner, der Manager der Mannschaft, kontra Hoeneß, den Manager des Vereins. Gab es Ärger, saß Uli im Bus ganz vorne bei den Trainern und Paul ganz hinten in der letzten Reihe. Doch bald danach waren die Dinge meist wieder ausgeräumt. Nicht so im Juni 1983. Hoeneß hatte in einem ungeraden Jahr, einer Saison ohne EM oder WM, eine lukrative Südostasientournee vereinbart: Singapur, Bangkok, Hongkong. Für den Manager eine überlebenswichtige Maßnahme, da die Asiaten eine Antrittsgage von 300 000 DM bezahlten und Flüge, Hotels und Spesen übernahmen. Für die Spieler war die Reise am Ende einer langen Saison allerdings eine Zumutung, alles andere als eine Vergnügungsreise.

Auch Breitner wollte nicht mit, schließlich hatte er Ende Mai mit einem Abschiedsspiel gegen eine Weltauswahl seine Karriere beendet. Doch die Gastgeber aus Asien hatten Konventionalstrafen von 10 000 Dollar in die Verträge einbauen lassen, falls die Bayern auf einen ihrer Superstars verzichten sollten. Hoeneß köderte seinen Freund damit, dass er doch seine Frau Hilde mitnehmen und das Ganze als netten Abschiedstrip verstehen könne.

»Im Grunde war es ein wunderbarer Ausflug«, erinnert sich Breitner. Bis auf die lästigen Spiele. Schon in der ersten Partie, beim 1 : 2 gegen eine Singapur-Auswahl, kommt es zum Streit. Der Mannschaft steckt ein 18-Stunden-Flug in den Knochen, es herrschen tropische 35 Grad mit 95 Prozent Luftfeuchtigkeit. Dieter Hoeneß beschreibt die Qualen so: »Zum Jetlag und der Klimaumstellung kam noch dieser unwürdige Rasen, irgend so ein Tundragras, in das du bei jedem Schritt fast bis zum Knöchel eingesunken bist. Nervig waren auch diese Riesenfalter, die einem ständig ins Gesicht geflogen sind.« Die nervenden Insekten werden nur noch von den übermotivierten Gegnern übertroffen. Wer mit den Umständen klarkommt, muss fürchten, verletzt zu werden. Zur Halbzeit liegen die Bayern schließlich gegen die Amateure zurück, es droht eine peinliche Blamage, Hoeneß bangt um weitere Einladungen, stürmt in die Kabine und brüllt die Spieler an: »Ihr spielt einen Mist zusammen! Könnt ihr euch nicht zusammenreißen? Es geht um unseren Ruf!« Schweigen in der Kabine, bis Breitner kontert: »Halt die Klappe! Wir machen unseren Job, mach du deinen!« Im Streit wirft er seinem Kumpel das Trikot vor die Füße, zieht die Schuhe aus und weigert sich weiterzuspielen.

Ein kleinlicher Zoff mit gewaltigen Konsequenzen, die man in der Heimat damals nicht erahnen konnte, weil nur wenige Reporter mit nach Asien gereist waren. Man hielt daher telefonisch Kontakt. In der »Abendzeitung« vom 13. Juni 1983 sprach Hoeneß noch »von einer perfekt organisierten Traumreise«, die Auswechslung Breitners habe mit dessen erheblichen Schmerzen am lädierten rechten Knöchel zu tun gehabt. Eine Schutzbehauptung, die im Zeitalter ohne Handys und Internet noch möglich war.

Erst wenige Tage später kam auch in München das Zerwürfnis ans Licht. Zu allem Überfluss sah Breitner im Abschlussspiel der Reise gegen eine Stadtauswahl von Hongkong die Rote Karte. In einem Telefoninterview mit der »AZ« erläuterte Hoeneß seine Version des Streits: »Die Ursache liegt wohl in dem eskalierenden Krach zwischen Breitner und mir, der in Singapur entstand, als ich den Norbert Nachtweih zu rügen gewagt habe. Als Paul mich deswegen angriff, habe ich ihn vor versammelter Mannschaft zurechtgewiesen. Das stank ihm wohl maßlos.« Und zur Roten Karte Breitners in Hongkong erklärte er: »Nun hat er aus diesem Grund diesen Auftritt provoziert. Breitner ging unabgemeldet einfach vom Platz, als ich mich gaudihalber in der 70. Minute für meinen Bruder Dieter einwechseln ließ. Prompt ist ihm der Schiedsrichter nachgelaufen, Breitner hat ihn wohl beschimpft, und der hat ihm dann auch gleich die Rote Karte gezeigt.«

Es war Breitners unwiderruflich letztes Spiel im Bayern-Trikot – ein unwürdiges Ende. Sein bis kurz zuvor noch bester Freund schimpfte: »Eine lächerliche Geschichte. Die Leute müssen ja von uns glauben, wir sind ein Kindergarten.«

Dabei war Breitner eigentlich nach seiner Karriere als Funktionär bei Bayern eingeplant gewesen. Präsident Willi O. Hoffmann meinte allerdings damals: »Ich hätte da ohnehin Schwierigkeiten gesehen. Denn als angestellter Mannschaftsbetreuer oder so wäre wohl die Kollision mit Hoeneß programmiert gewesen. Die 20 Spieler, die wir haben, kann der Uli schließlich selber betreuen.« Breitner verzichtete ohnehin darauf.

»Innerhalb von 30 Sekunden waren 16 Jahre Freundschaft erledigt«, sagt Breitner heute. Von diesem Moment an waren die Sturköpfe getrennte Leute. »Wir waren beide zu stolz, die Situation komplett festgefahren. Der Uli ging mir ab, umgekehrt war es genauso, aber jeder für sich war zu stur, den ersten Schritt zu machen«, so Breitner in der Rückschau.

Elf Jahre sollte es dauern, bis sie der Zufall 1994 am Münchner Flughafen wieder zusammenführte. Der eine ist gerade gelandet, der andere auf dem Weg zum Flieger. Sie hetzen zwischen den Fluggästen und Läden hin und her, bis sie an einer Ecke aufeinander zusteuern, sich sehen, aber nicht mehr ausweichen können. Auch peinlich berührtes Wegschauen ist nicht mehr möglich. Einer schlägt vor, was der andere denkt: »Lass uns morgen mal telefonieren, dann gehen wir mit unseren Mädels zum Essen.« Gesagt, getan. So beginnt das Comeback einer Freundschaft. Die Zeit der Stille hatte sie beide gequält. »Der Uli war, ist und wird mir nie fremd sein«, sagte Breitner, »aber es tut richtig weh, darüber nachzudenken, wie viele Jahre wir verloren haben.«

Im Frühjahr 2007 holte Hoeneß Breitner dann sogar zurück an die Säbener Straße, erstmals wurde er aktiv in die Vereinsarbeit einbezogen, zunächst als Berater des Vorstands, später dann als Verantwortlicher beim Scouting. Breitners Transferempfehlungen waren allerdings nicht die besten: Der Argentinier Jose Ernesto Sosa setzte sich auf der Planstelle des Mittelfeldregisseurs nicht durch, der Innenverteidiger Breno aus Brasilien war mit dem Leben in einer fremden Umgebung überfordert, steckte seine angemietete Villa in Grünwald in Brand und musste dafür ins Gefängnis.
Breitner arbeitete trotzdem weiter für den FC Bayern, er wurde Markenbotschafter, propagierte die Philosophie des »Mia san mia« bei öffentlichen Auftritten. Bis es 2017 zum abermaligen Bruch mit seinem ewigen Weggefährten kam, den Hoeneß nun als endgültig bezeichnet. Den Traum, Real Madrid immer wieder zu ärgern und vielleicht sogar auf Dauer zu überflügeln, werden sie zusammen nicht mehr realisieren. Die Zeit ist ihnen davongelaufen, die Freundschaft ist gestorben.

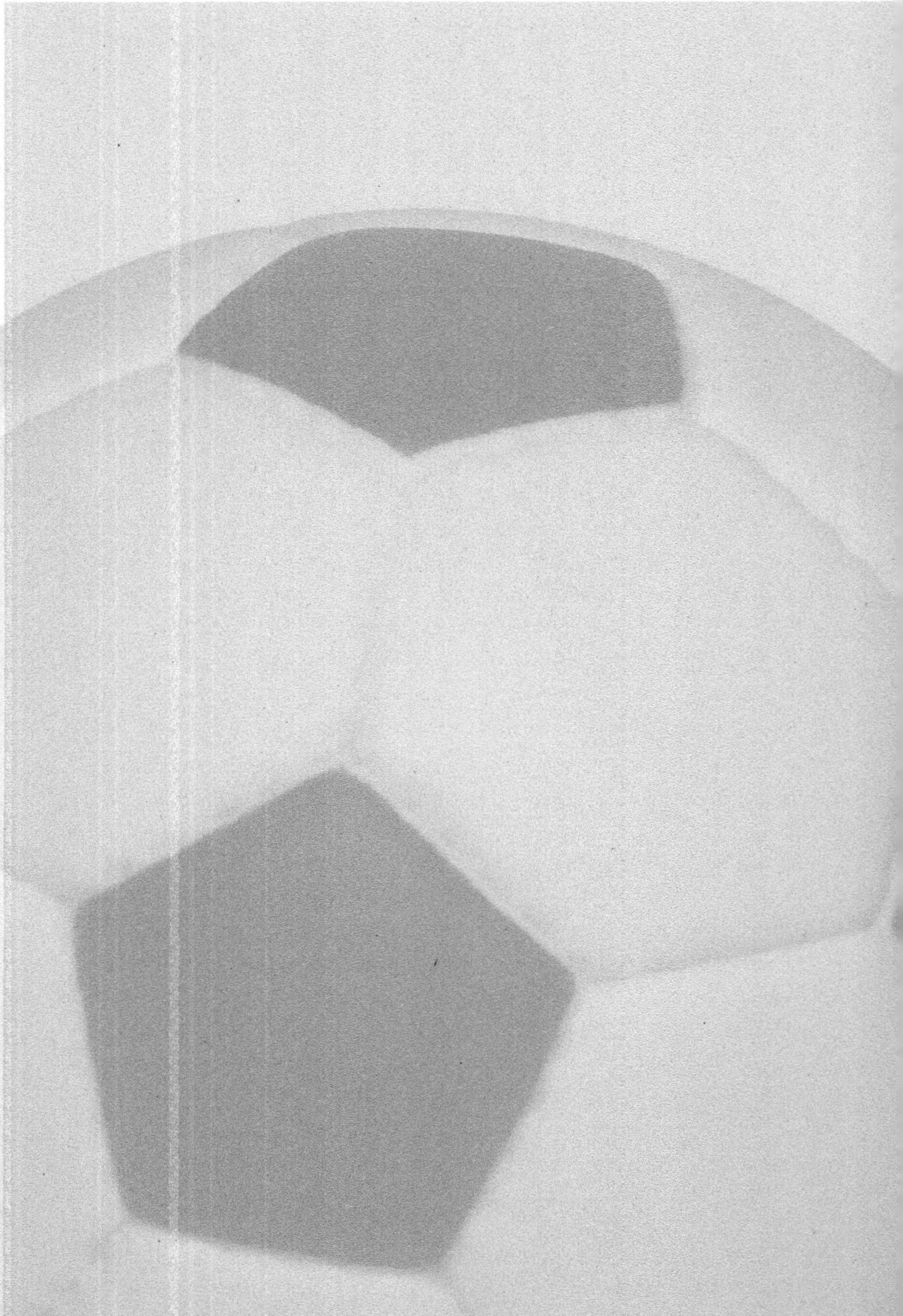

6.

Die gute Fee

Uli Hoeneß trägt selten Anzug und Krawatte. Da muss der Anlass schon ein ganz besonderer sein. Der Uli-Hoeneß-Look ist im Grunde simpel: ein rot-weiß oder ein blau-weiß längs gestreiftes Hemd, je nach Wetter noch ein Sakko drüber, eine Hose – niemals eine Jeans –, dazu Lederschnürschuhe, und fertig. An diesem Abend trägt er jedoch Schwarz. Nicht aus Trauer, nein, zur Feier des Tages. Der Anlass bestimmt die Kleidung. Schwarzer Anzug, weißes Hemd, schwarze Krawatte. Uli, der Blues Brother. Nur der schwarze Hut und die Sonnenbrille hätten noch gefehlt.

Der Abend des 29. Mai 2009 in Berlin: Bei einem Festakt im Hotel »Adlon Kempinski« wird Hoeneß die wohl größte persönliche Auszeichnung seines Lebens überreicht. Mit 57 Jahren erhält er die Goldene Sportpyramide von der Stiftung Deutsche Sporthilfe und wird als 44. Mitglied in die »Hall of Fame« aufgenommen. In der Begründung heißt es, Hoeneß bekomme die Auszeichnung für sein sportliches Lebenswerk, seine humanitären Aktivitäten und seine ungewöhnlichen Verdienste um das Ansehen des deutschen Fußballs. Nach Uwe Seeler und Franz Beckenbauer ist Hoeneß erst der dritte Fußballer, dem diese Ehre zuteilwird. Zur Einordnung der Auszeichnung ein Blick in die Liste der vorherigen Preisträger: Hans Günter Winkler (2000), Rosi Mittermaier-Neureuther (2001), Uwe Seeler (2002), Manfred Germar (2003), Roland Matthes (2004), Ingrid Mickler-Becker (2005), Franz Beckenbauer (2006), Heiner Brand (2007) und Steffi Graf (2008). Max Schmeling wurde 2005 drei Tage nach seinem Tod von Bundespräsident Horst Köhler posthum geehrt. 350 Gäste sind zur Benefizgala zugunsten der Sporthilfe geladen. Moderatorin Franziska Schenk glänzt im blau glitzernden Sommerkleid, die Musicalinterpretin Anna Maria Kaufmann in elegantem Schwarz-Weiß und mit ihrer Stimme. Hoeneß hat seine gesamte Familie mit nach Berlin genommen. Auch seine Frau Susi, die solche Auftritte normalerweise eher meidet,

schreitet mit ihrem Mann über den roten Teppich. Als Hoeneß die Auszeichnung bekommt, stemmt er sie auf der flachen rechten Hand in die Höhe, als wäre es eine Fußballtrophäe.
»Wir zeichnen Menschen aus, die als Sportler und im Leben erfolgreich sind. Und da ist Uli Hoeneß ein hervorragendes Beispiel«, lobt Jürgen Hubbert von der Stiftung Deutsche Sporthilfe.

René Obermann, der Laudator, trägt eine Fliege. Er ist der Vorstandsvorsitzende der Deutschen Telekom, diesmal als Awardsponsor Stifter des Preisgeldes und zugleich Hauptsponsor der Bayern. Bevor seine Rede beginnt, flimmern Fotos aus vier Jahrzehnten Uli Hoeneß über die Leinwand im Bühnenhintergrund. Eine tiefe Stimme spricht aus dem Off zu den Gästen: »Uli Hoeneß, das Gesicht der Fußball-Bundesliga. Ein Charakterkopf als Manager, der eine Weltmarke geformt hat. Er ist Mr. Bayern München.« Dann ist die Reihe an Obermann:
»Lieber Uli Hoeneß, mit 57 haben Sie sicher noch einiges vor. Bekanntlich werden Männer ja nicht älter, sondern lediglich interessanter. Und was auch immer es ist, was Sie vorhaben, ich wünsche Ihnen viel Erfolg und Glück. Und ich bin mir sicher, Sie werden ihn haben. Und, lieber Uli Hoeneß, ich finde auch, dass die Goldene Sportpyramide besonders gut zu Ihnen passt, denn genau wie bei diesen Pyramiden, also den Originalen in Ägypten, steht man auch vor Ihrem Werk als Sportler und Manager voller Bewunderung und fragt sich: Wie hat dieser Mann das alles nur geschafft?«

Sichtlich bewegt geht Hoeneß nach minutenlangem Applaus der Festgäste zum Rednerpult, hält sich rechts und links mit beiden Händen fest und spricht seine Dankesworte mit leicht zittriger Stimme: »Ich glaube, dass ich das große Glück hatte, immer in der Sonne zu stehen. Ich habe das irgendwann erkannt und war von dem Moment an bereit, auch zurückzuzahlen. Der Sport, der Fußball, der FC Bayern München

haben mir alles gegeben. Und so habe ich vor vielen Jahren begonnen, meine Werbeeinnahmen, die ich habe, alle in vollkommener Höhe zu spenden. So werde ich das auch diesmal tun.«
Die 25 000 Euro Preisgeld für seine Auszeichnung stockt er aus eigenen Mitteln auf 75 000 Euro auf. Nach seiner Dankesrede führt Hoeneß' Weg als Erstes zurück zum Tisch seiner Familie. Er beugt sich zu seiner Frau und gibt ihr einen innigen Kuss.

50 000 Euro – eine für seine Verhältnisse fast schon läppische Summe. Schließlich hatte Hoeneß im Rahmen der Feier zu seinem 50. Geburtstag am 5. Januar 2002 verkündet, über die nächsten fünf Jahre verteilt, eine Million Euro für wohltätige Zwecke spenden zu wollen. Auch seine Profis stiftet er immer wieder an, etwas zu geben. »Ich möchte, dass die Spieler mit offenen Augen und Ohren durch die Welt gehen und sich darüber im Klaren sind, dass sie nicht nur auf der Sonnenseite, sondern auf der Sonnen-Sonnen-Seite stehen.« Seine Einstellung betont er immer wieder: »Der Fußball hat mir all das ermöglicht, was ich heute bin. Ich bin immer gesund geblieben, mein Leben hat sich traumhaft gestaltet. Ich möchte der Gesellschaft etwas zurückgeben. Ich verspüre große Freude, wenn ich anderen helfen kann.«

Noch anlässlich seines 60. Geburtstags hat Hoeneß dann gesagt: »Mein großes Thema ist jetzt die Menschenliebe.« Doch mit Bekanntwerden seiner Selbstanzeige wegen Steuerhinterziehung stellte sich vieles anders dar. Diskutiert wurde auch: Was sind die Wohltaten des Uli Hoeneß denn noch wert, wenn er sie auf anderem Weg der Allgemeinheit als Steuerzahler vorenthalten hat? Wiegt das eine Geld das andere auf? Wird vielleicht jede Spende von Uli Hoeneß künftig den Beigeschmack der Abgeltung von Schuld haben?
Über allen Zweifeln steht auch nach der Steueraffäre Uli Hoeneß' Aufruf zur Zivilcourage. Im September 2009 wurde Deutschland von der

Ermordung des Geschäftsmanns Dominik Brunner erschüttert. In der Münchner S-Bahn hatte er sich schützend vor vier Schüler im Alter von 13 bis 15 Jahren gestellt, die von drei Jugendlichen (17 und 18) bedroht wurden. Am Bahnhof München-Solln kam es zur Eskalation: Brunner wurde von zwei der drei Aggressoren totgetreten; im Mordprozess wurden sie zu Haftstrafen von sieben bis fast zehn Jahren verurteilt.
Der FC Bayern hatte mit Dominik Brunner nie etwas zu tun gehabt – doch besonders Uli Hoeneß war aufgewühlt von dem Verbrechen an dem mutigen Mann. Eine Woche nach der Tat hatte der FC Bayern ein Heimspiel gegen den 1. FC Nürnberg, mitten in der Oktoberfestzeit; vor dem Anpfiff griff Hoeneß zum Mikrofon, was er noch nie getan hatte, und sprach in Sachen Dominik Brunner zu den fast 70 000 Menschen in der Allianz Arena. Er sei ein »Vorbild für Zivilcourage und praktizierte Nächstenliebe« gewesen, sagte Hoeneß und rief zu einer Schweigeminute auf. Und er beließ es nicht bei diesem symbolischen Akt, sondern initiierte und unterstützte gemeinsam mit dem FC Bayern die Dominik-Brunner-Stiftung; im Rahmen einer groß angelegten Plakatkampagne riefen führende Vertreter und Spieler des Vereins zu Zivilcourage auf. Für Uli Hoeneß war es das zweite große Auftreten in gesellschaftspolitischen Belangen – Jahre zuvor hatte er sich mit den Verkäufern der Straßenzeitung »BISS« (Bürger in sozialen Schwierigkeiten) solidarisiert.

Hoeneß hat zahlreiche Ehrungen erhalten, die seine beruflichen Leistungen würdigen – und die sind unstrittig. 2006 etwa wurde ihm der Bayerische Sportpreis in der Kategorie »Hochleistungssportler Plus« verliehen. Mit größerem Stolz erfüllen ihn die Auszeichnungen als Manager, als Geschäftsmann. Der Fachverband für Sponsoring FASPO ernannte Hoeneß 2009 zur Sponsoring-Persönlichkeit des Jahres. Noch prestigeträchtiger sind zwei weitere Ehrungen: Die Marketingzeitschrift »Horizont« kürte den Fußballer von einst im Jahr 1999 zum »Unternehmer des Jahres«. Das »Manager-Magazin« hat ihn gar auf

den Titel eines Heftes genommen – mit der Würdigung »Was die Wirtschaft vom FC Bayern lernen kann«. Da platzte er beinahe vor Stolz: »Das hat mich sehr gefreut und sehr stolz gemacht, weil ich nicht aus der Wirtschaft, sondern aus dem Sport komme.«
Aber Hoeneß fühlt sich wohl in diesen Kreisen. Man muss sich nur die Zusammensetzung der obersten Gremien des FC Bayern anschauen. Im Aufsichtsrat des Vereins, hochkarätiger besetzt als so mancher DAX-Konzern, saßen immer schon illustre Herren, deren Unternehmen einen Börsenwert im dreistelliger Milliardenhöhe repräsentierten. Als anlässlich Hoeneß' Rückzug vom Amt des Vereinspräsidenten und Aufsichtsratsvorsitzender der AG 2019 gemutmaßt wurde, er werde die Leute dort schon nach seiner Pfeife tanzen lassen, sagte er: »Da sitzt ein Herbert Diess von Volkswagen, Chef des größten Automobilkonzerns der Welt. Glauben Sie, der lässt sich von mir was sagen? Da bin ich doch ein kleines Licht.« Auch Diess' Vorgänger bei VW, Martin Winterkorn, und Audi-Chef Rupert Stadler gehörten dem Gremium zeitweise an, für die Telekom hat ihr Boss Timotheus Höttges einen Sitz. Herbert Hainer vertrat über viele Jahre Adidas, zuletzt trat Theodor Weimer von der Deutschen Börse ein. Hoeneß genoss die Anwesenheit der Wirtschaftsgrößen bei den Spielen. »Da kann man in lockerer Atmosphäre gewisse Gespräche führen und die Zeit im Stadion wunderbar nutzen.« Zum Wohle des Vereins. Zum Wohle der Kasse.

Und da war noch eine auf den ersten Blick fürwahr zweifelhafte Auszeichnung. Eine der Kategorie Krawattenträger oder Brillenbotschafter des Jahres, Felix Magath wurde letztere sonderbare Ehre einmal zuteil. Es geht um den Titel »Botschafter der Deutschen Wurst«. Doch diese Auszeichnung war Hoeneß genauso viel wert wie viele sportliche Trophäen seiner aktiven Zeit. Die Fleischer-Innung veranstaltete 1999 ein Fest in der Böblinger Sporthalle, ein Schlachtfest – um im Jargon zu bleiben. Ehrensache, dass Hoeneß persönlich vor Ort war. Ein

Redner sprach davon, dass diesen Titel »nur einer gewinnen kann, der sowohl sein verehrendes als auch verzehrendes Verhältnis zur deutschen Wurst vorbildlich repräsentiert«. Das Verhältnis zur deutschen Wurst – das muss man sich noch mal auf der Zunge zergehen lassen. Als der Redner erklärte, dass dies alles nur auf eine Person, und zwar auf den geladenen Ehrengast zuträfe, bewies Hoeneß Humor. Rasch erhob er sich und tippte sich auf den Bauch – mit feiner Ironie und doch zugleich jenem Stolz, mit dem Profis nach einem Tor das Wappen des Trikots küssen. Hoeneß meinte es grundehrlich, als er zu Protokoll gab: »Sie sehen, dass ich alle Bedingungen erfülle.« Natürlich nahm er die Wahl an, und der Applaus wollte nicht enden.

Als Arbeitgeber ist Hoeneß bislang noch nicht ausgezeichnet worden; dabei hat er zahlreiche Arbeitsplätze geschaffen durch die Expansion des Unternehmens FC Bayern. 1983 hatte der Verein zwölf Mitarbeiter in der Verwaltung auf der Lohnliste, im Jahr 2014 verzeichnete die Jobmaschine von der Säbener Straße über 450 Angestelltem auch eine professionell geführte Basketball-Abteilung ist dazugekommen. Im Februar 2019 vermeldete Hoeneß bei einem Auftritt in der Talksendung »Doppelpass«, »dass weltweit 1000 Leute für den FC Bayern arbeiten«. Viele der Bayern-Mitarbeiter sind Exprofis oder Familienangehörige von ehemaligen Spielern. Natürlich betrachtet Hoeneß den Verein als Konzern, aber dieser Konzern soll auch wie eine große Familie sein, das ist dem Manager wichtig. »Wir werden versuchen, auch in Zukunft ein Verein zu sein, der sich auf die Ressourcen dieses Clubs – und das sind die jetzigen und ehemaligen Spieler – besinnt und sie einbindet. Wenn man einmal diese rot-weiße Orgie miterlebt hat, tut man sich leichter, für diesen Verein zu arbeiten. Dann weiß man, wofür man das tut.«
Die Heimeligkeit, die ein Verein entwickeln kann, wenn man in Not gerät, hat der Präsident Hoeneß schließlich selbst erfahren. Als er sich auf der Jahreshauptversammlung im November 2013 im Audi Dome,

der Spielstätte der Basketballer, zu seiner Steuerhinterziehung bekannte, erhoben sich die über 3500 in die Halle gekommenen Clubmitglieder zu einer stehenden Ovation. »Ullliii« war der Ruf des Abends, und es war absehbar, wie die Vertrauensfrage, die Hoeneß für den Fall seiner Verurteilung im März 2014 ankündigte, beantwortet würde. Hoeneß versprach: »Ich werde diesem Verein dienen, so lange ich atmen kann.«

Viele haben tatsächlich wieder zum Verein zurückgefunden, da wirkt der FC Bayern wie ein Magnet. Allerdings endete die zweite Ära eines der jüngsten Rückkehrer ziemlich unglücklich: Jürgen Klinsmann, früher als Profi in München unter Vertrag, überstand nicht einmal das erste seiner beiden Vertragsjahre als Trainer.

Besser lief es zunächst bei Christian Nerlinger, der aus der Rolle des Praktikanten innerhalb eines Jahres zum Sportdirektor und zum Nachfolger von Hoeneß im sportlichen Bereich aufstieg. »Für keinen anderen Verein der Welt hätte ich mein Studium der Internationalen Betriebswirtschaft unterbrochen, bei Bayern habe ich wunderbare Voraussetzungen, um mich weiterzubilden«, sagte Nerlinger, als er im Juli 2008 seinen Job antrat.

Seine Zeit beim FC Bayern endete dann im Juni 2012. Die Gremien der FC Bayern AG hatten – auch unter dem Eindruck von zwei titellosen Spieljahren – beschlossen, auf dieser Position nahe an der Mannschaft einen neuen Reizpunkt zu setzen. Nerlinger wurde freigestellt, Matthias Sammer kam als neuer Sportdirektor vom Deutschen Fußball-Bund – ausnahmsweise also eine externe Lösung. Die aber nicht ewig hielt. Nach einem gesundheitlichen Warnschuss entschied Sammer sich dazu, kürzer zu treten, er schied bei den Bayern aus, wurde vorübergehend wieder Fernsehexperte und nahm eine externe Beraterstelle bei Borussia Dortmund an. Der FC Bayern ließ Sammers Position eine Saison lang unbesetzt und überraschte dann mit der Berufung von Hasan Salihamidzic. Einem mit Stallgeruch.

Die Liste von Exspielern, die im Verein oder für den Verein arbeiten oder ihm zumindest geschäftlich verbunden sind, ist lang. Angefangen bei der Spitze: Franz Beckenbauer mittlerweile als Ehrenpräsident, Uli Hoeneß und Karl-Heinz Rummenigge als Vorstand von Verein und AG. Rummenigges mittelfristiger Nachfolger ist auch schon benannt: Oliver Kahn. Der Torwarttitan, der nach seinem Spielerrücktritt (2008) eine gefragte Werbefigur wurde und eigene Firmen aufbaute, wird 2020 in den Vorstand eintreten. Gerd Müller, der legendäre Torjäger, kümmerte sich, bis er demenzkrank wurde und in ein Pflegeheim zog, als Kotrainer um die zweite Mannschaft, die zweimal schon je eine Saison von Mehmet Scholl trainiert wurde. Bis Mai 2008 war Sepp Maier, der beste deutsche Torhüter des 20. Jahrhunderts, als Torwarttrainer für Oliver Kahn & Co. zuständig. Im Junior-Team tauchten auch immer wieder Ehemalige auf, etwa Walter Junghans, Björn Andersson, Kurt Niedermayer, Peter Sirch, Uwe Gospodarek, Jörg Butt, Michael Tarnat. Die Scouting-Abteilung durfte Wolfgang Dremmler, einer der treuen Spieler aus den 80er-Jahren, aufbauen.

Doch nicht alle Ehemaligen stehen auf dem Trainingsplatz, sie haben Bürojobs oder sind an der Basis aktiv wie Raimond Aumann: Der Exkeeper ist der Fanbeauftragte. Der Abteilung Spiele und Spielerbeobachtung arbeiteten Exprofis wie Wolfgang Grobe, Giovane Elber und Paulo Sergio zu. Und für den ehemaligen Fußball-Kotrainer Egon Coordes, der den Spitznamen »Der Schleifer« trägt, fand sich neben dem Job im Scouting eine Aufgabe in der zweiten großen Abteilung. Er verhalf den Basketballern zu besserer Kondition. Hans Pflügler ist für die Merchandising-Abteilung verantwortlich.

Was er im nächsten Leben werden wolle? Auf diese Frage antwortete Uli Hoeneß: »Hund bei Hoeneß!« – so wie Mehmet Scholl einst gewit-

zelt hatte. Er möchte als ein Mensch in Erinnerung bleiben, von dem man weiß, dass sein Wort zählt und dass er ein Helfer in der Not ist. »Ich bin ein tief sozialer Mensch«, beschrieb er sich einmal selbst und fügte hinzu: »Wer am Boden liegt, hat's bei mir ganz leicht.«
Wenn sich Spieler schwere Verletzungen zuzogen wie Stürmer Roque Santa Cruz im Oktober 2005 mit seinem Kreuzbandriss, wurde der Vertrag dennoch verlängert – als Geste. Nur ein Beispiel von vielen. Vereinen, die dringend Geld zum Überleben brauchten, stellte sich der FC Bayern als günstiger Testspielgegner zur Verfügung, um das Stadion zu füllen. In vielen Fällen gastierte man sogar gratis auf Anweisung des Managers. Mancherorts hieß es: Da kommt Hoeneß, der Retter. Im Juli 2003 bekam er es schriftlich, weiß auf braun. »Retter« stand auf einem T-Shirt, mit dem er im Stadion am Millerntor des FC St. Pauli eine umjubelte Ehrenrunde drehte – und das als ehemaliger Klassenfeind der Hardcore-Fans der Hamburger. 200 000 Euro hatte ein Benefizspiel der Bayern beim damaligen Zweitliga-Aufsteiger, eingefädelt von St.-Pauli-Präsident Corny Littmann, eingebracht. Der Regionalligist hatte nur dank solcher Aktionen, anderer Spenden und der Hilfe der Stadt Hamburg einen Fehlbetrag von zwei Millionen Euro ausgleichen können, um die Lizenz für die Dritte Liga zu erhalten. Hoeneß wurde so zum Reeperbahn-Helden.

Wichtiger als ein Verein aber war Hoeneß immer der Mensch. Einzig an Sebastian Deisler war er nie richtig herangekommen. Der vielleicht talentierteste deutsche Mittelfeldspieler seit Günter Netzer beendete 2007 seine Karriere beim FC Bayern nach viereinhalb Jahren infolge von Depressionen und unfassbarem Verletzungspech – mit erst 27 und trotz eines noch laufenden Vertrages, der ihm weitere Millionen an Gehalt beschert hätte. Hoeneß konnte Deislers Rücktritt und Rückzug aus dem Fußballgeschäft, dessen Eigenheiten ihm fremd waren und das er schließlich gehasst hatte, nicht verhindern.

Zu Mehmet Scholl hatte der Manager dagegen einen ganz speziellen Draht, seit er ihn 1992 vom Karlsruher SC verpflichtet hatte. Franz Beckenbauer nannte den Dribbelkünstler mit den hervorstechenden Vorderzähnen »den letzten Straßenfußballer Deutschlands«. Dennoch waren die sechs Millionen Mark Ablöse für ein so junges Talent eine Risikoinvestition. Scholl verkörperte Fantasie und Ehrgeiz – für Hoeneß die ideale Mischung: »Das ist so einer, wie wir damals waren, der Paul Breitner und ich. Der will nach oben, um jeden Preis.« Scholl verzückte mit seinem Spiel, das diese lässige, manchmal zirkushafte Leichtigkeit besaß, vor allem die weiblichen Fans, die jungen Mädels. Es entstand ein riesiger Hype um Scholl, der Teenie-Star gewann dreimal die Auszeichnung »Gold Otto« der Zeitschrift »Bravo Sport« – »wie bei Take That« gehe es zu, sagte Hoeneß damals amüsiert. Was die Medien erst später in England aus David Beckham machen würden, war Scholl damals schon in München: ein kickender Popstar. Ohne ein Spice Girl freilich. Denn seine Frau war bodenständig. Die Trennung kam ausgerechnet nach der besten Saison seiner Karriere. Sie hatte ihn verlassen. Mit Bayern hatte Scholl 1996 den UEFA-Cup gewonnen, vier Wochen später mit der Nationalelf die EM in England. Drei Tage später kam sein Sohn Lucas auf die Welt. »Doch danach war alles am Arsch und nichts mehr, wie es vorher war: Dann kam mein privates Horrorjahr, das mit der Scheidung endete«, erzählte Scholl 2007, als er seine Karriere beendete. In jener Zeit verlor Scholl den Boden unter den Füßen. Als die Bayern-Profis einen zünftigen Skiausflug mit dem Auftrag Teambuilding nach Zürs am Arlberg machten, musste ein Discogast als Ventil für seinen Frust herhalten. Es gab Ärger, und Scholl legte sich mit dem Fremden an. Als die Sache an die Öffentlichkeit gelangte, war Scholls Image zerstört. Und er war auch dabei, seine Karriere zu zerstören. Bis Uli Hoeneß anrief. Bei diesem Gespräch redete nur einer: »Wenn du so weitermachst, verlierst du auch noch deinen letzten Freund beim FC Bayern! Haben wir uns verstanden?« Hoeneß bot ihm sogar an, vorübergehend bei ihm zu Hause in Ottobrunn einzuziehen. Doch Scholl verzichtete, hatte die Botschaft aber verstanden. Und er bekam sein Leben wieder in den Griff.

Als er im August 2007 bei seinem Abschiedsspiel in der Allianz Arena schließlich ausgewechselt wird, drückt ihn der Manager ganz fest an seine Brust. Hoeneß hat Tränen in den Augen. Gute Zeiten, schlechte Zeiten. Im Spaß sagt Scholl einmal: »Mein Manager lässt sich das ja ab und zu nicht nehmen, mich abzuwatschen. Uli steht irgendwie schlecht auf, die Karin Potthoff, seine Sekretärin, sagt morgens nicht ›Grüßgott‹ – und ich krieg's dann ab.« Scholl lacht. Hoeneß weiß, wie es gemeint ist. Scholl sagt: »Es ist wohl so eine Vater-Sohn-Sache.«

Katsche Schwarzenbeck hat zwei Kinder. Obwohl er seinen Schreibwarenladen 2008 aufgegeben hat, beliefert der einst so treue Vasall des Kaisers den FC Bayern nach wie vor mit Büroartikeln. Sein Sohn Martin hat auch geschäftlich mit dem Verein zu tun: »Er arbeitet für eine Firma, die sich um die Bandenwerbung in der Allianz Arena kümmert.« Und seine Tochter Heidi arbeitet direkt in der Geschäftsstelle in der Säbener Straße. Nach einem Praktikum wurde ihr eine Stelle in der Abteilung Fan- und Fanclubbetreuung angeboten. »Es ist ja nicht ganz so einfach heutzutage, einen Job zu bekommen. Deshalb habe ich das Angebot angenommen.« Mittlerweile hat sie in die Abteilung Recht gewechselt. »Das ist doch eine wunderbare Sache«, findet Vater Schwarzenbeck, »und zwar für beide Seiten: Der FC Bayern weiß, was er an seinen Angestellten hat, schließlich kennt er die Verwandtschaft. Er weiß, dass zuverlässig und fleißig gearbeitet wird – etwas anderes kann man sich mit einem prominenten Namen in einem Unternehmen auch nicht erlauben, sonst gibt es gleich Missstimmung. Und wir, die Eltern, wissen, dass die Kinder bei einem guten, seriösen Arbeitgeber angestellt sind.«

Gegen den Vorwurf, allein der Name reiche als Bewerbung, wehrte sich der langjährige Finanzvorstand des Vereins allerdings, der auch für das Personalwesen zuständig ist. »Die Herkunft hat damit gar nichts zu tun«, sagte Karl Hopfner, der als Präsident einsprang, als Uli Hoeneß von 2014 an seine Haftstrafe verbüßte. Es sei lediglich die Kompetenz für eine Anstellung ausschlaggebend. Aber in einem Punkt funktioniert der FC Bayern wie viele andere Unternehmen auch: Manche Jobs werden nicht öffentlich ausgeschrieben. Früher war das durchaus der Fall, heute nicht mehr.

»Weil wir jedes Mal ungefähr 1000 Bewerbungen bekommen haben«, erzählt Hopfner. Viele der externen Bewerber waren unqualifiziert, wollten aber den Stars nahe sein. Also sprachen die Bayern nur noch bestimmte Kandidaten an oder besetzten auf Empfehlung – oft eben von Exspielern oder Mitarbeitern. »Es ist doch leichter, wenn ich für eine Stelle nur zehn qualifizierte Bewerbungen vorliegen habe«, sagt Hopfner. Und außerdem sei doch die Verbundenheit mit dem Verein seit Kindesbeinen keinesfalls hinderlich.

So sind im Umfeld des FC Bayern immer wieder Sprößlinge von Exstars zu finden und zu finden gewesen. Paul Breitners Sohn Max in der Presseabteilung, Tina Beierlorzer, Tochter des ehemaligen Verteidigers Bertram Beierlorzer, im Sponsoring und Eventmarketing, Sebastian Dremmler im Junior-Team, Frank Jeremies, Bruder von Jens Jeremies, als Zeugwart. Auch Mitglieder der Familie Hoeneß stehen auf der Gehaltsliste der Bayern: Benjamin, ein Sohn des früheren Stürmers Dieter Hoeneß und damit Neffe von Uli Hoeneß, arbeitete sich in der Abteilung Sponsoring und Events nach oben, sein Bruder Sebastian bekam einen Trainerjob, durfte 2019 nach dem Aufstieg die zweite Mannschaft in der 3. Liga übernehmen. Personalien, die auch zu kritischen Fragen führten. Auf der Mitgliederversammlung 2018 sprach das Vereinsmitglied Johannes Bachmayr von »Spezlwirtschaft«.

Egal, was passiert ist: Familiendramen, Autounfälle, Sportinvalidität, Alkoholprobleme. Für drei Menschen war Uli Hoeneß im wahrsten Sinne des Wortes der Lebensretter. Lars Lunde war mäßig erfolgreich in seiner Zeit beim FC Bayern, in seinen zwei Jahren Bundesliga von 1986 an erzielte der Stürmer nur drei Tore in 30 Spielen. Die Fans verspotteten den Dänen als »Chancentod«. Doch das ist eine Lächerlichkeit verglichen mit dem Schicksalsschlag, der ihn am 12. April 1988 ereilte: Auf dem Weg von Aarau nach Oberentfelden in der Schweiz missachtet Lunde an einem Bahnübergang eine rote Ampel, sein Auto wird von einem Zug erfasst. Lunde erleidet ein Schädelhirntrauma und liegt 240 Stunden im Koma. »Aus meiner Komaphase habe ich nur noch ein Bild im Kopf: Ich bemerkte, dass mein damaliger Trainer bei Aarau, Ottmar Hitzfeld, mit einer roten Krawatte an meinem Krankenbett stand.« Sehr genau kann sich der Däne noch an den Moment erinnern, als er aus dem Koma erwachte: »Alles um mich herum war weiß. Neben meinem Bett standen mein Manager und mein Bruder, der sonst in Dänemark lebt. Ich dachte mir: Was macht mein Bruder hier? Der Arzt beantwortete mir dann ganz behutsam diese und andere Fragen.« Lunde musste seine gesamte Motorik neu erlernen. »Mein großes Problem war die Koordination, die vom Kleinhirn gesteuert wird. Ich war nicht mehr in der Lage, selbstständig meine Zähne zu putzen. Ich konnte mich nicht mehr allein anziehen, beim Sitzen verlor ich sofort das Gleichgewicht.«

Hoeneß besuchte das Unfallopfer in Aarau mehrmals. »Lars, die einzige Chance, vielleicht wieder einigermaßen Fußball zu spielen, sehe ich, wenn du nach München kommst«, schlug ihm der Manager vor. »Damit ich schauen kann, wie du trainierst, was du machst, damit du die beste Versorgung hast für deine Genesung.« Doch es ging auch ums Geld, Lundes Vertrag in München lief im Juni 1988 aus. Hoeneß veranlasste, dass die Bayern ihn finanziell unterstützten. Denn Lunde drohte, zum Sozialfall zu werden. Die Kosten für die aufwendige Rehabilitation konnte er nicht allein tragen. Sein Aufbautraining machte er dann in einer Klinik im Münchner Stadtteil Bogenhausen, aufgepäppelt wurde er im Hause Hoeneß in Ottobrunn. »Susi war so gut zu mir, sie ist eine sehr herzliche Frau. Das war eine große Geste von Uli und seiner Familie. Ich hab mich dort wie zu Hause gefühlt«, sagt Lunde im Rückblick über die kostenlose Untermiete. »Abends saßen wir zusammen und haben wie eine richtige Familie gemeinsam gegessen.« Nach drei Wochen plagte Lunde das schlechte Gewissen, und er quartierte sich im »Hotel Excelsior« am Hauptbahnhof ein – ständig in Kontakt mit Hoeneß.

Lunde hatte im Koma zehn Kilo Muskelmasse verloren und konnte erst nach zwei Monaten wieder gegen einen Ball treten. Zunächst versuchte er es in der zweiten Mannschaft von Aarau, später beim FC Zug, doch an ein richtiges Comeback war nicht zu denken. »In meiner besten Zeit als Torjäger zählte das Dribbling zu meinen großen Stärken«, sagt Lunde, »nach dem Unfall war ich nicht einmal mehr in der Lage, einen Baum zu umdribbeln.« Viel zu jung, mit nur 26 Jahren, musste er im Herbst 1990 schließlich seine Karriere beenden. Ein Schicksal, das er mit Hoeneß teilt. »Uli ist für mich eine Person, wie ich sie selten erlebt habe. Kein Mensch hat je so viel getan für mich. Er ist immer für mich da gewesen. Auch wenn ich heute ein Problem habe, kann ich ihn anrufen und fragen, ob er etwas für mich tun kann.« Etwa Tickets für die Allianz Arena schicken – wenn Lunde am Wochenende keinen Schichtdienst hat. Der Däne arbeitet als Lagerungspfleger, eine Art OP-Gehilfe, im Kantonsspital Aarau und ist nebenbei Trainer. Er fing bei den B-Junioren des FC Wangen bei Olten an und ist nun beim SC Worb engagiert, einem Großverein in der Nähe von Bern. Er coacht die erste Mannschaft, die in der dritten Schweizer Liga spielt.

Erst der Mensch, dann der Erfolg. Diese Maxime hat Uli Hoeneß zu seinem Prinzip gemacht. In einem Interview mit dem »Stern« sagte er im Juli 2009: »Erst mal strebt man nach Erfolg. Wenn man viel gewonnen hat, fragt man sich, was noch zählt. Ich will nicht, dass die Leute nur diesen menschenfressenden Typen in mir sehen, der für den Erfolg alles macht. Sie sollen sagen: Der will oben stehen, aber nicht um jeden Preis.« Als er in die Position des Präsidenten und Aufsichtsratsvorsitzenden wechselte, formulierte er das moralische Erbe für seine Nachkommen als Manager: »Ich glaube, dass der Verein nicht gut beraten wäre, diese Art der Menschen- und Clubführung zu verändern. Das war ja auch der Stempel, den ich dem Verein aufgedrückt habe. Wenn es dem FC Bayern der Zukunft nicht gelingt, weiterhin den Menschen vor den Erfolg zu stellen, wird er nicht mehr das sein, was er heute ist. Dann wird er nicht mehr mein FC Bayern sein.«

Zwei andere Ereignisse haben Hoeneß in dieser Hinsicht entscheidend geprägt: ein Unfall und eine Krankheit. Beide Male ging es um Leben und Tod. Beide Male hatte es ausgerechnet zwei Mitspieler erwischt.

Hoeneß ist noch nicht einmal drei Monate im Amt, als Sepp Maier am 14. Juli 1979 mit seinem Auto schwer verunglückt. Die Bayern bestreiten ein Testspiel in Ulm. Der Torhüter schlüpft in seine Rolle, spielt den Gaudiburschen. Der Weltmeister von 1974, der mit Uli Hoeneß alle Triumphe der 70er-Jahre gemeinsam gefeiert hat, unterhält die Zuschauer. Er lässt die Torwarthose bis in die Knie herunterrutschen. Nach der Partie fährt die Mannschaft dann mit dem Bus zurück an die Säbener Straße. Dort steigt Maier in seinen Mercedes, ab nach Hause, heim nach Anzing. Doch ein heftiges Gewitter erschwert die Fahrt. Auf einer überschwemmten Umgehungsstraße ist Maier zu schnell unterwegs, sein Wagen gerät ins Schleudern und kracht in ein entgegenkommendes Fahrzeug. Die Schuld trägt er. Mit schwersten inneren Verletzungen wird der Torwart, damals 35 Jahre alt, ins Krankenhaus Ebersberg gebracht. »Erst hatte ich Schleier vor den Augen, war ständig weg. Am Anfang wusste ich in der Klinik gar nicht, was passiert war«, erinnert

sich Maier. »Es war innendrin so ziemlich alles kaputt. Psychisch ging's mir aber zunächst recht gut. Ich dachte, das wird schon alles wieder.« Weil es ein Samstagabend ist, bekommt Maier nur eine Notversorgung. »Wir beim FC Bayern sind alle unter Schock«, zitiert die »Süddeutsche Zeitung« Uli Hoeneß nach dem Unfall. »Der Sepp hat Riesenglück gehabt, dass er angeschnallt war, sonst wäre er wahrscheinlich nicht mehr unter uns. Er hat einen schweren Schock und eine Gehirnerschütterung erlitten, war aber ansprechbar.« Dass Alkohol im Spiel gewesen sein könnte, weist Hoeneß energisch zurück:
»Wir haben zurzeit Alkoholverbot, und unser Trainer war ja bei dem Bankett nach dem Spiel in Ulm dabei.«
Am Sonntagmorgen fährt Hoeneß ins Krankenhaus nach Ebersberg und veranlasst sofort die Überweisung in das modernere und besser ausgestattete Klinikum Großhadern. Denn Maier ist schlimmer verletzt, als zunächst angenommen. Erst im Krankenhaus am Stadtrand von München stellt man neben den Rippenbrüchen, dem Armbruch und der Gehirnerschütterung noch einen Zwerchfellriss fest. Die Situation ist lebensbedrohlich, der Torwart wird noch am Sonntagabend von Professor Viernstein notoperiert. »Das war höchste Zeit, den Montag hätte ich nicht mehr erlebt«, sagt Maier. Er kann daher ohne Übertreibung sagen: »Der Uli hat mir das Leben gerettet.«

Nach der OP erholt sich der Torhüter und macht bald wieder Scherze im Krankenhaus. Als ihn ein TV-Team besucht, sagt er: »Sakra, is' des a saubere Nachtschwester!« Drei Wochen muss Maier in Großhadern bleiben, er wird lange ausfallen. Schon kommen Gerüchte auf, der FC Bayern wolle einen neuen Torhüter verpflichten. Was Hoeneß, ganz im Stile eines Jungmanagers, der seinen Weg sucht, damals energisch dementiert: »Ich habe niemanden beauftragt, einen neuen Torhüter zu suchen – und wenn, dann suche ich selbst einen.« Man habe schließlich vollstes Vertrauen in Ersatztorwart Walter Junghans, obwohl dieser im Sommer 1979 erst 20 war. Zwei Jahre schon war Junghans, den Maier später spöttisch »Althans« taufen sollte, schon im Verein, hatte aber noch kein Bundesligaspiel absolviert.

Sepp Maier sollte nach dem Autounfall kein einziges Spiel mehr für den FC Bayern bestreiten. Auch wenn er sich herangekämpft hatte, auf eigene Kosten mit einem Freund für 14 Tage nach Teneriffa geflogen war. Am Strand wollte er sich die verloren gegangene Fitness wieder erarbeiten – obwohl eigentlich noch krankgeschrieben. Maier kam bestens gelaunt zurück. Er strebte ins Tor, sein Fernziel hieß WM 1982 in Spanien. Daher kam es für ihn einem Schock gleich, als er feststellen musste, dass Trainer Pál Csernai nicht mehr mit ihm plante. Ausgerechnet Csernai, der Nachfolger von Lorant, den Maier einst gestürzt hatte. »Er schaute mich nicht mehr an und ignorierte mich. Und das, obwohl er mir doch hätte dankbar sein müssen, dass er beim FC Bayern überhaupt Trainer geworden ist. Er hatte mich zuvor nicht einmal im Krankenhaus besucht, nicht einmal das.«

Maier suchte daraufhin das Gespräch mit Hoeneß. »Du, Uli, was ist denn los mit dem Trainer? Habe ich dem irgendetwas getan?« Hoeneß antwortete: »Du kennst ihn doch!« Maier: »Nein, ich kenne ihn nicht! Nicht mehr!« Hoeneß: »Am besten wird es sein, du hörst sofort auf. Überleg dir das doch noch einmal. Du bist 35 Jahre alt, möchtest du dich da noch so plagen? Und du hast doch eine sehr gute Arbeitsunfähigkeitsversicherung abgeschlossen.«
Aber Maier blieb stur, wollte nicht als Abzocker gelten, der nur auf die Versicherungsprämie scharf war. Doch ein Gespräch einige Wochen später mit Professor Viernstein brachte die Entscheidung. Der Arzt sagte zu Maier: »Ganz auszuschließen ist es nicht, dass es gefährlich für Sie sein könnte, Ihre Karriere fortzusetzen. Wenn Ihnen bei einer Flanke einmal ein Gegenspieler in die Seite springt, dann könnte es

eventuell sogar lebensgefährlich für Sie werden.« Maier sah das ein und hörte auf. Im Rückblick sagt er: »Wieder einmal hat Uli Hoeneß recht gehabt.«

Zwölf Jahre später sollte Sepp Maier schließlich selbst zum Helfer in der Not werden. Für einen Mitspieler, den er aus den Augen verloren hatte. Im März 1979 war Stürmerlegende Gerd Müller vor Trainer Pál Csernai in die USA geflohen und hatte sein Glück bei den Fort Lauderdale Strikers gesucht. Gefunden hat er es nie. Gutes Geld gab es, aber das war es auch schon. Während Franz Beckenbauer bei Cosmos New York als »The Kaiser« gefeiert wurde, mit Pele zusammenspielte und den Glamour der Weltstadt genoss, versauerte Müller bei einem unterdurchschnittlichen Provinzverein in Florida. Immerhin erreichten die Strikers mit dem »German Wonderstriker«1980 das Finale um die US-Meisterschaft. Doch sie verloren gegen Cosmos New York mit 0:3. Klar – gegen den Franz.

Wenn Müller später über seinen USA-Aufenthalt sprach, bekommt man das Gefühl, da erzähle einer von seiner Inhaftierung. Gefangen in Florida, bei oft über 40 Grad im Schatten, mit einem Training pro Tag um neun Uhr morgens. »Das erste Jahr war ganz gut. Ich weiß noch, dass ich ein Mofa bekommen habe, war ja ganz praktisch dort. Die zweite Saison war ganz okay. Aber die dritte, oh mei, das war ganz bescheiden, obwohl der Bernd Hölzenbein und George Best für uns spielten.« Entscheidend für Müllers Lebensgefühl war schon immer die Anzahl seiner Treffer gewesen – und 40 Treffer in 80 Spielen waren gar nicht so schlecht. Andererseits erzielte sie der weltweit größte Stürmer der 70er-Jahre in der Operettenliga NASL, der North American Soccer League. Unterbrach der Schiedsrichter, mussten die Spieler warten. Wegen der Werbeunterbrechungen fürs Fernsehen dauerten die Games oft zweieinhalb Stunden. »Keine reine Spaßliga«, wehrte sich Müller, »vom Niveau wie die Zweite Liga in Deutschland.« Am Schluss verdiente er sein Geld noch bei einem Verein mit einem Namen wie eine Bar: Smith Brothers Lounge. Ein Witz – so als würde Robbie Williams in einer Autobahnraststätte auftreten müssen.

Dennoch wollte sich Müller mit seiner Frau Uschi und Tochter Nicole in den Staaten eine neue Existenz aufbauen. In München hatte man alle Zelte im wahrsten Sinne des Wortes abgebrochen, den Bungalow, die beiden Eigentumswohnungen und das Sportgeschäft verkauft. Man riet ihm, seine frisch verdienten Florida-Dollar zu vermehren, indem er sie in ein Gastronomiegeschäft investierte. Ein Steakhouse vielleicht? Müller sagte Yes. Er kaufte und taufte es »Gerd Muellers' Ambry«. In 3016, East Commercial Boulevard wurden daraufhin amerikanische und deutsche Spezialitäten angeboten. Doch was sollte Müller selbst tun? Das Management leiten? Kochen? Servieren? Nichts davon hatte der einstige Bomber der Nation gelernt, der nach der Schule eine Lehre als Weber gemacht hatte. Er war Toremacher, kein Geschäftemacher. Also spielte Müller den Grüßgottonkel. Den ganzen Abend hieß er die Gäste an der Eingangstür willkommen, später gesellte er sich dann zu ihnen an die Bar. Aus Langeweile und Frust begann er zu trinken. Die Müllers vermissten München. Gelegentliche Besuche in der Heimat machten die Sehnsucht nur noch größer. Zwischendrin hatte Müller dann seine Karriere ganz beendet – ein frustrierendes Erlebnis mehr. Damit war für ihn noch weniger zu tun. »Das mit dem Steakhouse war ein Riesenflop, da hab ich ordentlich Geld hergeschenkt«, erzählt Müller, »und am Ende ging mir die ewige Sonne in Florida dann auf den Geist.« Auch weil das stetige Ausnüchtern bei Hitze umso anstrengender ist. Der Alkohol begann zum Trostspender zu werden.

Nach fünf Jahren in den USA kehrte die Familie Müller im April 1984 nach München zurück – ohne Gewinne, ohne Rücklagen. Der Exstürmer ohne Ziele, ohne Job. »Ich war wieder in München, wusste aber nicht, was ich tun sollte. Wenn du keine Aufgabe hast, keinen Job, dann ist der Tag lang.« Mehr als ein paar Mark für Autogrammstunden waren nicht drin. Er spielte Tennis. Er schaute fern. Er trank. Er stritt sich mit seiner Frau. Bald sollte er immer weniger Tennis spielen. Ab und an wurde er zu einem Benefiz-Kick eingeladen und traf dort die alten Freunde, die alten Weggefährten. Doch Müller war nur noch ein Schatten seiner selbst. »Als wir 1991 gemeinsam in der Uwe-Seeler-Traditionself gespielt haben«, erinnert sich Sepp Maier, »hat man den Alkohol schon gerochen, wenn er ankam. An der Kleidung, am Körper, überall. Manchmal ließ er sich vorzeitig auswechseln, sagte, er habe Beschwerden. Als wir nach dem Spiel in die Kabine kamen, trank er schon fröhlich.« Nun wurde es Maier klar: Müller war alkoholkrank, was dieser natürlich leugnete. Seine Frau Uschi hatte inzwischen die Scheidung eingereicht.

»Der Gerd braucht dringend Hilfe und eine Aufgabe im Leben«, alarmierte Maier damals Manager Uli Hoeneß. Zunächst aber musste er geheilt werden, musste sich eingestehen, dass er krank war, und einwilligen, eine Entziehungskur zu beginnen. Müller selbst, so seine Frau, hätte damals die Kraft zu diesem Entschluss gefehlt. »Am Anfang hab ich das gar nicht so bemerkt, wie ich immer tiefer reinrutschte und Hilfe brauchte. Bis man mich zum Uli geschleppt hat.«

Gerd Müller lehnte es nicht ab, über diese Zeit seines Lebens zu sprechen, wirklich entspannt wirkte er dabei naturgemäß nicht. Er macht Pausen, wenn er spricht, redet nicht mehr so schnell und abgehackt wie sonst, wenn er Journalisten über Fußball und seine Nachfahren Auskünfte geben soll. Es schwingt Stolz in seiner Stimme mit, wenn er heute sagen kann: »Ich habe fast mein Leben durch Alkohol zerstört.« Zum Glück nur fast. Auch mit seiner Frau Uschi kam er wieder ins Reine.

Hoeneß besorgte Müller einen Therapieplatz in einer Klinik. »Der Uli hat sich erkundigt, wo man mir am besten helfen konnte. Und gleich am nächsten Tag war ich schon weg aus München.« Sobald es gestattet war, fuhren Hoeneß sowie ab und zu auch Beckenbauer zu ihrem einstigen Mannschaftskollegen und schauten nach ihm. »Erst kam ich für 14 Tage ins Krankenhaus nach Garmisch-Partenkirchen, dann folgten zwei Wochen Kur, auch in Garmisch. Die wollten mich noch zwei Wochen länger drinbehalten, aber ich wusste dann, dass ich es geschafft hatte, und habe gesagt: Danke, auf Wiedersehen!« Vier Wochen haben ihm gereicht, um wieder trocken zu werden. »Gott sei Dank ist das alles gut gegangen«, sagt Müller heute.

Doch das war nur der erste Schritt. Er brauchte eine Aufgabe, einen Job. Mannschaftsbetreuer in irgendeiner Form, Helfer bei Sponsorenkontakten und Talentsucher – das waren die ersten Ideen. Denn seine alten Bayern-Kumpel dachten, dass Müller nie Trainer werden könnte – wegen seiner Gutmütigkeit. »Das ist mir zu stressig, ich hab ja am liebsten mei Rua«, sagte er auf gut Bayrisch. Doch Hoeneß überredete ihn 1991. Er wusste: Sobald Müller wieder auf dem Trainingsplatz stehen würde, wäre er wieder in seinem Element. Am Anfang war Müller Torwart- und Stürmertrainer für die Jugendteams, danach Assistenzcoach bei den Amateuren, meist an der Seite von Hermann Gerland, später von Mehmet Scholl. Noch 1992 erwarb Müller den A-Trainer-Schein.

»Wenn ich damals keinen Job bekommen hätte, wäre die ganze Scheiße wieder von vorne losgegangen«, erinnert sich Müller. »Allein hätte ich das nicht geschafft. Wenn du in so einem Kreislauf bist, kommst du von selbst nicht mehr raus. Ich habe damals gelitten, sehr gelitten.« Müllers Rettung war aber nicht nur ein Akt der Nächstenliebe, sondern auch so etwas wie die Anerkennung für seine Lebensleistung. Denn ohne die Treffer von »kleines, dickes Müller«, wie Bayern-Coach Tschik Cajkovski seinen Goalgetter genannt hatte, hätte der FC Bayern nie den Aufstieg von der Regionalliga Süd in die Beletage des europäischen Fußballs geschafft. 427 Bundesligaspiele, 365 Tore – das sagt alles.

»Der Gerd war es, der den FC Bayern und uns alle groß gemacht hat – ohne ihn hätten wir alle, der Franz, der Uli und ich, nicht diese Erfolge feiern können, wir hätten alle nicht so viel Geld verdienen können«, resümiert Maier. Sie hatten ihm viel zu verdanken. Und Gerd Müller seinen alten Spezln sein Leben.
Was einige Fans jedoch zu vergessen schienen. Überkritische Fans, die sich offenbar Sorgen um den aktuellen Etat und die Liquidität des Vereins machten, wollten Mitte der 90er-Jahre wissen, wofür Amateur-Assistenztrainer Müller denn sein Gehalt bekomme und ob dieses Geld wirklich notwendig sei, ob man es nicht besser für andere Posten ausgeben solle. Bei einer Jahreshauptversammlung platzte Präsident Franz Beckenbauer der Kragen, er schimpfte ins Mikrofon: »Ohne den Gerd und ohne seine Tore hätten wir niemals diese Erfolge gehabt, ohne ihn wäre der FC Bayern nicht das, was er ist. Ohne den Gerd würden wir uns vielleicht heute noch in dem alten Holzhäusl am Trainingsplatz umziehen. Ich denke, ohne den Gerd würden wir alle heute hier nicht sitzen.« Das war deutlich.

Uli Hoeneß erhob sich von seinem Platz auf dem Podium und applaudierte. Wenige Sekunden später stand beinahe der ganze Saal. Zu Müller gehalten hat er auch dann, als Gerd Müllers Gesundheitszustand sich verschlechterte und die Unterbringung in einem Heim alternativlos wurde. Der FC Bayern erledigte das diskret und machte es erst öffentlich, als anlässlich des 70. Geburtstag Müllers im Jahr 2015 die Medien verstärkt nach ihm fragten.

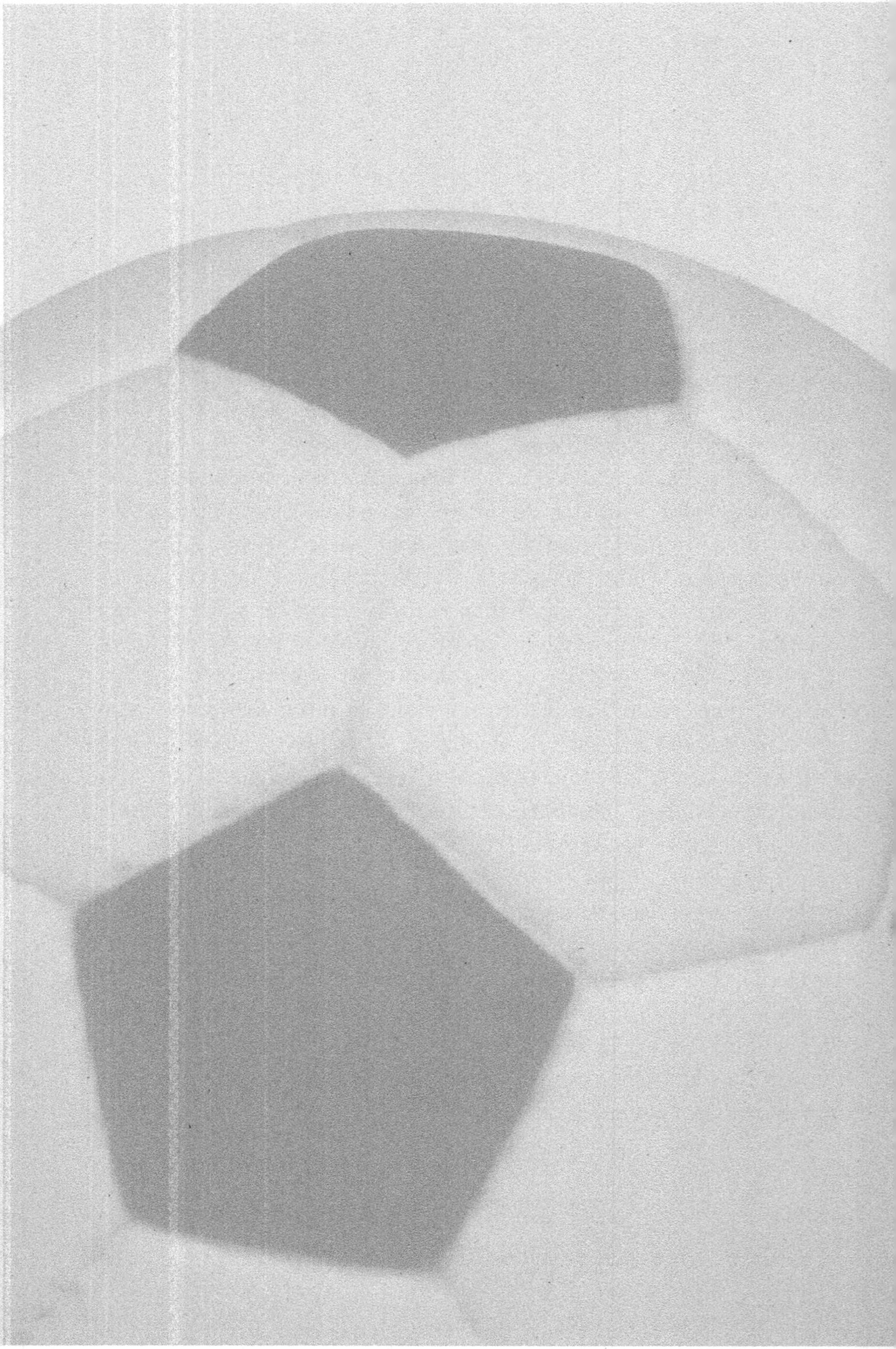

7.

Elf Feinde müsst ihr sein

Die erste Frage geht wie selbstverständlich an Uli Hoeneß. Er sitzt ja auch sehr prominent platziert, direkt neben der Moderatorin Maybrit Illner, zu ihrer Rechten. Drei Tage vor der Bundestagswahl 2009 lädt Illner zum Polit-Talk im »ZDF« ein. Hoeneß war schon oft bei Illner, da holt er sogar die ungeliebte Krawatte hervor, eine rote.
Der Moderatorin zur Linken sitzt Edmund Stoiber, ehemals bayerischer Ministerpräsident und immer noch Vorsitzender des Verwaltungsbeirates des FC Bayern – ein Hoeneß-Verbündeter im (Politik-) Geiste. Ihre gemeinsame Leidenschaft ist es, Kommentare im Kernkompetenzbereich des anderen abzugeben. Um das Zentrum der Diskussion, um die Gesprächsleiterin Illner, flankiert von Hoeneß und Stoiber, hat die »ZDF«-Redaktion einen Halbkreis der Opposition gebildet. Neben den beiden CSU-Vertretern sitzen auf der einen Seite die ehemalige Familienministerin Renate Schmidt (SPD) und die ehemalige Bundestagsvizepräsidentin Antje Vollmer (Die Grünen), beide von Parteien, die Hoeneß in etwa so schätzt wie den TSV 1860 München. Ganz rechts außen Extennisprofi und FDP-Wähler Michael Stich und direkt neben Hoeneß – welch großartige Idee der Redaktion – der linke Publizist und Autor Günter Wallraff.

Zurück zum Anstoß, zur ersten Frage. Hoeneß bekommt den Ball von Illner zugespielt und ruft als Erstes dazu auf, zur Wahl zu gehen. Schon längst habe er selbst Briefwahl gemacht. Er spricht wie selbstverständlich über Politik, als wäre es das Normalste der Welt, ihn zu solch einer Runde einzuladen. Er wird kurz als Manager des FC Bayern vorgestellt, eine Frage zum Fußball bekommt er in den 60 Minuten aber nicht. Als würde man Edmund Stoiber bei »kicker.tv« nur zu Cristiano Ronaldo, Joachim Löw und der Nationalmannschaft befragen. Aber Hoeneß gefällt sich in der Rolle, denn die Politik ist sein Steckenpferd. Wäre er nicht Bayern-Manager geworden, dann wohl CSU-Politiker. Vielleicht Wirtschaftsminister?

Anfang 2013 hatte die CSU-Politikerin Ilse Aigner aus dem Landkreis Miesbach, damals noch Bundesministerin für Verbraucherschutz, versucht, Hoeneß als Kandidaten für die Landtagswahl in Bayern zu gewinnen. Er lehnte dieses Angebot aber ab. Und es war ihm unangenehm, dass Aigners Offerte den Weg in die Medien fand. Pressenachfragen beantwortete Uli Hoeneß »aus reiner Höflichkeit«, wie er sagte, so: »Das sind private Angelegenheiten, über die ich grundsätzlich keine Auskunft gebe. Doch ich kann versichern, dass ich nie ein politisches Amt angestrebt habe und auch nicht anstreben werde.« Allerdings beschäftigte ihn zu diesem Zeitpunkt schon sein noch nicht öffentlich gewordener Steuerfall.

Hoeneß und die Politik – die »Neue Züricher Zeitung« hatte sich im April 2009 erkundigt, ob er denn nie mit dem Gedanken gespielt habe, in die Politik zu gehen. »Das habe ich mir oft überlegt«, antwortete er, »aber ich bin jetzt schon ein Gefangener der Gesellschaft. Ich bin eng befreundet mit Edmund Stoiber. Jedes Mal, wenn er mich besucht, hat er vier Bodyguards dabei. Ich bin sowieso schon bewacht von Millionen Menschen, die mich beobachten, wenn ich dann noch in die Politik ginge … Wäre ich zehn Jahre jünger und hätte ich den Erfolg im Fußball schon gehabt, würde es mich reizen.« Und so gefällt es ihm, der früher gerne Franz Josef Strauß oder Herbert Wehner bei Übertragungen von Bundestagsdebatten zuhörte, dabei zu sein, mitzudiskutieren in solchen Runden. Im Mai 2009 war er schon einmal bei Illner zu Gast, an der Seite von Oskar Lafontaine (Die Linke) und Wirtschaftsminister zu Guttenberg (CSU). Hoeneß agiert bei diesen Auftritten nie defensiv und – um es im Fußballjargon auszudrücken – geht früh auf den meinungsführenden Akteur drauf, spielt verbales Pressing und versucht, dem Argumentationsgegner seine Ansicht aufzuzwingen. Weil er zu direkt ist, blieb ihm der Weg in die große Politik verwehrt – so seine Denke:

»Ich weiß nicht, ob man mit meiner Art – ich sag ja jedem meine Meinung, ob das der Bundespräsident ist oder unser Platzwart – in der Politik hochkäme. Wer oben ist, kann sich das vielleicht leisten. Aber um hochzukommen, musst du ein Jasager sein, und das bin ich nicht.«

In der »ZDF«-Runde drei Tage vor der Wahl sorgt Hoeneß für Emotionen. Er ist der lauteste Verkäufer seiner Argumente, der engagierteste und unterhaltsamste Teilnehmer. So gesehen, hat er seine Rolle voll erfüllt: Er polarisiert, er bringt Emotion und Würze rein. Er sieht sich als Stimme des Volkes, als Anwalt des kleinen Mannes, den er auch immer wieder so bezeichnet, und als argumentativen Leibwächter von (Partei-)Freund Stoiber. Die Unternehmer in Deutschland fordert Hoeneß zum Umdenken auf. Sie sollten so arbeiten, dass es zuerst »dem Arbeitnehmer gut geht und dann dem Aktionär«. Dieser Grundsatz sei in den letzten Jahren »von allen« falsch eingeschätzt worden, auch von allen politischen Parteien. Die Politiker sollten zugeben, »dass sie mindestens genauso viel Schuld an dem Desaster« der derzeitigen Wirtschaftskrise haben wie die Manager, so sein Anliegen. Und was wäre laut Hoeneß zu tun? Der Wurstfabrikant hat ein paar Floskeln zu bieten, die auch vor einem Bundesligaspiel gut passen würden: »Wir müssen schauen, dass wir wieder in die Gänge kommen. Das Wichtigste für die Zukunft ist, dass die Wirtschaft funktioniert. Wenn es keine Partei gibt, die dafür sorgt, können wir gleich aufhören.«

Was er wunderbar politikerlike draufhat, sind diese Diskussionsgesten: etwa der ausgestreckte Zeigefinger und das »O«, geformt von Daumen und Zeigefinger, als Argumentationsverstärker.

Damit der »kleine Mann auch was zu essen habe«, sei Hoeneß auch für den Mindestlohn, den er in seiner Nürnberger Wurstfabrik HoWe mit 7,50 Euro längst eingeführt habe. Er zahle auch gerne fünf Pro-

zent mehr Reichensteuer, aber deshalb gehe es »dem kleinen Mann kein Stück besser«. Es bringe nichts, immer nur gegen die Reichen zu sein, denn »wenn die Unternehmer alle in die Schweiz gehen, ist auch keinem geholfen«. Die Ausschnitte dieser Sendung wurden natürlich hervorgekramt, als im April 2013 publik wurde, dass Hoeneß eigene Kapitalerträge in der Schweiz nicht versteuert und schließlich versucht hatte, die Sache mit einer Selbstanzeige zu bereinigen.
Hoeneß erntete damals bei Maybrit Illner gleichermaßen mitleidiges Gelächter wie stürmischen Applaus. Nach einer seiner lautstarken Argumentationseruptionen warf er sich abrupt in den Stuhl zurück und sagte – womöglich zu sich selbst – etwas leiser: »So ist es doch!« Wenn Hoeneß sich ereiferte, schlug Günter Wallraff immer mal wieder die Hände über dem Kopf zusammen und riet ihm schließlich: »Sie sollten Finanzminister werden!«

Hoeneß hat sich stets als Mann der Praxis gesehen. Institutionen wie die Gewerkschaften sind ihm ein Graus. In einer Talkshow sagte er einst zu der damaligen stellvertretenden Vorsitzenden des Deutschen Gewerkschaftsbunds, der SPD-Politikerin Ursula Engelen-Kefer: »Sie machen immer nur Theorie. Sie haben in Ihrem Leben noch nie ein paar Bratwürste verkauft.« Hemdsärmelige Logik à la Hoeneß. Doch mit solchen Sprüchen punktete der Bayern-Manager beim Volk.

Hoeneß, der Anwalt des Volkes. Womöglich schlägt er sich selbst einmal für den Bundesliga-Friedensnobelpreis vor. Die Wahrnehmung seines Wirkens, glaubt Hoeneß, hat sich verändert über die letzten Jahrzehnte. In den 80er-Jahren, besonders in den Auseinandersetzungen mit dem damaligen Kölner Trainer Christoph Daum sowie in den gegenseitigen Anfeindungen mit Werder Bremens Manager Willi Lemke, war sein Bild als »Abteilung Attacke« geboren und mehr und mehr herausgebildet worden. Doch weil er sein Herz auf der Zunge

trägt und so schlecht Antipathie oder gar Wut herunterschlucken kann, wenn er sich ungerecht behandelt fühlt, muss er den Aufklärer spielen. Sich selbst gab Hoeneß, als er seinen zweiten Vornamen »Abteilung Attacke« nicht mehr hören konnte, daher das neue Prädikat »Abteilung Wahrheit«. So will Hoeneß wahrgenommen werden. Herrlich sind diese Momente, in denen Hoeneß einem Reporter am Telefon oder von Angesicht zu Angesicht erklärt, dass Schluss sei mit Attacke, dass nur noch die Wahrheit zähle und dass die Medien generell eher der »Abteilung Lüge« zuzuordnen seien. Damit der Journalist versteht, was Sache ist, ist Hoeneß in diesen Fällen spontan dazu bereit, die Übermittlung der Botschaft möglichst aggressiv und lautstark vorzunehmen. Widerrede zwecklos. Ein-Mann-Diskussion beendet. Abteilung, marsch. Hoeneß macht kehrt.
Attacke, Spitze, eins, zwei, drei – alles Schnee von gestern? Er habe sich verändert, sei harmoniesüchtiger geworden über all die Jahre, gesteht Hoeneß. Etwa gar altersmilde? So weit gehe es ja dann doch nicht. Dennoch: »Ich will nicht mehr jeden Tag der böse Bube sein«, erklärt der Manager. »Ich stelle fest, dass selbst die allergrößten Bayern-Hasser sagen: ›Der Mann gefällt uns, weil er den Finger in die Wunde legt.‹ Ich stehe zu dem, was ich gesagt habe, und nehme kein Jota zurück. Ich gehe für meine Meinung durchs Feuer.« Natürlich hat er sich dabei auf seinem Weg mal leichte, mal schwere Verbrennungen zugezogen. Zumindest bis zum Bekanntwerden seiner Steueraffäre konnte Hoeneß behaupten, »dass die Feinde insgesamt weniger geworden sind. Das fühlt sich gut an. Als junger Kerl war ich viel unbeliebter. Wenn man mit 27 anfängt, verteidigt man natürlich mit Händen und Füßen alles, was man erreicht. Heute vertrete ich meine Meinung auch – nur etwas geschickter.« Hoeneß spricht selbst von Feinden.

Was wäre aus Hoeneß geworden ohne all diese Anfeindungen und teils leidenschaftlichen, teils taktischen Scharmützel? Selbst wenn es in der

Außendarstellung für ihn von Nachteil war und er sich unbeliebt machte, schlüpfte er zum Wohle der Mannschaft, zum Wohle des Vereins in die Rolle des »Bad Boy«. Wurde es sportlich gesehen gefährlich für den FC Bayern, trat Hoeneß mit gezielten Sticheleien vor die Presse. Auf diese Weise leitete er den Druck von der Mannschaft auf sich selbst um und wurde so zum Feindbild vieler gegnerischer Fans. Die positive Nebenwirkung: Mit seinen Aussagen machte er die Gegner nervös.

Elf Freunde müsst ihr sein – das ist die romantische Verklärung des Zusammenhalts einer Fußballmannschaft aus den Zeiten eines Sepp Herberger. Es ist ein Leichtes, eine Mannschaft zusammenzustellen aus Personen, die im Laufe der Hoeneß'schen Managerkarriere in seinen Bannstrahl gerieten. Motto: Elf Feinde müsst ihr sein. Ja, sogar eine Ersatzbank lässt sich ohne Weiteres nominieren. Und hier ist sie nun, die Elf-Feinde-Auswahl von Uli Hoeneß:

Im Tor: Willi Lemke – der Urtyp des Hoeneß-Feindbildes

Lemke vereint so vieles, mit dem der Bayern-Manager auf Kriegsfuß steht. Er ist SPD-Mitglied, war Bremen-Manager und ist immer noch FC-Bayern-Hasser. In Lemkes Büro bei Werder hing ein Plakat aus den 20er-Jahren, auf dem zum »Kampf dem bürgerlichen Fußball« aufgerufen wurde. Diese Maxime lebte der frühere Geschäftsführer des SPD-Landesverbandes Bremen voll aus, als er 1981 zu Werder kam. »Der FC Bayern München – das sind die Reichen, die Starken, die Großen«, propagierte er und erklärte: »Das sind die, die hier alles wegkaufen, die mit breiten Ärmeln und Ellenbogen kämpfen. Wir wollen etwas anderes sein. Bodenständig, volksnah, die Jungs von nebenan.« Daraufhin nannte Hoeneß Lemke einen »Volksverhetzer«.

Als Bayerns Libero Klaus Augenthaler im November 1985 Werder-Stürmer Rudi Völler im Olympiastadion mit einem fiesen, gezielten Foul mit voller Wucht niedermähte, eskalierte die Nord-Süd-Auseinandersetzung. Völler erlitt einen Adduktorenanriss, musste zweimal operiert werden, fiel ein halbes Jahr aus und hätte beinahe die WM 1986 in Mexiko verpasst. Hoeneß sprach von einem Allerweltsfoul, Augenthaler mimte das Unschuldslamm und gab lapidar zu Protokoll: »Mei, was kann ich dafür, wenn der so schnell ist?«
In den restlichen Auswärtsspielen der Saison wurde Augenthaler gnadenlos ausgepfiffen, der FC Bayern war landesweit verhasst. Vor der Rückrundenpartie in Bremen gingen bei Bayern Morddrohungen ein, »Auge« bekam Personenschutz.

Auch als sich Lemke 1999 aus dem operativen Geschäft zurückzog und Bildungssenator des Landes Bremen wurde, ging der Streit weiter. Ob es auch Groll darüber war, dass Lemke triumphierte, als im Weserstadion die ersten VIP-Logen der Liga eingerichtet wurden, während die Münchner unter den baulichen Unzulänglichkeiten des Olympiastadions litten? Oder gar darüber, dass sich der kleine, drahtige Lemke als Marathonläufer inszenierte, während Hoeneß mit Gewichtsproblemen zu kämpfen hatte? Hoeneß stichelte, es sei »erstaunlich, dass ein Mann mit einem solchen Charakter Minister eines Bundeslands werden kann und für die Erziehung zuständig ist«. Er stelle fest, »dass das Land Bremen in der Pisa-Studie an letzter Stelle ist«. Generell bekomme Lemke nicht mit, »was in Deutschland läuft«, er solle sich eher »darum kümmern als um die Fußballprobleme. Davon hat er früher nichts verstanden und versteht er jetzt schon lange nichts mehr.«

Von 2008 bis 2016 arbeitete Lemke als Sport-Sonderbeauftragter für den UN-Generalsekretär in New York, weit weg von der Säbener Straße. Als US-Präsident Barack Obama im brütend heißen Sommer 2013

Berlin besuchte, saß der ehemalige Fußball-Manager Lemke inmitten der geladenen Gäste vor dem Brandenburger Tor. Um sich gegen die pralle Mittagssonne zu schützen, trug er eine Werder-Bremen-Kappe. Als Lemke einmal über sein Verhältnis zu Hoeneß Auskunft geben sollte, antwortete er: »Wer ist das?« Und als er eine Aussage seines Erzfeindes kommentieren sollte: »Ich sehe nicht, was der Bayern-Manager sagt, weil ich den Fernseher immer abschalte, wenn er auf dem Bildschirm erscheint.« Seine Begründung: »Es gibt keinen Menschen auf der Welt, der sich immer so negativ über mich geäußert hat.« In beiden Fällen trat jedoch etwas Altersmilde ein. Als Lemke im August 2016 seinen 70. Geburtstag feierte, lud er Uli Hoeneß ein, für den es nach seiner Haftzeit einer der ersten gesellschaftlichen Auftritte war. Seitdem lassn die beiden ewigen Streithähne die Waffen schweigen. Aber man weiß ja nie.

Rechter Verteidiger: Karl-Heinz Wildmoser

Der Großgastronom und Oktoberfestwirt war von 1992 bis 2004 Präsident des Stadtrivalen TSV 1860 München. Wirklich gemocht hat Hoeneß Wildmoser senior nie, aber lange Jahre »seine barocke Figur und sein Auftreten« toleriert. Als Stadionpartner beim Bau der Allianz Arena in Fröttmaning vor den Toren Münchens hat er ihn in seiner Funktion als Löwen-Boss aber durchaus gebraucht, da beide Vereine zunächst zu jeweils 50 Prozent an der Finanzierung beteiligt waren. Doch mit dem Schmiergeldskandal im Jahr 2004 um die Zahlungen in Höhe von angeblich 2,8 Millionen Euro von Baukonzern Alpine an dessen Sohn Wildmoser jun., der wegen Untreue und Bestechlichkeit zu einer Haftstrafe von vier Jahren und sechs Monaten verurteilt wurde, kam der Bruch. Hoeneß tobte, das sei »alles katastrophal für das Image des Fußballs«, und meinte im Rückblick: »Die Arena stand damals kurz vor dem Kollaps. Das waren die zwei härtesten Jahre meines Lebens – und die stellen das immer noch als Kavaliersdelikt hin. Das ist doch nicht zu fassen.«

In den folgenden Jahren hatte Hoeneß nur noch Verachtung übrig für den Ex-Löwen-Boss, die Auseinandersetzung verlagerte sich auf die persönliche Ebene. »Wildmoser hat 1860 in katastrophalem Zustand hinterlassen, fast insolvent«, behauptete Hoeneß. Der Konter lautete: »Das ist Rufmord. Hoeneß will mich fertigmachen. Ich werde eine einstweilige Verfügung gegen ihn erwirken.« Worauf der wiederum eiskalt reagierte: »Ich würde mich sehr freuen, wenn mich Herr Wildmoser verklagt, denn dann könnte ich noch ein paar Dinge mehr sagen ... Er weiß ganz genau, dass ich recht habe.« Wildmoser trat 2004 als 1860-Präsident zurück und zog sich mehr und mehr aus der Öffentlichkeit zurück. Wildmoser starb überraschend im Juli 2010.

Linker Verteidiger: Christian Ude, Münchens Oberbürgermeister

Wie Lemke auch SPD, wie Wildmoser auch TSV 1860. Die Dosierung macht das Gift. Lange schon schwelte der innerstädtische Konflikt, weil Ude ein bekennender »Blauer« ist und zudem viele Jahre im Aufsichtsrat der Löwen saß. 2001 gewann man Schulter an Schulter den Bürgerentscheid über den Bau des neuen Stadions, danach bröckelte die Phalanx. Ude sei es beim Bau der Arena nur darum gegangen, »das Stadion fertig zu bekommen, nicht für den FC Bayern, nicht für den TSV 1860 – sondern um ein WM-Stadion zu kriegen, damit die Stadt München gut dasteht«, polterte Hoeneß, »und als die WM vorbei war, war ihm die Allianz Arena völlig wurscht. Aber so kennen wir ihn ja.« Und überhaupt: Der Verein müsse sich »auch mal über den

Herrn Oberbürgermeister Gedanken machen, dem der TSV 1860 völlig wurscht ist, der dann, wenn man ihn braucht, nie da ist und auch nie ins Stadion kommt, wie ich höre. Mit solchen Leuten kannst du nix anfangen, und ich glaube, das sind alles Alibifunktionen.«

Zum Eklat kam es 2008, als Ude seinen Urlaub nicht um zwei Tage verschieben wollte, um bei der Meisterfeier des FC Bayern im Münchner Rathaus anwesend zu sein. Zuvor hatte es Streit um die Finanzierung des Parkhauses an der Arena gegeben. Der Verein zeigte sich brüskiert und wies die Ehrung der Stadt, das traditionelle Pokalgeschenk zur Meisterschaft, demonstrativ zurück. Ude wehrte sich in der »Abendzeitung«: »Ich habe unendlich oft betont, dass der FC Bayern der bekannteste Werbeträger der Stadt ist. Ich habe an sieben Meisterfeiern teilgenommen, obwohl ich als Blauer nur ausgepfiffen worden bin. Aber ich bin es vom FC Bayern ja gewohnt, dass er einen plötzlich grundlos angreift, um dann sehr bedeutsame Forderungen nachzuschieben.«

Hoeneß übrigens ist Mieter einer der Logen in der Arena, die Box steht ihm an 365 Tagen im Jahr zur Verfügung – auch für alle 1860-Spiele. »Ich habe«, sagte Hoeneß kurz und kühl, »noch kein einziges Spiel von Sechzig angeschaut.«

Mit Ude fand Hoeneß im Laufe der Jahre doch noch Berührungspunkte – etwa bei der vom FC Bayern unterstützten Bewerbung Münchens um Olympische Winterspiele. Als Ude ankündigte, dass er nach Ablauf der Legislaturperiode 2014 nicht mehr als OB kandidieren werde, ließ Uli Hoeneß überraschend seine Präferenz für Udes Zögling, den Ordnungsreferenten Dieter Reiter, erkennen, den Kandidaten der SPD. Der wurde dann auch gewählt.

Innenverteidigung rechts: Victoria Beckham

Posh Spice, allein dieser Künstlername. Victoria, die Frau von David Beckham, stellt für Hoeneß den Inbegriff der Glamour-Spielerfrau dar. Mehr Kameras und Journalisten sind hinter ihr her als hinter dem Profi – ein Grauen, findet der Manager. Posh Spice spielt von Beginn an, allein wegen des Mannschaftsfotos. Ab der zweiten Halbzeit kommt ihr Mann David – auch in der englischen Nationalelf reichte es für den alternden Star am Abend seiner Karriere meist nur für eine Einwechslung.

Mancher Bayern-Fan mag davon geträumt haben, aber ein Wechsel des englischen Mittelfeldspielers Beckham zum FC Bayern hätte mit Hoeneß nie funktioniert – nur über seine berufliche Leiche. 2002 waren Gerüchte aufgekommen, die Bayern hätten Kontakt aufgenommen zum Popstarkicker der Insel. Als Spieler sei Beckham zwar trotz all seiner Tätowierungen am Körper ganz gut, meinte Hoeneß, aber mit Posh am Hals könne man ihn vergessen. »Ich will keinen Fußballprofi, den man von einem Laufsteg zum nächsten zerrt«, sagte er und befürchtete, der Verein könne durch den ganzen Rummel gestört werden: »Das wäre schön für die Medien, aber nicht für uns. Wir brauchen diesen Zirkus nicht!« Beckhams Wechsel 2003 zu Real Madrid bezeichnete er als »Affentheater« und eine »Entwicklung vom Fußballclub zum Zirkus«.
Es ist wohl eher der Einfluss und die Steuerung von Spielerfrau Victoria, die für Hoeneß ein Graus ist, denn nachdem er »Becks« einmal persönlich kennenlernte, schwärmte er: »Mensch, ist der nett!«

2009 heuerte der liebe, nette David mit der ach so schrecklichen Victoria beim AC Mailand an – für Hoeneß eine Inszenierung, nichts als ein Showeffekt. »Ich habe gedacht, dass der Unterschied zwischen Bayern und Milan ist, dass bei den einen Fußball gespielt wird und bei den anderen ein Film gemacht wird wie in Hollywood«, lästerte er und schloss aus, jemals so etwas mitzumachen: »Ich bin als Fußballmanager angestellt und nicht dafür, um zu schauen, dass die Frau Beckham ein großes Appartement in einem Hotel hat, das ihren Wünschen entspricht.« Gut, dass sich die Frauen von Luca Toni und Franck Ribéry stets sehr im Hintergrund gehalten haben. Sie wissen wohl, warum.

Innenverteidigung links: Roman Abramowitsch

Der Ölmilliardär sowie Eigner und Finanzier des FC Chelsea London beginnt, in der zweiten Halbzeit wird er von einem Sachverständigen der russischen Ölmafia abgelöst. Über diese Leute ärgert sich Hoeneß nämlich sogar in der Freizeit, jedes Mal, wenn er an eine Tankstelle kommt. »Diese Ölmafia zieht mir das Geld beim Tanken aus der Tasche, um es in Fußballspieler zu stecken. Das stinkt mir gewaltig. Diese Mafia beherrscht die ganze Welt und manipuliert den Ölpreis. Ich lasse mir das nicht länger bieten.« Das war Anfang August 2008. Von einer offiziellen Protestnote oder einem Beschwerdetermin vor Ort bei lokalen Mafiagrößen ist allerdings bis heute nichts bekannt.

Ausgesprochen gereizt reagiert Hoeneß, wenn man ihn darauf anspricht, warum der FC Bayern keinen Abramowitsch, also einen Fremdinvestor, an den Verein heranlasse. »Das wäre aber dann auch nicht mehr der FC Bayern, für den ich lebe. Schauen Sie sich nur mal den FC Chelsea an: Der Verein hat bei Herrn Abramowitsch 800 Millionen Euro Schulden. Was passiert, wenn der morgen keine Lust mehr auf Fußball hat und lieber in Rennpferde investiert? Dann können Sie den FC Chelsea als Puzzle am Kiosk kaufen.« Auf diese Art und Weise wolle er sich niemals einen Titel erkaufen, versichert Hoeneß: »Die

Abramowitschs dieser Welt spendieren ihren Vereinen Weltstars aus der Portokasse. Wir haben dagegen den Weg der soliden Finanzen eingeschlagen, den wir nicht verlassen.«

Dass Chelsea London mit den Ölmillionen auch ein Angebot für Bayerns Prestigekicker Franck Ribéry im Sommer 2009 abgegeben hatte, trug nicht zur Entspannung von Hoeneß' Seele bei. Er sagt: »Wir müssen Vereine wie Chelsea sportlich besiegen. Das wäre eine Genugtuung.«

2012, im Champions-League-Finale »dahoam«, blieb sie Hoeneß und dem FC Bayern verwehrt, man bezog gegen den FC Chelsea die erschütterndste Niederlage der Vereinsgeschichte. Im Jahr darauf, im europäischen Supercup-Endspiel in Prag, gelang wenigstens eine kleine Revanche gegen den »FC Chelski«, wie er wegen des russischen Eigentümers auch genannt wird.

Übrigens hat Roman Abramowitsch die Lust an seinem Club noch immer nicht verloren, er zahlt weiter. Er ist den Bayern durch seine Haltbarkeit als Investor ein wenig vertraut geworden. Und er ist eine Einzelperson. »Mittlerweile spielen wir ja gegen Staaten«, sagt Uli Hoeneß mit Blick auf Klubs wie Paris Saint Germain und Manchester City, die aus Katar und Abu Dhabi subventioniert werden und sich geschickt den UEFA-Regularien des Financial Fair Play entziehen.

Defensives Mittelfeld: Christoph Daum

Die Position als Schnittstelle vor der Abwehr und Verbindung zum Angriff wird Staubsauger genannt, eine der Schlüsselpositionen im modernen Fußball. Also spielt Daum an dieser Stelle der Elf-Feinde-müsst-ihr-sein-Elf von Uli Hoeneß. Aus doppeltem Grund. 1989 war Daum Trainernovize beim 1. FC Köln. Angestachelt von Sportdirektor

Udo Lattek, dessen Verhältnis zu seinem ehemaligen Arbeitgeber FC Bayern getrübt war, feuerte Daum beinahe täglich Breitseiten in Richtung des Tabellenführers ab. Erst harmlose wie »Heynckes läuft das Unglück nach«, dann Deftigeres wie »Jeder Wetterbericht ist aussagekräftiger als ein Vieraugengespräch mit Jupp Heynckes«.
In der Öffentlichkeit kam der damalige Bayern-Trainer schlecht weg, weil er zurückhaltend bis spröde wirkte und damit das krasse Gegenteil des extrovertierten, vorlauten Daum war.

Heynckes wehrte sich kaum, wahrscheinlich weil er wusste, dass er seinem Widersacher nicht gewachsen war. Dann ging aber Hoeneß als Sprecher und Anwalt seines Trainers zur Gegenoffensive über. Er wollte nicht, dass das Bild des FC Bayern in irgendeiner Weise Schaden nahm, und musste zudem Schutzschild für seinen Freund Jupp spielen. »Ich hatte bis dahin nie etwas mit Herrn Hoeneß zu tun gehabt«, sagte Daum später einmal, »deshalb war ich überrascht, wie sehr er Heynckes verteidigte, sich zu seinem Anwalt machte und sich dabei auch nicht scheute, mit seinen Argumenten ständig unter die Gürtellinie zu gehen.«
Am 20. Mai 1989 kommt es im »Aktuellen Sportstudio« zum Gipfeltreffen zwischen Daum und Heynckes, an ihrer Seite Lattek und Hoeneß, moderiert wird von Bernd Heller. Hoeneß hat sich vorbereitet, sitzt mit Unterlagen in der Hand im Studio. Er trägt nun als Anwalt seines stummen Mandanten einem Millionenpublikum die Vorwürfe Daums noch einmal vor.
Hoeneß spricht Daum direkt an: »Du hast über Jupp Heynckes gesagt, der könnte auch Werbung für Schlaftabletten machen.«
Daum: »Richtig.«
Hoeneß: »Du hast über ihn gesagt, wenn einer so dünnhäutig ist, hat er hier nichts zu suchen. Die Wetterkarte ist interessanter als ein Gespräch mit Jupp Heynckes.«

Daum: »Richtig, dazu stehe ich auch.«
Hoeneß: »Alles okay. Und jetzt kommt der entscheidende Punkt.« (Er liest ein weiteres, direktes Zitat vor). »›Nach dem Sieg über Inter Mailand ging es ihm mal für ein paar Stunden besser. Da war eine Hirnwindung mehr durchblutet. Im Grunde genommen ist er völlig kaputt.‹ Wenn man so etwas sagt, mein lieber Freund, wenn du Charakter hättest, dann hättest du dich mal hingestellt und hättest dich dafür entschuldigt.«
Daum: »Das ist jetzt von dir im Prinzip nur eine Masche, um ein bisschen zu versuchen, mich von meinem Weg abzubringen. Aber das kann ich dir auch garantieren, das schaffst auch du nicht.«
Hoeneß: »Ich werde das auch gar nicht versuchen, weil: Am nächsten Donnerstag ist dein Weg zu Ende.«
Die Zuschauer lachen und grölen, sie stimmen spontan den Fansong »Zieht den Bayern die Lederhosen aus!« an und klatschen im Takt mit. Hoeneß muss grinsen.
Hoeneß: »Du überschätzt dich hier maßlos. Du musst einmal schauen: Das da oben über dir ist ein Ball, kein Heiligenschein.«
Daum: »Um das Maß an Überschätzung zu erreichen wie du, muss ich 100 Jahre alt werden.«

An jenem nächsten Donnerstag gewinnen die Bayern mit 3 : 1 in Köln und werden wenig später Meister. Eine Hoeneß-Meisterschaft. Mit Christoph Daum sollte er erst wieder ab Mitte der 90er-Jahre in Kontakt kommen. Erst waren es nur Sprüche zur sportlichen Rivalität, als Bayer Leverkusen um die Jahrtausendwende zu einem respektablen Rivalen gereift war. Hoeneß prophezeite: »Der kann noch 100 Jahre trainieren, der wird uns nie überholen.«
Nie wurde Leverkusen Meister, auch nicht am letzten Spieltag der Saison 1999/2000, als Unterhaching zum Ort der Tragödie für Daum wurde. Ein Remis hätte gereicht, Leverkusen, der ewige Zweite, ver-

lor – den Titel holte Bayern, eine von Daum verspielte Meisterschaft. Damit das nicht mehr vorkommen konnte, strebte der Coach nach ganz oben. Doch Daums Traum, ab 1. Juli 2001, wie bereits mit dem DFB vereinbart, Bundestrainer zu werden, endete im dichten Schneetreiben, das über München hereinbrach. An einem Sonntag, dem 1. Oktober 2000, nahm einer der größten Skandale im deutschen Fußball seinen Lauf.

Hoeneß ruft einen Reporter der »Abendzeitung« zurück, der ihn per Fax darum gebeten hat. Er nimmt sich die Zeit, denn er steht ohnehin im Stau und muss eine Umleitung nehmen auf dem Weg zur Golfanlage Riedhof, etwa 20 Kilometer von seinem Haus in Ottobrunn entfernt. Dort will er seine Golfsachen für einen Kurztrip mit seiner Frau nach Marbella abholen, nun steckt er fest. Also ruft er in München an. 089-23 77- und die Durchwahl für den Journalisten, den er seit Jahren kennt. Das Gespräch dreht sich um dies und das, um die 0:1-Niederlage der Bayern gegen Rostock, dann kommen sie auf Daum zu sprechen. In den Wochen und Monaten zuvor hatte es in der Szene Gerüchte und Andeutungen gegeben über Kontakte Daums ins Milieu. Hoeneß konkretisiert diese – nachzulesen in einem Artikel mit der Überschrift »Hoeneß: Daum nicht mehr tragbar« in der »AZ« vom 2./3. Oktober 2000. »Es geht darum, was sich in den letzten sechs Monaten ereignet hat um Herrn Daum, um sein privates Umfeld, seine Werbeverträge, um Erpressungsversuche und Prostituierte, wovon er ja selbst gesprochen hat, um all die Scheiße geht es, um seine Außendarstellung und um die Frage, ob das alles dazu geeignet ist, der oberste Trainer in einem Land wie Deutschland zu sein.« Hoeneß weiter: »Ich kann doch neue Erkenntnisse haben. Und wenn ich glaube, dass es eine falsche Entscheidung ist, dann muss ich das sagen. Es wird ja wohl möglich sein, über einen noch nicht unterschriebenen Vertrag nachzudenken.« Es folgt der Kernsatz, der alles ins Rollen bringen sollte: »Wenn das alles Fakt ist, worüber geschrieben wurde, auch unwidersprochen über den verschnupften Daum, dann kann er nicht Bundestrainer werden. Ich habe noch keinen Beweis. Aber wenn ihn einer erbringt, mache ich das nicht mit. Wenn sie es trotzdem machen, ist es okay. Aber mir kann dann keiner den Vorwurf machen, dass ich wider besseres Wissen mein Maul nicht aufgerissen habe.«

Der Rest der Geschichte ist schnell erzählt. Daum wies die Drogenvorwürfe empört zurück, stellte gegen Uli Hoeneß Strafanzeige wegen Verleumdung und übler Nachrede. Daum und Leverkusen lehnten einen Friedensgipfel ab. Bayerns Vizepräsident Fritz Scherer verlangte von Daum einen Drogentest in Form einer Haaranalyse, dem dieser vier Tage später zustimmte. Obwohl Hoeneß keine direkten Anschuldigungen gemacht hatte, sondern lediglich auf Nachfrage bereits kursierende Gerüchte kommentiert hatte, folgten ein mediales Erdbeben und von allen Seiten direkte Anschuldigungen ihm gegenüber als Nestbeschmutzer und Denunziant.

Die Nebenkriegsschauplätze sind es, die im Rückblick auffallen und es wert sind, noch einmal dokumentiert zu werden. Obwohl das Ergebnis von Daums Haartest noch ausstand, wurde Hoeneß bereits vorverurteilt. Es begann eine Hetzjagd. All seine Feinde meldeten sich, natürlich Willi Lemke an vorderster Front: »Wenn die Anschuldigungen nicht stimmen, sollte sich Hoeneß schnellstens aus dem Fußball verabschieden.« Leverkusens Manager Reiner Calmund stellte empört fest: »Es ist kein Platz für Friedensgespräche bei Kuchen und Sahne. Die Freundschaft mit Uli Hoeneß ist beendet.« Dortmunds Manager Michael Meier tönte: »Ich lege für Daum meine Hand ins Feuer. Dass er einen stechenden Blick hat und mit seinen Augen andere Personen geradezu manipulieren kann, das kann doch kein Indiz dafür sein, dass er kokst.« Cottbus-Präsident Dieter Krein hetzte ausgerechnet vor dem

Heimspiel am Ende der Woche gegen den FC Bayern: »Hoeneß ist nun ein Gemeinschaftsfeind.«
So kam es im »Stadion der Freundschaft« zu gellenden Pfiffen sowie drohenden Fäusten und Stinkefingern, die Hoeneß entgegengereckt wurden. Zwei Security-Männer mussten ihn auf dem Weg von der Kabine zur Bank begleiten – ein unwürdiger Spießrutenlauf.

Dieter Hoeneß wurde beim Gastspiel von Hertha BSC in Rostock von Fans bepöbelt und angegriffen – nur weil er Ulis Bruder ist. »Ich bin mit Dosen beworfen worden, nur weil ich Hoeneß heiße. Ich verurteile das, was mit Daum passiert ist. Aber ich verurteile auch das, was derzeit mit meinem Bruder passiert.«
Am selben Spieltag wurde Daum beim Auswärtsspiel in Bremen gefeiert, drehte nach Spielende sogar eine Ehrenrunde. Er sagte frech, ein Gespräch mit Hoeneß komme nur dann zustande, wenn »er sich bei meinen Kindern und mir in aller Form entschuldigt«.

Am Samstag, den 21. Oktober, gibt Bayer Leverkusen um 14 Uhr eine Pressekonferenz. Reiner Calmund beginnt mit zittriger Stimme: »Christoph Daum ist ab sofort nicht mehr Trainer von Bayer 04 Leverkusen.« Die Haaranalyse war positiv, so das Ergebnis des Instituts für Rechtsmedizin der Universität Köln. »Diese Erklärung vorzulesen war der schwierigste Augenblick meiner Laufbahn«, sagt Calmund im Rückblick, »nun ging es um den Menschen Daum, aber ich musste auch sofort daran denken, wie viel Unrecht Uli Hoeneß getan worden war.«

Daum zieht sich nach Florida zurück. Der DFB erklärt, dass die Vereinbarung, der zufolge er am 1. Juni 2001 Bundestrainer werden sollte, mit sofortiger Wirkung aufgelöst werde. Und Hoeneß? Der schweigt erst einmal. Er und seine Frau Susi brauchen Erholung.

Es sei die schwerste Zeit seines Lebens gewesen, so Hoeneß. Er nennt nur ein paar Beispiele: »Da kommst du am Flughafen an, und für dein Auto gibt es eine Bombendrohung, und alles wird gesperrt. Hunderte von Menschen, die abends nach Hause wollen, müssen stundenlang warten, weil mein Auto durchsucht wird. Ich habe damals zum ersten Mal erlebt, was es heißt, wenn du ein ganzes Volk gegen dich hast. Einer hat mir geschrieben, dich haben sie auch in Dachau vergessen. Ein anderer hat sogar 10 000 Euro geboten, wenn sie mich beim Spiel in Schalke von der Bank schießen.«
In dieser Zeit hat Hoeneß an Rücktritt gedacht, als man ihm und dem FC Bayern besonders in Cottbus diese neue Art des Hasses entgegenbrachte und er das Gefühl hatte, der Mannschaft zu schaden. Doch Hoeneß machte trotzdem weiter.

Hätte es die Umgehungsstraße nicht gegeben an jenem Tag – womöglich wäre Daum ab 1. Juli 2001 Bundestrainer geworden. Also nicht um ein Haar, wie immer gewitzelt wurde, eher um einen Stau. Daum ist inzwischen resozialisiert, aber Freunde werden die beiden sicher nicht mehr. »Ich habe ihn ein paar Mal getroffen, ihm auch die Hand gegeben, aber in aller Ruhe ein Glas Bier trinken, das wird es nicht geben«, sagte Hoeneß im Juli 2009. »Herr Daum ist damals wissentlich bereit gewesen, mich und meine Familie zu zerstören, das kann man für nichts in der Welt in Kauf nehmen. Deshalb wird es nie eine Chance geben, dass ich mit ihm Business as usual machen werde.« Als Uli Hoeneß 2013 als Steuersünder am Pranger stand, sagte Daum: »Uli tut mir leid.«

Mittelfeld rechts: Paul Breitner/Udo Lattek

Je eine Halbzeit, stellvertretend für die Kritiker – ehemalige Weggefährten, die ihren Exverein als Experten immer wieder hernahmen, Breitner in »Bild«, Lattek im Sonntagsstammtisch »Doppelpass«. Im Zuge der Kokainaffäre um Daum sagte Breitner: »Sollten sich die Anschuldigungen als richtig herausstellen, werden wir Daum nicht mehr in der Bundesliga haben. Sollte aber Hoeneß unrecht haben, dann gibt es keine Basis mehr für Hoeneß. Es wird niemanden mehr geben, der mit ihm etwas zu tun haben will, weder in der Liga noch beim DFB.« Das Vorpreschen von Breitner schmerzte Hoeneß sehr, obwohl sich die einstigen Kumpel Mitte der 90er-Jahre wieder versöhnt hatten. »Da hätte sich der liebe Paul mal früher festlegen müssen, wer auf der Strecke bleibt. Und nicht hinterher, als jeder sagen konnte: ›Ich hab's immer gewusst.‹ Das war ein wichtiger und großer Fehler von Paul. Wir haben uns später zwar getroffen und versucht, die Dinge aufzuarbeiten. Aber Paul sieht nicht ein, dass seine Haltung in dieser Geschichte eine Katastrophe war.«

Mit Lattek geriet Hoeneß am 10. November 2002 beim Fußballstammtisch im »DSF« und beim Nachfolgesender »Sport1« heftig aneinander. Anlass: die mediale Kritik an Bayern-Kapitän Oliver Kahn und dessen ausschweifendes Partyleben in den Wochen zuvor. Ein Auszug: Hoeneß: »Ihr Kritiker, ihr ehemaligen Spieler und Trainer, stellt euch alle so dar, wie wenn ihr in eurem ganzen Leben nie Verfehlungen gemacht hättet. Ihr habt alle Spiele gewonnen, ihr wart nie zwei Bier zu viel trinken. Und so wird ein Bild von einem Spieler Oliver Kahn gezeichnet – das ist eine Sauerei. Das kann nicht sein, dass er hier für eine Lappalie kritisiert wird. Und wir alle wissen auch, dass wir nie Kinder von Traurigkeit waren. Das sollten wir alle, du, auch Paul Breitner und Lothar Matthäus nicht vergessen.«

Lattek: »Ich erwarte nicht viel von dir. Ich erwarte nur Respekt von dir, nicht mehr und nicht weniger. Ich bin kein Angestellter des FC Bayern. Ich habe meine freie Meinung, und die werde ich auch weiterhin sagen und kundtun. Ich habe nicht unter die Gürtellinie geschlagen, und dabei bleibt es.«
Hoeneß: »Auch du kritisierst heute Dinge, die du für dich in deinem Leben nicht immer akzeptiert hast.«
Lattek: »Da musst du ganz ruhig sein, Uli! Ich weiß: Wie man in den Wald hineinruft, so schallt es hinaus.«
Hoeneß: »Was du in den letzten Wochen zu diesem Thema gesagt hast, war nicht alles okay.«
Lattek: »Was du machst, ist auch nicht alles okay, Uli. Du teilst aus, bist aber nicht in der Lage einzustecken.«
Hoeneß: »Ich stecke immer ein.«
Dann unterbricht eine Werbepause die Streithähne.

Der Ausschnitt wird immer noch gerne in Highlight-Sendungen gezeigt. Auch um an Udo Lattek zu erinnern, der 16 Jahre lang und in 786 Sendungen den »Doppelpass« prägte. 2015 verstarb der ehemalige Meistertrainer.

Mittelfeld links: das Duo Oskar Lafontaine/ Kurt Beck – hier als »Die Linke«

Kurt Beck, den SPD-Ministerpräsidenten aus Rheinland-Pfalz und Lautern-Aufsichtsrat, fand Hoeneß immer schon »furchtbar«. Er schimpfte einst: »Unvorstellbar, was da bei den Heimspielen des 1. FC Kaiserslautern auf der Tribüne abging. Beck und seine Frau haben alles beleidigt, was aus München kam. Jetzt spielen sie Gott sei Dank in der Zweiten Liga.«

Der Konter kam vom rheinland-pfälzischen Regierungssprecher Walter Schumacher, Hoeneß sei »schwarz wie ein Schiedsrichtertrikot«.

Die Hoeneß'sche Wuttirade Richtung Beck geht wohl auf das Jahr 2002 zurück, als Beck den Münchner 120-Millionen-Deal mit der Telekom als »Wettbewerbsverzerrung« gewertet hatte.

Und Lafontaine? Der hat sich für Hoeneß schon qua Parteibuch, erst SPD und jetzt Die Linke, doppelt disqualifiziert. Im »ZDF« warf der Bayern-Manager ihm vor: »Als Finanzminister sind Sie davongelaufen. Jetzt brauchen wir Leute, die nicht alles besser wissen, sondern alles besser können.«

Sturm, Rechtsaußen: Jürgen Klinsmann/Louis van Gaal

Lange war Jürgen Klinsmann Stammspieler in Hoeneß' Zornestruppe. Dann wurde er kurzerhand, im Anschluss an das WM-Sommermärchen 2006, rehabilitiert und als Bayern-Trainer zwei Jahre später sogar resozialisiert. Nach dem Scheitern des schwäbischen Fußball-Revoluzzerle ist er wieder mittendrin in der Feinde-Elf. Klinsmann hat ausgerechnet seinem einstigen Intimfeind Lothar Matthäus den Platz weggenommen. Über Jahre war der Ex-Bayern-Kapitän auch Spielführer der Hoeneß'schen Antipathietruppe. Zwischen Hoeneß und Matthäus war es im November 2002 zu einem Zwist ob der Rolle des langjährigen Bayern-Profis als Chefkritiker in diversen Springer-Publikationen gekommen. Außerdem hatte Matthäus den FC Bayern auf eine lächerliche Restzahlung aus seinem Abschiedsspiel verklagt. Da sagte Hoeneß: »Der will ja, der wollte beim FC Bayern was werden.

Aber solange ich und Kalle Rummenigge hier etwas zu sagen haben, wird der nicht mal Greenkeeper im neuen Stadion.«

Ende Juli 2009 hat Hoeneß Matthäus wieder verziehen, er entschuldigte sich live im TV: »Das war überzogen, teilweise ungerecht. Der Ausspruch tut mir heute wirklich leid. Lothar ist ein hervorragender Fachmann, ich höre immer nur Gutes von seiner Arbeit.« Der Begnadigte säuselte berührt: »Es war ein Fehler, ich würde heute nicht mehr klagen. Ich wurde damals aber auch falsch beraten.«

Klinsmann, der überforderte Trainer, Matthäus, der irgendwie nie so richtig Trainer wurde – ein ganz anderer Typ ist Louis van Gaal. Doch der Niederländer und Hoeneß kamen nie richtig miteinander klar. Und: Der forsche Coach stellte auch mal offen die Fachkompetenz des Präsidenten infrage: »Ich sehe die Mannschaft täglich auf dem Platz und in der Kabine. Er weiß nicht, was in der Mannschaft wirklich passiert. Darum sollte er sich auch nicht einmischen.« Hoeneß wiederum griff van Gaal einmal bei »Sky 90« an, als dieser noch Bayern-Trainer war – ein Anschlag auf die Autorität des Übungsleiters.
Mit der Entlassung van Gaals war der Konflikt nicht beendet. Hoeneß lud van Gaal höflichkeitshalber zur Feier seines 60. Geburtstags ein. Der Niederländer sagte ab und äußerte später, er habe die Einladung als »unpassend« empfunden. Einige Monate später drehte er in einem Interview mit »Sport-Bild« noch einmal richtig auf, rechnete mit Hoeneß ab (»Er war nicht gut für mich«) und quälte ihn mit seinen Visionen. Er sei zu jedem Club, bei dem er gearbeitet habe, und sogar zur niederländischen Nationalelf, noch einmal zurückgekehrt. Das sei im Fall des FC Bayern auch vorstellbar – irgendwann nach Hoeneß.
Als das Interview erschienen war, beschwerte sich Hoeneß bei dem Blatt darüber, »dass ihr euch mit van Gaal ins Bett gelegt habt«.

Sturm, Linksaußen: Helmut Krug

Er war der unbeliebteste Schiedsrichter in Hoeneß' Manager-Ära. In der Bundesliga pfiff er zwischen 1986 und 2003 insgesamt 240 Spiele. Seinen aus Münchner Sicht schlimmsten Fauxpas leistete er sich im November 1997 beim Stadtderby gegen den TSV 1860, als er Bayerns Sammy Kuffour vom Platz stellte. Hoeneß sah auch rot und kündigte an, Krug für die Zukunft als Schiedsrichter bei Bayern-Spielen abzulehnen. Ein einmaliger Vorgang – und tatsächlich pfiff Krug für den Rest der Saison keine Partie mit Münchner Beteiligung mehr.

Später jammerte der Referee: »Seine Aussage im November 1997 hat es mir nicht einfach gemacht. Danach bewegte sich die Kommentierung, wenn ich Spiele der Münchner leitete, nur in Extremen. Bei einer vermeintlichen Entscheidung pro Bayern hieß es: ›Krug hat sich weichkochen lassen.‹ Pfiff ich scheinbar gegen Bayern: ›Jetzt will er es ihnen richtig zeigen.‹ Aber unser Verhältnis ist schon lange wieder ganz normal.« Also, geht doch.

Mittelstürmer: ein Journalist/das Internet

Der Kandidat ist austauschbar. Aber es hat noch jeden getroffen in den drei Jahrzehnten von Hoeneß als Manager. Ob es TV-Reporter waren von »Premiere«, nun »Sky«. Ob es Radiojournalisten oder Printreporter waren. Häufig zoffte er sich mit Kommentator Marcel Reif, der die Bayern mit seiner Kritik immer wieder zur Weißglut brachte. War Hoeneß in Form, kam pro Woche mindestens einer dran.

Im November 2004 boykottierte er die Interviewer des Pay-TV-Senders »Premiere«, nachdem er sich nach einem 3 : 1 in Bochum ungerecht behandelt fühlte: »Wenn wir schon so weit sind, dass wir uns nach einem Auswärtssieg noch rechtfertigen müssen, können wir aufhören. Ich will, dass man unsere Leistungen endlich so akzeptiert, wie sie sind, nämlich gut«, bellte er den verdutzten Mann vor der Kamera an.

Selbst die Mitarbeiter der vereinseigenen Homepage fcb.de sind vor Konterattacken nicht gefeit. Nach einem 3:2 im Oktober 2007 im UEFA-Cup in Belgrad bezeichnet der fcb.de-Reporter das 17-jährige Talent Toni Kroos, der als Einwechselspieler mit einer Vorlage und einem Treffer aus einem 1:2 ein 3:2 gemacht hatte, zu Recht als Matchwinner. Hoeneß starrt den Mann entgeistert an, legt die Stirn in Zornesfalten und erwidert: »Wie bitte? Wissen Sie, wer heute der Matchwinner war? Lucio! Ja? Okay. Der war der beste Mann auf dem Platz. Weltklasse! Eins mit Sternchen hat der heute gespielt und nicht der Toni Kroos. Wir müssen alle miteinander darauf achten, dass wir die Jungen ein bisschen im Zaum halten, dass sie nicht hochgejubelt werden. Ihre Frage da mit dem Toni Kroos als Matchwinner – der Miroslav Klose hat die zwei wichtigen Tore gemacht und dabei Glück gehabt, dass der Ball im Tor war. Hören Sie auf mit dem Hochjubeln!« Erst jetzt traut sich der Reporter, ganz zart und dezent-vorsichtig nachzuhaken: »Aber das Tor zum 2:2 …« Weiter kommt er nicht. Hoeneß unterbricht: »Ja, okay, der Freistoß! Aber den Freistoß würden wir zwei auch noch schaffen, oder?«

Die Steigerung gab es dann am 17. Oktober 2008: Nach einem glücklichen Last-Minute-1:0-Sieg in Karlsruhe wird Hoeneß in den Katakomben gefragt: »Haben wir heute wieder die Dusel-Bayern erlebt?« Das Problem an der Sache: Die absolut nachvollziehbare Frage stammt von einem Reporter in Diensten des vereinseigenen fcb.tv, eines kostenpflichtigen Fernsehangebots auf der Bayern-Homepage. Aber gerade

von einem Mitarbeiter, den der Rekordmeister selbst bezahlt, will sich Hoeneß eine derartige Frage nicht gefallen lassen.
»Sie sind wirklich vom fcb.tv?«, erkundigt sich Hoeneß und brüllt: »Dann müssen Sie sich in der kommenden Woche einen neuen Job suchen. So etwas tut man nicht, so eine Frage stellt man nicht!« Der junge Reporter, erstmals für den hauseigenen TV-Kanal im Einsatz, reagiert geschockt. Hoeneß später: »Wenn es die siebte Frage gewesen wäre, hätte ich das verstanden. Aber vom eigenen Reporter diese Frage zuerst gestellt zu bekommen, das ist hirnverbrannt.« Allerdings entschuldigte sich Hoeneß hinterher, und der Reporter behielt seinen Job. Gekündigt werden konnte ihm sowieso nicht, er war freier Mitarbeiter.

Noch schlimmer als der schlimmste Print- und TV-Journalist ist der Journalist, der etwas ins Internet setzt. Die Welt digitalisiert sich, im Sport ist der FC Bayern ein Pionier dieser Bewegung, doch sein Präsident verweigert sich beharrlich dem Fortschritt. »Ich war noch nie im Internet«, versicherte Uli Hoeneß im Jahr 2019. Es wird ihm aber wohl zugetragen, dass da manches steht, was ihm nicht gefällt, und dass das Internet schneller in der Informationsverbreitung ist als die Tageszeitung, die er am Morgen aus seinem Briefkasten holt. »Wenn ich was sage, geht das in fünf Minuten um die Welt«, wundert sich Hoeneß. Darum sagt er manchmal auch nichts – wie bei der Ausbootung der Bayern-Spieler Thomas Müller, Jerome Boateng und Mats Hummels aus der Nationalmannschaft. »Wenn ich jetzt was sage, schlägt das Internet einen Salto rückwärts und vorwärts.«

Trainer: Ralf Rangnick

Ach, es könnte so viele Trainer für die Elf-Feinde-Elf geben, mit denen Hoeneß in all den Jahren Zoff hatte – Christoph Daum einmal ausgenommen, der hatte ja eine Sonderstellung. Aber da waren Otto Rehhagel, stets im Schatten von Willi Lemke, Werner Lorant vom Stadtrivalen TSV 1860 München oder Peter Neururer, der ja bekanntlich zu jedem Thema etwas weiß. Hängen blieb der Disput mit Ralf Rangnick, dem Coach des Emporkömmlings TSG Hoffenheim. 2008 aufgestiegen, wurde die von Mäzen Dietmar Hopp finanzierte Truppe aus dem Stand Herbstmeister. Was Hoeneß dazu veranlasste, eine Attacke zu reiten. Seine Bühne: mal wieder das mobile TV-Studio des »DSF« am Münchner Flughafen beim »Sonntagsstammtisch«. Auftritt Hoeneß: »Ich sehe die ganze Entwicklung von Hoffenheim sehr positiv. Wenn ich mir eine Sorge machen würde, dann um die Besserwisserei von Ralf Rangnick. Er hat sich geoutet als einer, der alles besser weiß.«

Hoffenheim war als Tabellenführer nach München gekommen, und Rangnick hatte gespottet: »Wenn Sie flotte Sprüche hören wollen, müssen Sie nach München fahren. Wenn Sie flotten Fußball sehen wollen, dann sind Sie bei uns richtig.« Doch die Bayern gewannen mit 2 : 1. Und Hoeneß ätzte, dass es Rangnick nicht verstehe, mit Höhenluft umzugehen, die viel dünner sei, wenn man oben sei. Er wies hämisch auf die Vita Rangnicks hin: »Bisher hat er in seiner Karriere immer im ersten Jahr Superleistungen gebracht, und im Jahr darauf wurde er entlassen.«

Rangnicks Besserwisserei war dem Bayern-Manager schon länger unangenehm aufgefallen. Bereits Rangnicks legendärer Auftritt im »ZDF-Sportstudio« 1998 – damals trainierte er noch den SSV Ulm, ausgerechnet in Hoeneß' Heimatstadt – hatte ihn kolossal genervt. Rangnick erklärte damals wortreich die Viererkette an der Taktiktafel. Er bekam den Titel Fußballprofessor – dem Bauchmenschen Hoeneß sind derart telegene Technokraten jedoch ziemlich suspekt.

Warum er so oft derart aggressiv sei, wenn es um Hoffenheim und Rangnick gehe, wurde Hoeneß gefragt. Da legte er sich in seinem Stuhl zurück und sagte: »Zwischen Aggressivität und Wahrheit ist oft ein schmaler Grat.«

Rangnick tauchte immer wieder als Widersacher auf. Mit Schalke, zuletzt mit Leipzig, das er managte und trainierte. Unvergessen bleiben wird ein Pokalspiel zwischen RB Leipzig und dem FC Bayern 2017, als Rangnick in der Halbzeit mit dem Smartphone in der Hand den Schiedsrichter wegen einer strittigen Szene bedrängte. Uli Hoeneß sah sich auf der Tribüne in seinem Menschenbild mal wieder bestätigt.

Die Auswechselbank

Hier tummeln sich neben Lothar Matthäus und anderen Vorübergehend-Begnadigten ganze Vereine, die in den jeweiligen Dekaden entweder dem FC Bayern tabellarisch gefährlich nahe kamen oder einfach nur zu vorlaut waren: also der 1. FC Köln, Bayer Leverkusen, Borussia Dortmund, Werder Bremen, der Hamburger SV, sogar der FC. St Pauli oder Energie Cottbus. Sie sind austauschbar, und meist folgte auf einen Zoff auch wieder die Versöhnung. Wie etwa mit der Rockband »Die Toten Hosen«. Im Jahr 1999 sang Frontmann Campino: »Ich würde nie zum FC Bayern München geh'n« und »Welchen Charakter muss man haben, um einen Vertrag zu unterschreiben bei diesem Scheißverein?«. Seitdem verbitten sich die Münchner Bosse, dass das Anti-Bayern-Lied der Toten Hosen in deutschen Stadien gespielt wird. Es ist aber auch nicht mehr aktuell. Denn Campino hat längst um Gnade gebeten, er sagte: »Man kann mit Bayern München nur ordentlich als Feind umgehen, wenn man unsachlich bleibt. Sobald man sich an Fakten hält, wird es schwierig. Zu Zeiten der Nazis etwa hat der FC Bayern vielleicht die beste Rolle aller deutschen Fußballclubs gespielt. Hier wurden jüdische Mitglieder noch geschützt, als sie woanders längst ausgeschlossen waren. Außerdem weiß ich von Didi Hamann und Markus Babbel, wie ernst Uli Hoeneß seine soziale Verantwortung den Spielern gegenüber nimmt.«

Einer, zu dem er stets eine große Rivalität samt gelegentlicher Scharmützel pflegte, mit dem es aber nie zu Anschuldigungen oder gar Anfeindungen kam, war sein Bruder Dieter. 2005 dachten beide sogar einmal darüber nach, den Managerposten bei Bayern zu vererben. Dieter sollte Ulis Nachfolger ab 1.1.2010 werden. »Es gab mal einen Zeitpunkt, da stand dies im Raum«, sagt Dieter und fügt hinzu: »Jetzt stellt sich diese Frage nicht mehr.« 2009 war Feierabend als Hertha-Manager, er musste gehen. Nur ein einziges Mal war es ihm zuvor gelungen, seinen 368 Tage älteren Bruder Uli in der Tabelle abzuhängen. 1992 wurde der VfB Stuttgart Meister, mit Dieter als Manager der Schwaben. Und mit Hertha BSC? Nie. Zwölf Versuche, zwölfmal gescheitert. Als Hertha 1999 Dritter wurde, hatten die Bayern 16 Punkte mehr – als Meister. Er habe bei Hertha Vergleichbares geleistet, verteidigt sich Dieter. »Als Uli beim FC Bayern als Manager anfing, waren die Bayern eine Weltmarke. Als ich nach Berlin kam, war Hertha vergessen. Neid ist uns völlig fremd.«
Beide verzichteten darauf, sich gegenseitig hinterrücks Spieler abzuwerben. Natürlich kamen Transfers zustande, allerdings in einem geschäftlich fairen Rahmen. Auch wenn es nicht die dicke Freundschaft zwischen den beiden ist und sich der Kontakt in vielen Fragen doch auf das Wesentliche beschränkt – in Zeiten der Not war der eine für den anderen da. Etwa in der Daum-Affäre. In der »ARD«-Sendung »Sabine Christiansen« trat Dieter umringt von Hoeneß-Feinden aufopferungsvoll als Verteidiger seines Bruders auf.

»Diese Sendung war die Wende, weil Dieter mit einem unglaublichen Plädoyer für mich gekämpft hat. Und zwar gegen alle«, sagte Hoeneß in einem Interview mit der »Welt«. Es spricht enormer Stolz aus Hoeneß, wenn er darüber redet: »Er übertraf mit seinen Argumenten alle. Für mich als Bruder war das seine grandioseste Leistung. Ich weiß, dass viele Leute sich in dieser Phase hatten anstecken lassen und sagten: Der böse Bube ist der Uli Hoeneß, und der liebe ist der Daum. Viele haben mir gesagt: Wenn man so einen Bruder hat, braucht man niemanden mehr zu fürchten. Genau das war es. In der schwierigsten Phase meines Lebens hatte ich ein paar Leute, die gnadenlos gekämpft haben für mich. Er war an vorderster Front.«

Auch nach Bekanntwerden der Steueraffäre zeigte sich Dieter, nach seinem Scheitern als Manager beim VfL Wolfsburg ohne Bundesliga-Job, häufig und demonstrativ an Ulis Seite. Bei den Basketballspielen des FC Bayern sieht man die Hoeneß-Brüder oft im Doppelpack.

Wie sich eine Konfrontation mit Uli Hoeneß anfühlt, weiß Oliver Kahn nur zu genau aus den 14 Jahren zu berichten, die er als Torhüter für Bayern gespielt hat. »Wir sind so einige Male richtig aneinandergeraten«, erzählt Kahn und amüsiert sich noch heute über die Anekdoten: »Es kam schon mal vor, dass er einen angerufen und fünf Minuten ohne Punkt und Komma wegen irgendwelcher noch nicht unterschriebener Autogrammkarten ins Telefon gebrüllt hat. Ich habe das Handy dann weit vom Ohr weggehalten, und als ich am anderen Ende dann nichts mehr hörte, habe ich gesagt: ›Ja, Manager, so machen wir das.‹ Er hatte gar nicht mitbekommen, dass ich nicht zugehört hatte.«

Richtig laut und heftig wurde es allerdings nur einmal. Im Dezember 2007 hatte Kahn als Kapitän die neuen Kollegen Franck Ribéry und Luca Toni in einem Interview scharf attackiert. Bayern sei nicht

»Marseille oder Florenz«, und »nur zwei, drei gute Spiele« reichten nicht aus. Ottmar Hitzfeld und Uli Hoeneß marschierten daraufhin vor dem Training zu Kahn in die Kabine und teilten dem Kollegenkritiker das Strafmaß mit: 25 000 Euro und ein Spiel Denkpause für die Partie bei Hertha BSC am darauffolgenden Samstag. »Ich empfand das als ungerecht, als völlig fehl am Platze«, erinnert sich Kahn. Nach dem Training ging er sofort rauf ins Büro zu Hoeneß, in Cowboystiefeln donnerte er den Gang entlang. »Ich habe voller Wut die Tür aufgerissen und den Manager bestimmt zehn Minuten nur angeschrien, zum Teil beleidigt. Es war so heftig, dass zwischendrin Frau Potthoff, seine Sekretärin, zur Tür kam und meinte: ›Was ist denn hier los?‹ Ich hab dann auf dem Absatz kehrtgemacht und bin grußlos weg.« Auch Hoeneß erinnert sich gut an die lautstarke Auseinandersetzung: »Oliver stand auf, die Tür hat gescheppert, dass man meinen musste, die Säbener Straße bricht zusammen. Meine Leute haben nachgeschaut, ob ich überhaupt noch lebe.«
Eine Stunde später rief Kahn bei Hoeneß an und entschuldigte sich. »Es folgte eines der besten Gespräche, das wir je hatten«, erinnert sich Hoeneß. Für Kahn steht nicht erst seit dieser Brüllerei fest: »Das war immer schon eine seiner besten Eigenschaften – er konnte rasch verzeihen.«

Auch deshalb gibt es Schlimmeres, als einen Rüffel von Uli Hoeneß zu erhalten. Egal, ob es sich um Spieler, Trainer, Manager, Präsidenten der Konkurrenten, Politiker oder Journalisten handelt – eine Hoeneß-Schelte kommt tatsächlich in den meisten Fällen einem Ritterschlag gleich. Tatsächlich lässt jeder scharfe Angriff vermuten, Hoeneß wolle sein Gegenüber, das er auf Augenhöhe wähnt oder sogar fürchtet, einschüchtern. Keine Attacke ohne Kalkül. Denn Hoeneß' Maxime lautet: »Erst wenn ich nicht mehr über jemanden spreche, erst dann wird's gefährlich für denjenigen.«

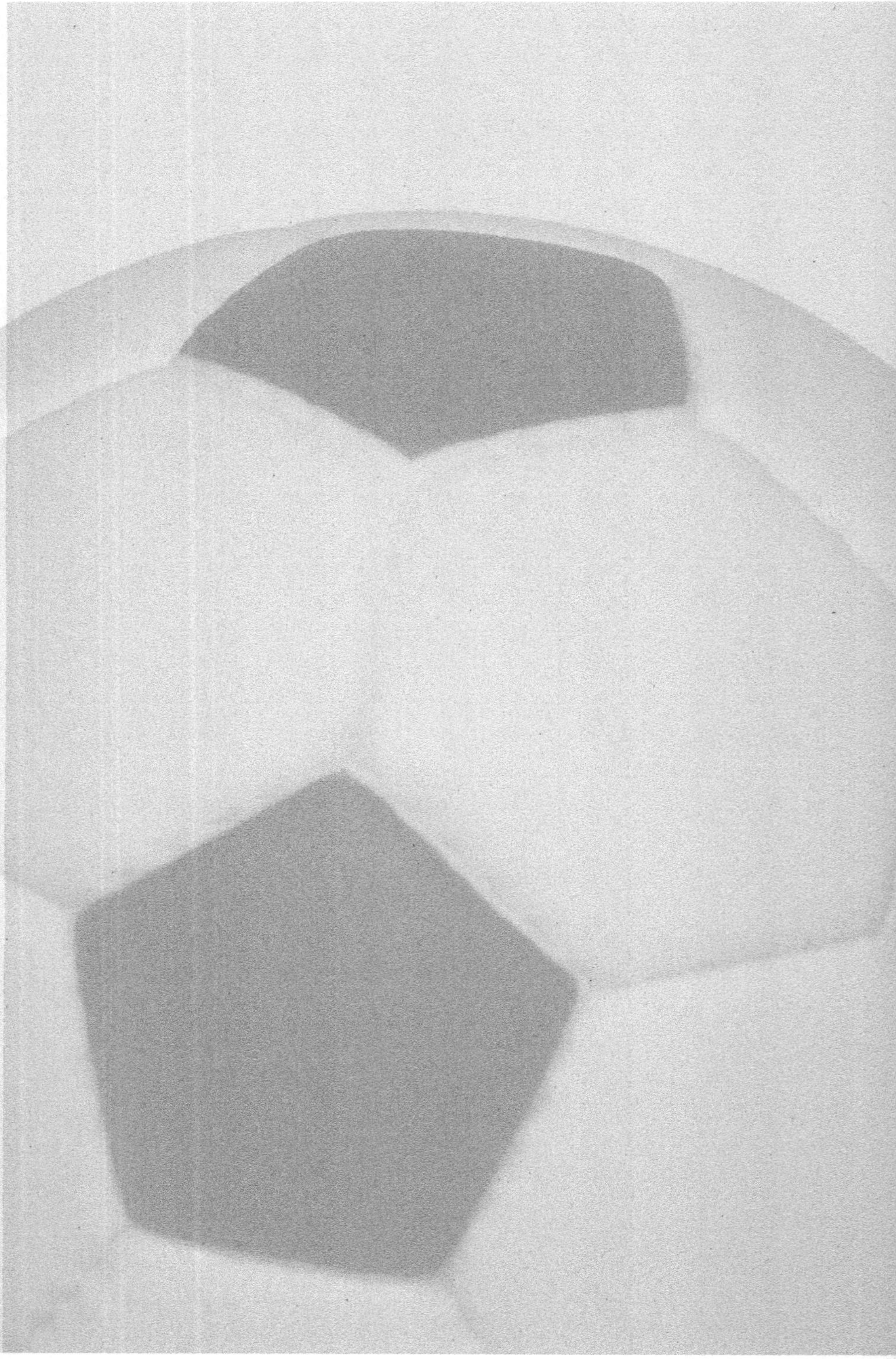

8.

Der Bauchmensch

»Bratwürstl gehen immer!« Auch spätnachts. Sind ja schnell gemacht. Hier spricht nicht Uli Hoeneß, das sagt Alfons Schuhbeck, der Leibkoch des FC Bayern – über Uli Hoeneß. Bratwürstl für den Metzgerssohn, für den Wurstfabrikanten, klar. Oder Zürcher Geschnetzeltes mit Rösti, das mag er auch sehr gerne. Sonst noch? Rouladen, Thai-Curry, so etwas. Hoeneß ist ein Liebhaber der einfachen Küche.
»Wenn der Uli nach einem Europacup-Spiel trotz des opulenten Büfetts spätnachts noch Heißhunger hatte, haben wir schnell Fleischpflanzerl gemacht oder Würstl mit Kraut und Zwiebelsenf. Was Deftiges geht immer«, sagt der »Fonse«, wie ihn alle nennen, auch Hoeneß. Sogar beim Bankett nach dem Champions-League-Finalsieg 2013 in London bestand Hoeneß darauf, dass in einer Ecke der Lobby noch eine kleine private Grillstation aufgebaut wurde.

Der Fonse ist seit 30 Jahren mit dem FC Bayern unterwegs, kocht vor und nach Europacup-Spielen in den Hotels und liefert das Catering für die Mitarbeiterkantine an der Säbener Straße. Und für Hoeneß ein paar Würstl. Einfache Küche, kein Schnickschnack. »Der Uli war nie der Oberkritische. Hat nie rumgemäkelt, ist überhaupt nicht heikel in diesen Dingen. Nur eines ist ihm immer wichtig: Er achtet auf Qualität, will für die Spieler nur das Beste. Daher kaufen wir bei den Reisen immer frisch am Ort bei den Händlern ein.«

Hoeneß isst leidenschaftlich gern. Auch wenn er dann, wenn er zu gerne gegessen hat, leiden muss. »Ich bin ein Genussmensch. Ich mag keine asketischen Menschen.« Hoeneß hat da klare Positionen, als ginge es darum, für eine Partei Farbe zu bekennen. »Wenn ich einen Schweinsbraten sehe, dann esse ich ihn gerne.« Überhaupt, das Fleisch. Beim liebsten Sommerhobby der Deutschen ist Hoeneß ganz vorne mit dabei: »Ich bin ja ein Großmeister des Grillens. Da bin ich König.« Nach dem Umbau des Trainingszentrums an der Säbener Straße hat er nun sogar die Gelegenheit, am Arbeitsplatz zu grillen – auf der Dachterrasse. Als diese im Sommer 2008 eingeweiht wurde, gab es Bratwürstl, natürlich aus der eigenen Firma.

»Jedes Kilo, das ich wiege, hat viel Spaß gemacht.« Sein Motto: Lieber ein Kilo zu viel als eins zu wenig. Das Wort Idealgewicht ignoriert er heute. Als Spieler war er einst fast gertenschlank, pfeilschnell. Und was er sich heute auf den Tisch stellt, gestattet er auch anderen. Seine Spieler dürfen aber kein Übergewicht haben, seine Frau Susi schon. Zu ihr sagt er, sie könne ruhig zwei, drei Kilo mehr haben, er würde sie dann genauso gern mögen.

Als Hoeneß 2005 wegen einer Wette um eine vierstellige Summe für wohltätige Zwecke mit den Bayern-Profis Salihamidžić und Jeremies innerhalb von zwei Monaten 16 seiner damals 113 Kilo abnahm, steigerte er sich richtig hinein. »Wenn er eine Diät macht, gibt's nur Fisch, keine Soße dazu, nichts. Am Abend höchstens mal zur Belohnung ein Glaserl Wein, mehr nicht«, erzählt Schuhbeck: »Bei freier Auswahl kann man ihn immer gut beraten, aber wehe, er war auf Diät, dann ließ sich Uli nichts sagen.« Plötzlich waren seine Leibgerichte »Dinge, die tödlich sind«, beispielsweise Kalbsgeschnetzeltes mit Nudeln oder Spätzle. Oder Gulasch. In einem Interview mit der »SZ Wochenende« sagte er der Butter den Kampf an: »Was auch so eine schlimme Sache ist: immer mit Butter. Eine schöne Semmel ohne Butter war ja undenkbar. Jetzt habe ich festgestellt, dass eine Marmeladensemmel auch ohne Butter schmeckt.«

Hoeneß ist ein Gelegenheitsesser – bei einer Pressekonferenz, im Vorbeigehen, im Flugzeug, das Angebot bestimmt die Nachfrage. Und dann diese leidigen Geschäftsessen mit Spielern und deren Beratern, dem Trainerstab, Sponsoren, Journalisten. Neuerdings lauert eine weitere Gefahr: die Verköstigung in den VIP-Bereichen der Stadien. Seit der Manager nicht mehr unten bei den Spielern auf der Bank sitzt, ist er oben auf der Tribüne viel näher dran an den Büfetts. Luxusverpflegung! Er müsse dort sehr auf sich achten, sagt er. Immerhin: Hoeneß hat sein Problem erkannt:

»Was ich – in meiner schlimmsten Zeit – im Laufe des Tages zusammengefressen habe. Da einen Keks, hier eine Wurstsemmel, und im Flugzeug, wenn sie dir ein Sandwich anbieten, dann nimmst du das einfach. Lauter so Automatismen, über die man nicht nachdenkt.«

Genussmensch, Gelegenheitsesser, Frustfresser. »Wenn ich Probleme habe, kann ich an keiner Wurstsemmel und keinem Kuchen vorbeigehen«, gesteht Hoeneß. »Meine Frau ist da anders, sie hat während der Daum-Geschichte abgenommen wie verrückt. Und ich habe zugenommen wie verrückt.« Da gleicht Hoeneß einem Messgerät: An dem, was er an Kilos auf die Waage bringt, kann man die Tabellenposition des FC Bayern samt aktueller Problemlage ablesen. Doch was tut Hoeneß, der Exfußballer, gegen die Pfunde? Fußball spielen! Jeden Montagnachmittag, so es Termin- und Spielplan erlauben, wird auf einem der Plätze an der Säbener Straße gekickt. Mit dabei in der Riege der Montagskicker ist auch Vorstandsboss Karl-Heinz Rummenigge, zahlreiche Angestellte wie der Fanbeauftragte Raimond Aumann, Merchandising-Chef Hansi Pflügler sowie Physiotherapeuten und Geschäftsstellenmitarbeiter. Dabei geht es dann zur Sache, die Zeit scheint stillzustehen. Der Ehrgeiz, die Kommandos, die Frotzeleien, alles wie früher. Nur der Schweiß rinnt schneller. Ex-Profis können eben nicht anders – vor allem dann, wenn das Duell zwischen dem »Team Hoeneß« und dem »Team Rummenigge« ansteht. In der Saison 2008/09 kam es sogar vor, dass Trainer Klinsmann und seine Assistenten gegen ihre Vorgesetzten die Schuhe schnürten. Grätschen und flachsen – eine schöne Abwechslung vom Stress des Alltags.

Manchen Kilometer legt Hoeneß auch beim Joggen zurück. Im Weihnachtsurlaub, wenn die Familie in Lenzerheide in der Schweiz beieinander ist, läuft Hoeneß auf 1500 Meter Höhe, sogar durch den Schnee, wenn es sein muss. Fuhr er mit den Profis ins Trainingslager – was seit seinem Wechsel ins Präsidentenamt aber so gut wie nicht mehr vorkommt –, hatte er immer die Laufschuhe dabei. Weitaus angenehmer aber ist ihm das Abspecken so ganz nebenbei, bei einer Runde Golf. »Ohne Bewegung geht nichts«, sagt Schuhbeck, »sein Problem ist natürlich der Jo-Jo-Effekt, mir geht's doch da genauso.« Mal mehr, mal weniger – was sein Gewicht angeht, ist Hoeneß den Launen und dem Tabellenstand ausgeliefert. Im Job sieht er sich als Getriebener, als Rastloser. Ringt er sich aber zu einer Diät durch, freuen ihn die entspannenden Nebenwirkungen: »Auf einmal ist man ganz euphorisch, man lernt seinen Körper neu kennen. Ich schlafe besser, ich nehme die Umwelt viel mehr wahr, ich fühle mich fünf oder zehn Jahre jünger. Das ist ein Riesengewinn an Lebensqualität.«

Von Spiel zu Spiel, von Diät zur Völlerei – der Jo-Jo-Effekt zählt zum Alltag des Uli Hoeneß. Mit der Fülle seines Körpers tritt er für das Wohl des FC Bayern ein. Er ist der Bauchmensch des Vereins. Das gute Gewissen, der Seismograf für alle Stimmungslagen. Auch deshalb haben sie ihre Rollen klar verteilt im Vorstand. Rummenigge gibt den Weltmann, die kühle Eleganz. Er sieht sich als Außenminister, seine Zeit als Aktiver in Italien und der Schweiz sowie seine Sprachkenntnisse dienen ihm als Ausweis für seine Funktion. Anders bei Hoeneß, der die Bundesliga nie verlassen hat. Rummenigge vertritt den Verein in den europäischen Gremien, im Januar 2008 übernahm er die Funktion des ersten Vorsitzenden der European Club Association. Er baute die ECA zu einem Schwergewicht im internationalen Fußball auf, auf das die UEFA zu hören hatte. 2017 übergab Rummenigge den Vorsitz an den Italiener Andrea Agnelli und wurde zum Ehrenpräsidenten ernannt.

Der Dritte im Bunde war Karl Hopfner, der »Finanzminister«. Außer auf der jährlichen Mitgliederversammlung, wenn er über Soll und Haben referierte, trat er öffentlich kaum in Erscheinung. Hopfner ist der einzige gebürtige Münchner und der einzige Nicht-Exprofi des Vorstands. Mehmet Scholl witzelte mal: »Bei uns besteht die Führungsetage aus lauter ehemaligen Weltklassespielern: Beckenbauer, Rummenigge, Hoeneß, Hopfner.« Als 18-jähriger Hobbykicker erlitt Hopfner eine Muskelzertrümmerung im linken Unterschenkel, seither trat er keinen Ball mehr. Als Geschäftsführer begann er 1983, nachdem er sich auf eine Stellenanzeige beworben hatte. Der Industriekaufmann, der sich per Abendstudium zum Betriebswirt fortgebildet hat und in einem Familienbetrieb aus dem Baunebengewerbe in leitender Position tätig war, sagt wie Hoeneß und Rummenigge: »Wir sind keine Bank, sondern ein Fußballclub.« Auch er bevorzugt »eine einkommensorientierte Ausgabenpolitik« – was reinkommt, darf raus. Das Leitmotiv des Triumvirats: »Geld schießt Tore, und Qualität kostet.«

2012 verabschiedete sich Karl Hopfner in den Ruhestand, sein Nachfolger wurde Jan-Christian Dreesen, ein Finanzmann, dessen vorherige Stationen die HypoVereinsbank und die Bayerische Landesbank waren. Der Vorstand der FC Bayern München AG, in dem Neuzugang Dreesen Anfang 2014 zum Stellvertreter von Karl-Heinz Rummenigge befördert wurde, befindet sich spätestens seit Hopfners Rückzug im Wandel. Der langjährige Marketingspezialist Andreas Jung wurde ins höchste Gremium befördert, dazu kam mit Jörg Wacker vom Sportwettenanbieter »bwin« ein externer Experte für Unternehmensstrategie und Internationalisierung. Als künftige Märkte sieht der Triple-Sieger und deutsche Serienmeister FC Bayern China und die USA.

Für Hoeneß, den Schwaben, ist das Geldausgeben immer noch ein unerfreulicher Akt. Es kostet ihn Überwindung. Gerne schickte er daher

Hopfner vor. Den Überweisungsschein für die Ablösesummen, zum Beispiel die 25 Millionen Euro für Franck Ribéry, lässt er den Finanzvorstand ausfüllen. Hoeneß: »So viele Nullen könnte ich in einen Scheck gar nicht eintragen.« Die Bayern haben zuletzt ziemlich viele Nullen in Schecks eingetragen, nie zuvor so viele wie im Sommer 2009. Rund 30 Millionen Euro für Mario Gómez vom VfB Stuttgart, anschließend noch einmal 24 Millionen Euro für Arjen Robben von Real Madrid. Schwindelerregende Summen. Aber die Bayern hatten ja zwei Jahre zuvor schon geübt: Ribéry, Klose, Toni & Co. kosteten rund 70 Millionen Euro. Eine Portion Größenwahn war den Bayern, speziell Hoeneß, vorgeworfen worden, weil sie in neue Dimensionen vorstießen. Dimensionen, in denen andere Vereine in Europa – Real Madrid oder der FC Chelsea – längst angekommen waren. Abgehoben? Verschwenderisch? Da kann Hoeneß wütend werden: »Wir haben das Geld weder im Lotto gewonnen noch von einer reichen Tante aus Amerika geerbt.« Sondern nur das ausgegeben, was zuvor erwirtschaftet wurde. Die Maxime von Uli Hoeneß lautet: »An dem Tag, an dem unsere Spieler nicht mehr in der Lage sind, den Etat einzuspielen, würde ich nicht zur Bank gehen, um Kredite zu holen, sondern den Spielern sagen: ›So, jetzt müsst ihr mit den Löhnen runter.‹ Denn wenn die Schulden einmal da sind, wenn ich bei jedem Transfer in die Kreditabteilung der Bank gehen muss, ist es schon vorbei.« Kredite, diese furchtbaren Kredite – hierbei muss es sich um die Urangst des Schwaben Uli H. handeln. Wobei er – wie 2013 bekannt wurde – bei seinen privaten Aktiengeschäften einige Jahre auf Pump agiert hatte.

Als »Bild« mutmaßte, der Robben-Transfer sei mit Krediten finanziert worden, wurden die Bayern richtig unangenehm, und ihre Anwälte setzten eine Gegendarstellung durch. In diesem Punkt sind sie überempfindlich, gerade Rummenigge: »Wir haben auch den Robben-Transfer aus dem Eigenkapital bezahlt, nicht mit einem Kredit einer

Bank finanziert. Wir sind ein total seriös und solide aufgestellter Verein, der finanziell total gesund ist. Diese Behauptungen entbehren jeglicher Grundlage. Der FC Bayern steht finanziell so gut da wie nie zuvor.« Im Gespräch mit den Münchner Redaktionen drohte er, weitere Gegendarstellungen zu formulieren, gegen jeden, der noch einmal von Fremdfinanzierung schreiben würde. Auf Pump machen die Bayern keine Transfers, damit das klar ist. Die Reaktion der Bosse ähnelte in diesem Punkt jener von Sportlern, die in Dopingverdacht geraten und sofort die Justiz einschalten, um weitere Behauptungen im Keim zu ersticken.

Bei den folgenden Transfers kamen solche Mutmaßungen nicht mehr auf. Die Namen und die Geldsummen sprachen für sich: Jérôme Boateng (15 Millionen Euro), Manuel Neuer (28 Millionen), Javier Martínez (40 Millionen), Mario Götze (37 Millionen), Thiago Alcántara (25 Millionen). Für den französischen Weltmeister Lucas Hernandez legten die Bayern 2019 sogar 80 Millionen Euro hin, und der erste Transfer in dreistelliger Millionenhöhe ist absehbar. Zwar schloss Hoeneß vor Jahren noch aus, dass sich der FC Bayern in diese Regionen vorwagen würde, »doch unser Umsatz«, so rechtfertigt er sich, »hat sich ja auch verdoppelt – deshalb muss man auch mehr ausgeben«.

Ein Jahresumsatz von annähernd 700 Millionen Euro – für Hoeneß steht dies am Ende einer langen Entwicklung. In der elterlichen Metzgerei in Ulm konnte der kleine Uli beobachten, wie an einem Wochenende rund 500 Mark eingenommen und im Jahr 150 000 Mark Umsatz gemacht wurden. Daher kommt sein solides, bodenständiges Verhältnis zum Geld. Prassen? Ja! Geld leihen? Unmöglich! Nur beim Bau der Allianz Arena wurde ein Kredit aufgenommen.

Selbst als Teenager hätte Hoeneß sich nie Geld geliehen, gerade so, als handele es sich dabei um eine Straftat. Mit 13, mitten in der Pubertät, hatte er nur eine Verlockung im Auge: einen Ball, einen Fußball. Im Schaufenster des Geschäfts Sport Sohn in Ulm lag er. »Ein Flutlichtball, schwarz-weiß, die anderen waren ja braun, für 34 Mark«, erinnert sich Hoeneß. Er wollte diesen Ball. Unbedingt. Doch ihm fehlte das Geld dafür. »Dann habe ich in den Ferien als Beifahrer bei der Firma Gaissmaier, einem Lebensmittelbetrieb, gearbeitet.« Vier Wochen lang fuhr er mit dem Fahrrad jeden Tag zu Sport Sohn, um sich zu vergewissern, dass der Ball noch da war. Als er die 34 Mark endlich zusammenhatte, kaufte er sich das Objekt seiner Begierde. »Damit war ich dann der König. Wenn ich mit diesem Flutlichtball auf die Spielwiese kam, konnte ich sagen: Du darfst mitspielen, du auch, du nicht.« Hoeneß machte die Aufstellung, Hoeneß traf die Entscheidungen. In diesen Momenten erlebte er zum ersten Mal das Gefühl von Macht. Und dass es sich lohnt, beharrlich für eine Sache zu kämpfen.

Auch Ribéry wollte Hoeneß unbedingt haben. Und Klose sowie Luca Toni. Der Sommer 2007 markiert eine Zeitenwende in der Vereinspolitik. Wenngleich Uli Hoeneß immer wieder darauf hinweist, dass der risikoreichste Transfer nicht der von Ribéry, Robben oder Rekordimport Gómez war. Hoch ins Risiko gegangen waren sie früher schon, besonders als sie 1983 für den Kauf des Dänen Sören Lerby die damals überaus stolze Summe von knapp zwei Millionen Mark hinblätterten. Was die Bayern-Oberen heutzutage meiden, war damals unerlässlich. Sie mussten sich an die Kreditabteilung einer Bank wenden. »Wenn das in die Hose gegangen wäre, hätten wir den Laden dichtmachen können«, erinnert sich Trainer Lattek.

Aber 2007 hatte man mit keiner Bank, nur mit dem eigenen Gewissen zu kämpfen. Die Bayern, angetrieben von Hoeneß, gingen neue Wege. »Wir haben uns stets gesagt: Wir machen die Schatulle auf, wenn es mal nicht so läuft. Der Ribéry-Transfer war an der Grenze zur Unvernunft. Wir haben Regeln verändert, die wir 20 Jahre hatten«, erzählt Hoeneß. Das Sammeln der Stars wurde zu einer Obsession, die Bayern waren im Kaufrausch. »Zum Schluss ist ein richtiges Jagdfieber entstanden. Schnell nach Florenz, dann nach Paris – und, und, und.« Ribéry war der Ball im Schaufenster. Als er ihn hatte, war Hoeneß in seiner Welt der König.

Sie umwarben und umgarnten die Transferkandidaten wie ein Bräutigam seine künftige Braut. Es ging um Geld, um die Gehälter – das beste Mittel, um Profis anzulocken. Den Ausschlag für Verein A oder B gibt jedoch dann, wenn die Offerten ähnlich hoch sind, das gute Gefühl. Bei Luca Toni ging die Liebe durch den Magen. Hoeneß lud den Italiener samt seinem kompletten Freundeskreis für ein Wochenende nach München ein, reichhaltige Bewirtung inklusive. Mit vollem Magen sagte Toni zu. Das ist eine der Spezialitäten von Uli Hoeneß. Den Spielern, ihren Frauen, Familien und dem Freundeskreis ein gutes Gefühl zu geben. Rundumversorgung, das Sorglospaket – denn Glück schießt Tore. Und dieses Glück kostet Geld.

Fühlt sich Hoeneß aber im Stich gelassen von Profis, die er rundum versorgt, kann er auch anders. »Da ist das Geschäft, da ist Uli Hoeneß knallhart«, weiß Oliver Kahn aus seinen 14 Jahren im Verein. »Spieler wie Jens Jeremies, die sich für den Verein aufgeopfert, die ihre Gesundheit für den Verein riskiert haben, vergisst Uli Hoeneß nie. Solche Typen bekamen jegliche Unterstützung, auch nach der Karriere. Andersrum aber gilt: Wenn einer den Verein nur abzocken will, wenn er dem Trainer oder dem Manager auf der Nase herumtanzt, kann Hoeneß wirklich ungemütlich werden.«

Hoeneß verlangt von seinen Spielern die Leidenschaft und die Hingabe, die er selbst vorlebt. Nicht nur nehmen, auch geben. Bleibt das aus, droht Liebesentzug. Nicht ohne Vorwarnung. Er warne die Spieler nicht nur einmal, nein zehnmal, versichert Hoeneß. »Wenn dann aber immer noch nichts vom Spieler kommt, dann trennen wir uns. Ganz unsentimental.«

2007 sah sich Hoeneß zum Schnitt gezwungen. Lieb und nett hatten ausgedient – und in der Folge mehrere Spieler. Der Auslöser für den sommerlichen Kaufrausch war das Spiel am 21. April 2007 beim VfB Stuttgart. Mit einem Sieg hätte man die Chance auf die Meisterschaft erhalten können, aber es wurde ein jämmerliches 0:2. Ein Resultat, das bei Weitem nicht die Unterlegenheit der Gäste widerspiegelte. Nach dieser Partie war klar, dass die Bayern auf Platz vier verharren würden, einem Platz, der nicht einmal zu den Qualifikationspartien für die Champions League genügte. Die Bayern nur im UEFA-Cup, im »Cup der Verlierer«, wie ihn Franz Beckenbauer stets genannt hatte – was für eine Schmach.

Am Abend vor dem Spiel hatte Hoeneß im Mannschaftshotel zum Team gesprochen. Er versprach eine Extra-Siegprämie – wie er das so oft schon getan hatte. Und das lief laut Kahn meist so ab: »Hoeneß stellte sich hin, sagte: ›So, meine Herren, einmal für alle.‹ Wir wussten Bescheid. Er hat nicht immer sofort eine Summe genannt, oft wurden Prämienpakete geschnürt. Etwa: für zwei Siege in der Bundesliga und ein Weiterkommen im DFB-Pokal gibt es x-tausend Euro. War man erfolgreich, wurde man bestens entlohnt. Da gibt es keinen großzügigeren Verein als den FC Bayern.« Doch nicht mal Extraprämie half. Selten zuvor in seinen da schon 28 Managerjahren hatten ihn die Spieler so sehr enttäuscht wie an jenem Tag im April. »Was sehe ich auf dem Rasen? Teilweise lustlose, offenbar satte, jedenfalls nicht bedingungslos fightende Spieler«, erinnert sich Hoeneß in einem Interview mit dem »Zeit Magazin«, »da habe ich mir geschworen, dass für diejeni-

gen, die unseren Einsatz nicht durch totales Engagement zurückgeben, in diesem Verein kein Platz mehr ist. Da habe ich gemerkt, dass du mit deiner Menschlichkeit nicht unbedingt immer weiterkommst.«
Hoeneß schlich mit gesenktem Kopf durch die Katakomben des Stadions, wütend. Aber er sagte nichts. Erst später: »In dieser Phase hatte ich die Schnauze voll. Ich habe immer meinen Kopf für die Jungen hingehalten. Aber da haben die so erbärmlich gespielt, wie Angsthasen. In der Halbzeit habe ich gedacht: So, am Montag fangen wir an einzukaufen.« Erst durch dieses 0:2 war es zum Strategiewechsel der Bosse gekommen, zum Jagdfieber nach Ribéry, Toni und Klose. Hier noch einmal die Mannschaft, die es möglich gemacht hatte – manche Fans werden ihr heute noch dankbar sein, sonst hätten sie die Kunststücke eines Ribéry, die Tore eines Luca Toni nie bejubeln können. Die Umbauhelden: Kahn – Lell, Lucio, Van Buyten, Lahm – Salihamidžić, Hargreaves, van Bommel, Santa Cruz – Podolski, Makaay. Eingewechselt: Pizarro, Görlitz, Karimi. Sieben Spieler dieser Mannschaft mussten den Verein schließlich verlassen.

Es ist der Job eines Managers, Spieler einzukaufen und zu verkaufen. Viele Volltreffer waren in all den Jahren dabei. Bei manchen Transfers konnte man jedoch den Eindruck bekommen, die bajuwarischen Einkäufer handelten nach zwei Prinzipien. Erstens: Bevor ihn die Konkurrenz kauft, nehmen wir den Mann. Und zweitens: Wer uns im direkten Duell ärgert, wird sofort verpflichtet. Mit allen Risiken und Nebenwirkungen. Die Hoeneß sich stets mehr als alle anderen zu Herzen nimmt. Es geht schließlich um seinen Verein, dem er seit 45 Jahren angehört, um sein Lebenswerk.
Der FC Bayern und Uli Hoeneß – diese Kombination gibt es nicht ohne Emotionen. Nicht ohne totale Leidenschaft. Dieses gezogene »totaaaal« ist im Bayern-Jargon das Adjektiv für so vieles, ist eines der von Hoeneß am häufigsten verwendeten Wörter. Uli Hoeneß gibt

es nur selten in der bedächtigen, in der moderaten Version. Mal heiß- und mal kaltblütig, mal aufbrausend, mal beruhigend. Mal voller Zorn, dann doch auch der ruhende Pol des Vereins. Mal geht mit ihm der Choleriker durch, im nächsten Moment gewinnt der Analytiker die Oberhand. Ein Leben in Extremen, ständig am Anschlag, im Job immer auf Betriebstemperatur, nur zu Hause auf dem Sofa manchmal im Stand-by-Modus. Adrenalin ist sein Körperbenzin. Doch was ist die Quelle, was ist der Ursprung seiner Rastlosigkeit, seines Ich-kann-nicht-anders?

Der Flugzeugabsturz ist es nicht, beteuert Hoeneß immer wieder. Dass er überlebt hat, habe vielmehr seine sozialen Instinkte geschärft gegenüber denen, die es nicht so gut erwischt haben im Leben. Es war ein anderes »Schlüsselerlebnis«, wie er sagt. Eines, das seine Karriere beenden sollte, jedoch der Anfang war für sein neues Leben. Als er 1979, mit 27 Jahren, geplagt von seinem Kreuzbandriss und schon mehrfach operiert, auf der Massagebank von Josef Saric lag, sagte der zu ihm: »Uli, du musst aufpassen. Sie wollen dich verkaufen, sobald du wieder laufen kannst.« Saric hatte ein Telefonat zwischen Präsident Neudecker und Manager Schwan belauscht. Wenige Monate später musste Hoeneß seine Karriere beenden. Doch er war tief gekränkt, und diese Kränkung prägte seinen zukünftigen Führungsstil. »In dem Moment auf der Massagebank dachte ich: Das wird es bei mir später nicht geben, dass einer, der gerade schwach ist, Angst um seinen Arbeitsplatz haben muss. Starken muss man manchmal Angst machen, aber Schwache einschüchtern? Das bringen nur Schwache fertig.«

Kurz darauf ergriff Hoeneß die Chance, Manager zu werden. Er verfolgte seine Ziele mit noch größerem Ehrgeiz als zu seiner Zeit als Profi. Das Kuriose war: Er verhandelte fortan zum Teil mit Spielern, die älter waren als er. Wäre die Knieverletzung nicht gewesen, hätte er noch für den FC Bayern auf dem Platz stehen können. Mit seinem Freund Paul Breitner. Er hätte viel Geld verdienen können. Wie Franz Beckenbauer, wie Gerd Müller, vielleicht sogar in den USA. Geplatzte Träume.

»Für mich kommt dieser wahnsinnige Ehrgeiz von Uli Hoeneß daher, dass er seine Karriere viel zu früh beenden musste«, sagt Oliver Kahn, »das ist der Ursprung all seines Handelns als Manager. Die Frage ist nur: Hätte er sich sonst anders entwickelt?« Kahn zuckt mit den Schultern. »Beim FC Bayern und in der Person Uli Hoeneß ist dieses gnadenlose Erfolgsdenken verinnerlicht – nur der erste Platz zählt. Sonst nichts. Sonst ist es gleich eine Katastrophe.«
Auch Hitzfeld litt unter dem ständigen Druck des Siegenmüssens: »Dieses Gefühl ist permanent. Man entkommt ihm nicht. Nach einem gewonnenen Spiel denkst du sofort: Wie kann ich das nächste gewinnen? Was muss ich tun? Man fühlt sich wie in einer Mühle. Ein Jahr beim FC Bayern ist wie zehn Jahre bei einem anderen Verein. Es ist sehr schwer, wenn man mittendrin ist, die schönen, die erfolgreichen Momente zu genießen.« Und so war Hitzfeld im Jahr 2001, nach dem Champions-League-Sieg, auf dem Gipfel, bereit, seinen Rücktritt zu erklären. Nur zwei Tage nach dem Triumph von Mailand starten die Bayern, noch schwer verkatert, einen Trip nach New York. Der Manager hat mal wieder ein lukratives PR-Spiel ausgemacht. Auf dem Flug setzt sich Hitzfeld zu Hoeneß, sagt, er möchte etwas besprechen. »Ich habe ihm angeboten aufzuhören. Ich wollte das wirklich«, erzählt Hitzfeld. »Diese drei Jahre seit 1998 hatten mich enorme Kraft und Nerven gekostet. Außerdem wusste ich, dass von nun an die Luft nur noch dünner werden konnte, wir hatten ja alles gewonnen, und daran würden wir gemessen werden.« Hätte Hoeneß eingewilligt, die Ära Hitzfeld wäre nach nur drei Jahren mitten über dem Atlantik zu Ende gegangen. Doch Hoeneß ließ nicht mit sich reden. Nicht einmal disku-

tieren. »Uli war überrascht und ein wenig aufgebracht über meine für ihn absurde Idee und sagte nur zu mir: ›Ottmar, das kommt überhaupt nicht infrage. Du hast einen Vertrag hier. Wir brauchen dich.‹ Er hat das Gespräch abrupt abgebrochen.«

So ist es vielen ergangen, die mit Hoeneß über einen Abschied oder über ein Angebot eines anderen Vereins reden wollten. Auch Michael Ballack, dem Kapitän der Nationalmannschaft. Er war einer der umstrittensten Spieler, die je das Bayern-Trikot getragen haben. Schon 1999, als Ballack noch für den 1. FC Kaiserslautern spielte, gab es den ersten Kontakt mit Uli Hoeneß. Doch in der Elf der Bayern herrschten damals Effenberg und Matthäus, Ballack zog es vor, zu Bayer Leverkusen zu wechseln. Sein Berater Michael Becker erzählt: »Als Michael dort einen Fünfjahresvertrag unterschrieb, fragte mich Uli Hoeneß mal nebenbei, ob es denn eine Ausstiegsmöglichkeit gäbe. Er beantwortete sich die Frage selbst: ›Also, wenn ich den Vertrag gemacht hätte, dann nach der WM 2002.‹ Ich nickte und sicherte ihm zu, dass wir in Kontakt bleiben.«

Im November 2001 kam Hoeneß wieder auf Becker zu: »Er bestätigte mir noch einmal, dass es richtig war, nicht schon 1999 zu Bayern zu wechseln, dass es aber im Sommer 2002 genau der richtige Zeitpunkt wäre.« Es gab nur ein Problem, erzählt Becker: »Damals gab es auch ein Angebot von Real Madrid. Ich war mehrmals dort, wir waren schon sehr weit. Aber Hoeneß redete auf Michael ein, riet ihm, dass er doch vor der WM 2006 in Deutschland spielen solle. Und dass es nach der WM doch noch früh genug sei, um zu Real Madrid zu wechseln.« Also blieb Ballack in Deutschland, und Bayern verpflichtete ihn zum 1. Juli 2002. Wieder einmal hatte die Überzeugungskraft von Hoeneß gewirkt. Seine Stärke ist das Vieraugengespräch. Hoeneß hatte Ballack von der WM 1974 im eigenen Land vorgeschwärmt, er hatte gemeint,

dass es Unsinn sei, vorher im Ausland zu spielen. Ballack war beeindruckt und unterschrieb.
Dreimal in vier Jahren, 2003 unter Hitzfeld, 2005 und 2006 unter Trainer Felix Magath, holte der FC Bayern mit Michael Ballack das Double. In über 100 Jahren Vereinsgeschichte hatten die Münchner das Double zuvor auch nur dreimal (1969, 1986, 2000) gewonnen. Die nationale Bilanz mit Ballack hätte kaum besser aussehen können, aber in der Champions League scheiterte der Club mit Ballack einmal im Viertelfinale, zweimal im Achtelfinale und einmal sogar schon in der Vorrunde. Bei den Bayern-Fans war der Sachse Ballack nie so richtig angekommen, zu sehr stand er im Schatten von Oliver Kahn oder Mehmet Scholl, außerdem trauerten die Anhänger den rustikalen Führungsqualitäten des Stefan Effenberg nach.

Dennoch begannen im Sommer 2005 Gespräche über eine Vertragsverlängerung über 2006 hinaus. Das Problem damals aus Sicht der Bayern: Würde Ballack im WM-Sommer wechseln, wäre er ablösefrei. Ballack äußerte sich taktisch geschickt: »Ich spiele bei einem Top-Club, das weiß ich zu schätzen. Die Möglichkeit, hier zu verlängern, ist auch eine sehr schöne Möglichkeit. Aber ich kann mich noch mal verändern.« Die Bayern kämpften. Für sie war es eine Prestigesache, die Angebote von Real Madrid, dem FC Chelsea oder AC Mailand zu kontern. »Wir werden alles tun, den wichtigsten deutschen Spieler beim FC Bayern zu halten«, sagte Rummenigge. Doch Hoeneß war seltsam still in diesen Tagen. Über den Herbst setzten sich die Parteien gegenseitig Fristen, es war ein wildes Hin und Her, man vertagte immer wieder und setzte sich immer wieder zusammen. Am 14. November 2005 kommt es dann zum Eklat. Auf der Jahreshauptversammlung bei Biersponsor Paulaner am Nockherberg verkündet Vorstandsboss Rummenigge in seiner Rede: »Wir haben unser Angebot heute offiziell zurückgezogen!« Beifall. Als der sich gelegt hat, fährt Rummenigge fort: »Wir haben uns heute mit

Michael und seinem Berater getroffen. Wir haben vor vier Wochen vereinbart, dass sich Michael heute erklärt oder wir unser gutes und gesichertes Angebot zurückziehen. Das ist heute passiert, nachdem Michael uns mitgeteilt hat, dass er noch keine Entscheidung getroffen hat.« Beifall, Jubel. Rummenigge zum Dritten: »Das heißt nicht zwangsläufig, dass Michael uns verlassen wird. Aber ich sage klipp und klar, dass wir ab sofort den Markt sondieren werden, um nach Alternativen Ausschau zu halten.« Beifall, Jubel, Gegröle. Damit war Ballacks Abschied besiegelt. Und die Gegenseite war massiv verärgert. »Dabei hatten wir die Presseerklärung zum Stand der Verhandlungen vorher im Detail miteinander abgestimmt«, wundert sich Becker heute noch, »und dann trifft mich fast der Schlag, als der Herr Rummenigge das in dieser Bierzeltatmosphäre vor zum Teil alkoholisierten Mitgliedern so anspricht. Ich denke, das war Kalkül, dass die Botschaft so populistisch verkündet wird. Das war eine unschöne Geschichte, das ging gar nicht.« Hoeneß sagt an diesem Abend kein Wort.

Am nächsten Tag rief Becker bei Rummenigge an und beschwerte sich. Ballack habe sich immer korrekt verhalten. Außerdem sei Rummenigge doch 2001 mit im Raum gewesen, als Hoeneß zu Ballack sagte, er könne auch noch nach Abschluss seines Vierjahresvertrages, nach der WM 2006 in Deutschland, ins Ausland wechseln. Für Becker war dieser Vorschlag von Hoeneß der Grund, dass sich der Manager in dieser Kontroverse stets zurückhielt und es immer der Vorstandsboss war, der vorpreschte. Eines aber stand fest: Das Verhältnis zwischen Bayern und Ballack war nicht mehr zu kitten. »Dabei hatte es wirklich eine Chance gegeben, dass Michael doch bleibt«, erzählt Agent Becker, »er lebte mit seiner Frau und den Kindern in einem schönen Haus am Starnberger See, die Familie fühlte sich dort wohl. Sie hätten es sich für ein paar weitere Jahre dort bequem machen können.« Doch »Balle«, wie ihn Becker stets nennt, glaubte nicht mehr daran, dass die

Bayern in Kürze wieder die Champions League gewinnen könnten. Das gelang ihnen erst 2013 – als Ballack seine Karriere bereits beendet hatte. Eine unvollendete Karriere: Auch mit dem FC Chelsea konnte er sich den Traum vom großen Titel in Europa nicht erfüllen.

Ballack hatte ein Vertrauensverhältnis zu Hoeneß aufgebaut, man duzte sich sogar, der Manager hatte ihn immer fair behandelt. Daher scheute sich Ballack in den Wochen der Unsicherheit in den zweiten Stock der Geschäftsstelle zu gehen. »Wenn ich da hochgehe, ins Büro von Uli Hoeneß, komme ich mit einem neuen Vertrag wieder heraus.« Am 1. Juli 2006 wechselte er dann zum FC Chelsea. Ablösefrei. England, die Premier League, ein Magnet für viele Stars.

Dass vor Ballack nicht auch Oliver Kahn auf die Insel gewechselt war, hat nur ein Mann verhindert: Uli Hoeneß. Der Torhüter war fest entschlossen, den FC Bayern nach der EM 2004 zu verlassen. »Damals hatte ich den Wunsch, den Drang, zu wechseln«, erzählt Kahn, »auch meine private Situation war etwas in Unordnung geraten, da hätte eine Zeit in einer anderen Stadt ganz gutgetan. Es gab Angebote vom FC Barcelona und von Manchester United. Doch konkreter wurde es nur mit ManU. Es wurden erste Gespräche geführt, auch mit Alex Ferguson, erste Zahlen ausgetauscht. In meinem Kopf war im Grunde eine Entscheidung gefallen.« Mit dem Trainerwechsel von Ottmar Hitzfeld zu Felix Magath hätten die Pläne nichts zu tun gehabt, beteuert Kahn. Zehn Jahre FC Bayern mit allen Höhen und Tiefen waren einfach genug, er suchte eine neue Herausforderung. Diese Stadien, der Reiz der besten, reichsten, spektakulärsten Liga der Welt, die Aussicht auf einen Premier-League-Titel, darauf, womöglich Englands Torhüter des Jahres zu werden – das alles schwirrte in seinem Kopf herum. Blieb eine Frage: »Wie sag ich es dem Herrn Hoeneß?« Kahn war immer noch in gewisser Distanz zu Hoeneß und sprach ihn mit »Sie« oder

»Manager« an. Wie übrigens auch Mehmet Scholl, der sogar noch ein Jahr länger, seit 1993, im Verein war. »Ich sieze Uli Hoeneß heute noch. Manager und Sie«, sagte Scholl. Diese Anrede behielt er auch bei, als Hoeneß Präsident wurde.

Manager, ich würde gerne etwas mit Ihnen besprechen – so hätte die Anfrage von Oliver Kahn im Sommer 2004 lauten können, doch dazu kam es nie. Kahn tat, was er sonst eigentlich nie tat: Er kniff. »Ich hatte ihm von meinen Plänen und Gesprächen nichts erzählt. Ich konnte auch nicht mit ihm darüber reden«, erinnert sich Kahn. »Weil ich wusste: Wenn ich mit ihm spreche, dreht er mich um. Der hätte mich nie gehen lassen.« Kahn zögerte, auch das finanzielle Angebot war nicht so lukrativ, wie er sich das vorgestellt hatte. »Das mag komisch klingen, doch ich hätte bei Manchester United niemals so viel verdienen können wie damals beim FC Bayern – kein Witz. Als ich ihnen absagte, kurz vor einem ersten Treffen, waren sie bei ManU ziemlich verärgert. So etwas mache man mit ihnen nicht, hieß es.«

Im Rückblick bereut Kahn ein wenig, nicht die Herausforderung gesucht zu haben, nicht zu jenem Verein gewechselt zu sein, der ihm 1999 die schmerzvollste Niederlage der Karriere zugefügt hatte. »Ich hatte bei Bayern dann noch vier tolle Jahre, wir holten dreimal das Double, ich hörte mit einem Gegentorminusrekord auf. Perfekt. Aber vielleicht wäre es doch besser gewesen zu gehen, noch einmal etwas anderes zu machen. Ich bedauere das. ManU hätte ich machen sollen.« Hoeneß hatte etwas Einmaliges geleistet. Er hatte den Weggang seines Publikumslieblings verhindert, ohne auch nur das Geringste unternommen zu haben. Auch eine Form des Verhandlungsgeschicks.

Vertragsgespräche mit Uli Hoeneß waren und sind meist kurz und intensiv, berichten viele, die ihm schon einmal gegenübersaßen. Am

Ende gilt der Handschlag unter Männern, die Dokumente werden später unterzeichnet. »Was er versprach, wurde umgesetzt«, berichtet Hitzfeld. »Uli war ein Freund, ein Vertrauter, immer ein Rückhalt. Es war stets ein gutes Gefühl, solch einen Manager an meiner Seite zu wissen.« Selbst härteste Widersacher wie Ballacks Berater Michael Becker zollen Hoeneß höchsten Respekt. »Er ist immer ein angenehmer Gesprächspartner, der nie hinterhältig agiert. Wenn es einen Termin oder eine Frist gibt, dann gilt bei Hoeneß: Mittwoch, 12 Uhr, ist Mittwoch, 12 Uhr. Kein Wenn, kein Aber. Mein Tipp an alle jüngeren Berater: Man sollte nie im Ansatz daran denken zu glauben, man könne ihm was vormachen oder gar link auftreten. Dieser Fehler darf keinem unterlaufen.« Und noch etwas sollte derjenige beachten, der mit Hoeneß zu tun hat: Es wird gut gegessen – und wehe, einer ist Vegetarier.

Auch Dieter, der Bruder, ist längst kein Vegetarier mehr. Wäre ja gelacht, wenn der Sohn einer Metzgersfamilie das ewig durchhielte. Die Vegetarier hat Uli Hoeneß übrigens dick. »Ich kann mir einfach nicht vorstellen, dass ich in einer Gruppe einen gemütlichen Abend verbringe, wenn ich nur Karottensalat esse und Mineralwasser trinke.« Hoeneß ist sich sicher, dass seine körperliche Substanz, sein Umfang, wie ein Panzer wirkt – gegen jedwede Angriffe von außen. »Viele, die asketisch leben, die gehen am Leben vorbei. Das ist ganz falsch. Ganz, ganz falsch. Als Asket kannst du nicht gesellig sein. Und es ist längst erwiesen, dass Vegetarier keinen Tag länger leben.« Darauf ein Glas Wein. Auch Louis van Gaal schätzt Rotwein, und beide mögen den spanischen Rioja – wenigstens das verbindet sie.

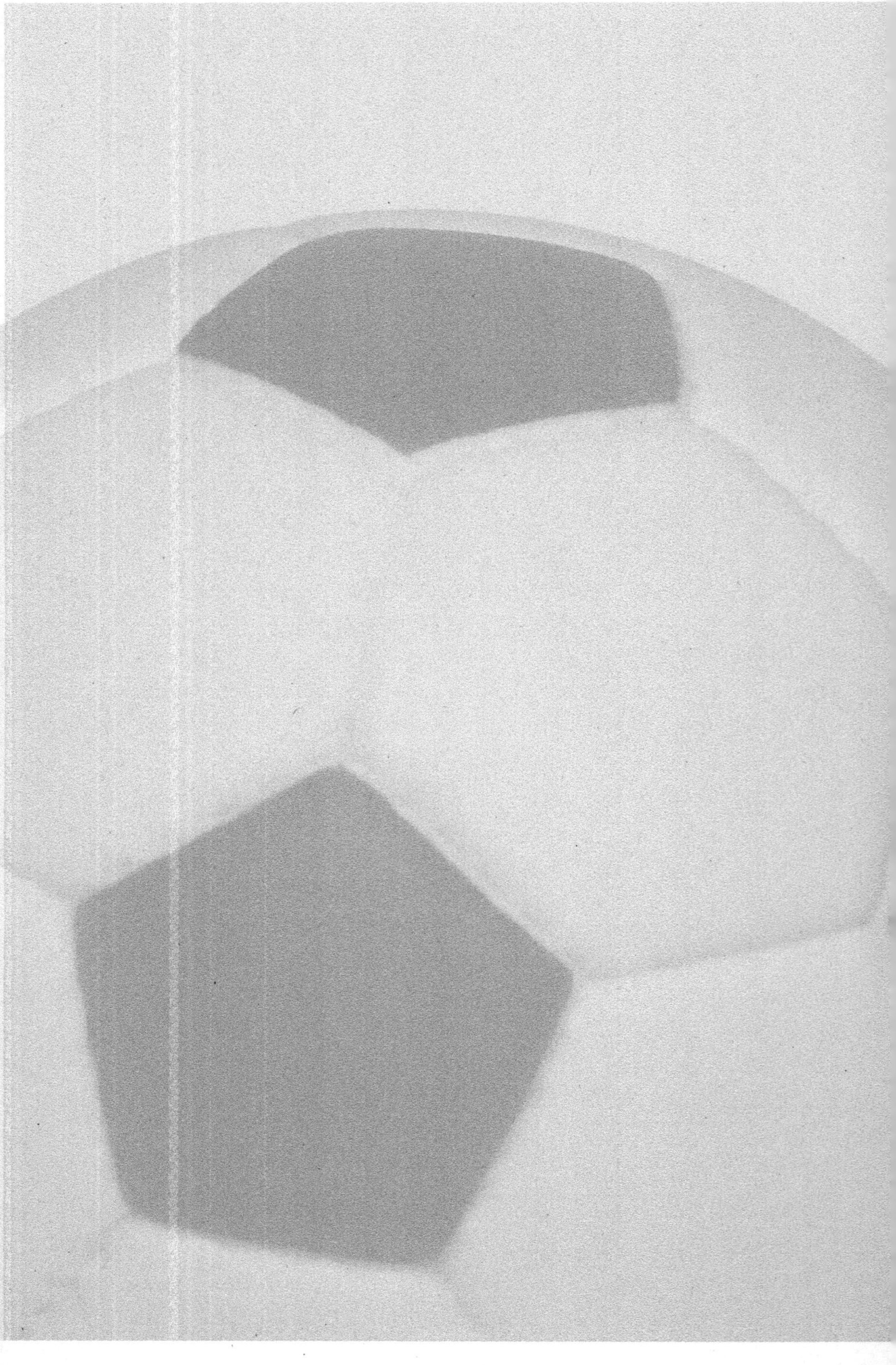

9.

Von Rotterdam bis Mailand

Geht man den Gang entlang, der zum Büro von Uli Hoeneß im zweiten Stock der Geschäftsstelle an der Säbener Straße führt, grüßen einen von rechts und links an den Wänden die gerahmten Helden der Bayern-Historie. Ein Müller, ein Maier, ein Beckenbauer natürlich, auch ein Rummenigge. Kein Hoeneß. Weit und breit kein Hoeneß in der Ahnengalerie. Nein, nein, er sei doch nicht größenwahnsinnig. Ach, und die anderen, die dort hängen, sind die denn etwa größenwahnsinnig? Nein, nein, wiegelt Hoeneß ab, aber für die Befriedigung von Eitelkeit brauche er nicht den Flur zu seinem Büro.

Es hat sich einiges verändert an seiner Arbeitsstätte seit dem 1. Mai 1979, seit seinem ersten Arbeitstag: die Zahl der Mitarbeiter, die Ausstattung, die Technik. Betritt man das Büro von Hoeneß, sieht es dort ganz und gar nicht nach internationalem Management aus, nach einer Schaltzentrale eines der größten europäischen Fußballvereine, nach Big Spender, nach großer, weiter Welt. Eher gemütlich ist es, warm, heimelig. Alles in Brauntönen, Naturfarben. Rattanmöbel bestimmen das Bild. Für Interviews setzt er sich gerne in einen großen Rattankorbsessel garniert mit bunten, karierten Kissen. An seinem Schreibtisch aus Nadelholz erfreut er sich an einem dieser riesigen schwarzen Gesundheits-Lederbüromonstersessel. Pflanzen stehen, Fanartikel liegen herum. Ein silbernes Modell der Allianz Arena, Plüschtiere in Bayern-Trikots, dazu ein paar Pokale, Fotos, Tüten aus dem Merchandising-Shop. Dinge aus dem Alltagsleben eines Fans. Derart heimelig kommen sonst nur Büros von Gartencenter-Filialleitern daher.
Was dem Besucher der Rattanwelt allerdings am deutlichsten ins Auge sticht, ist ein übergroßes gerahmtes Foto, das über dem Sofa hängt. Eine Tribüne ist zu erkennen, Tausende Menschen in Rot und Weiß, die verschiedenfarbige Papierbögen über ihre Köpfe halten und damit einen gewaltigen Schriftzug zaubern: »23. Mai 2001 – heute ist ein guter Tag, um Geschichte zu schreiben«.

Der Wunsch der Fans war den Spielern Befehl. Erstmals nach 25 Jahren gewannen die Bayern wieder den Henkelpott, diese Sehnsuchtstrophäe Europapokal der Landesmeister, nun Champions League genannt. Jener Abend im Giuseppe-Meazza-Stadion markiert die Endstation aller Sehnsüchte und Träume der Fans, der Verantwortlichen, der Spieler – und insbesondere der von Uli Hoeneß. Dass es doch nur eine vermeintliche Endstation war, dass jenes Angekommensein kein wirklicher Schlusspunkt, sondern lediglich eine Zwischenetappe war, liegt in Hoeneß' ganz spezieller Natur der ehrgeizigen Rastlosigkeit. Dennoch markiert der Triumph seinen bis dato schönsten Tag in 30 Jahren Managertätigkeit, das höchste – wenn eben auch nur temporäre – Glücksgefühl. Daher hat Hoeneß das Poster rahmen lassen. Um den Moment festzuhalten. Auch die Spieler sollen immer an Mailand denken, an das große Ganze. In ihrem Lounge-Bereich des Trainingszentrums hängt ein ähnliches Poster. Noch größer, noch gigantischer, von hinten beleuchtet. Als handele es sich um ein mystisches Ereignis. Dabei war der Weg dahin, jenes Erlebnis zwei Jahre zuvor, am 26. Mai 1999 in Barcelona, noch viel dramatischer. Doch der Reihe nach: Barcelona und das Finaltrauma gegen Manchester United waren nur die Spitze des Niederlagen-Eisbergs, die Mutter aller Tragödien.

In der Spielerkarriere von Uli Hoeneß stand der FC Bayern von 1974 bis 1976 dreimal im Finale um die höchsten europäischen Weihen. Dreimal hieß der Sieger, wenn auch meist sehr glücklich, FC Bayern – mit Uli Hoeneß. Ebenso dreimal – 1982, 1987 und 1999 – stand man seit Beginn seiner Managerkarriere im Europacup-Finale. Dreimal hieß der Verlierer, wenn auch größtenteils sehr unglücklich, FC Bayern – und eben Uli Hoeneß.

1982 erwischte es die Bayern in Rotterdam. Auf dem Weg ins Finale hatte die Elf um Breitner, Rummenigge und Dieter Hoeneß in den

K.-o.-Runden Östers IF Växjö, Benfica Lissabon, Universitatea Craiova und ZSKA Sofia ausgeschaltet. Der Finalgegner hieß Aston Villa, eine Mannschaft, die sich im Achtelfinale nur hauchdünn gegen DDR-Meister BFC Dynamo Berlin hatte durchsetzen können. Ein Sieg war daher fest eingeplant. Der englische Meister Aston Villa, so redete man sich ein, sei den Bayern nicht gewachsen. Die Dominanz der englischen Teams im Europapokal der vorangegangenen Jahre war eher mit Teams wie dem FC Liverpool oder Nottingham Forest verbunden. Aber wer war bitte schön Aston Villa? Doch die Bayern standen sich damals selbst im Weg.

Als die Mannschaft samt Betreuern, Frauen, VIPs und Journalisten einen Tag vor dem Spiel per Charter nach Rotterdam fliegt, gibt es Zoff über den Wolken. Manager Uli Hoeneß baut sich vor Paul Breitner auf und schreit: »Sind wir denn jetzt schon so weit, dass du die Spieler bei uns verpflichtest? Dass du Jean-Marie Pfaff und Bernd Martin bereits als feste Neueinkäufe in aller Öffentlichkeit preisgegeben hast, war absoluter Schwachsinn. Denn wir sind mit den Leuten erst am Verhandeln.« Breitner rückt seine Sonnenbrille zurecht, zupft sich am Vollbart und grummelt, nicht von seiner Buchlektüre aufschauend, zurück: »Ach, lass mich doch zufrieden. Monatelang redet ihr davon, nun soll es auf einmal als Staatsgeheimnis behandelt werden.« Ein kurzer Zoff unter Freunden, der die ganze Anspannung vor dem Endspiel gegen Aston Villa widerspiegelt. Vor allem bei Breitner. Ständig hatte er in der zu Ende gehenden Saison mit Verletzungen zu kämpfen gehabt, auch für das Finale war er nicht wirklich fit. Doch er wollte unbedingt noch einmal diesen Henkelpott gewinnen.

»Ich spiele«, sagte der Kapitän damals, »und wenn ich am Stock einlaufe.« Doch eigentlich hatte er bereits abgeschlossen mit der Karriere, er bezeichnete seine Vertragsverlängerung um eine weitere Saison bis 1983 als Fehler: »Ich hätte es lieber lassen sollen und besser abgewartet. Die Frage ist, ob ich nicht vom Fußball in dieser Form die Nase

voll habe. Ob da nicht nur mein Körper, sondern auch der Kopf noch mitmacht.« Alles keine günstigen Voraussetzungen für ein Finale. Zu all dem Zoff und den Blessuren kamen noch die Frotzeleien. Weil sich Breitner am Montag nach dem Finale den Vollbart, sein Statussymbol, für eine PR-Aktion einer Rasierwasserfirma stutzen lassen würde, spottete Teamkollege Rummenigge, als er in einem Magazin eine großflächige Zeitungsannonce sah, in der Breitner für deren Produkte warb: »Paul, jetzt schütten wir uns alle das Zeug drüber, dann rennen die Engländer sowieso davon.«
Und die Engländer sollten rennen. Zunächst meist einen Schritt hinter den Bayern her. Hoch überlegen agierten die Münchner an jenem 26. Mai 1982, spielten sich Chance um Chance heraus gegen das Team aus Birmingham, von einer »wahren Kanonade« schrieb die »Süddeutsche Zeitung« am Tag nach dem Finale. Karl-Heinz Rummenigge, Dieter Hoeneß, sogar Defensivakteure wie Udo Horsmann und Bernd Dürnberger versuchten sich, scheiterten aber an Reservekeeper Nigel Spink, der nach zehn Minuten für den am Nacken verletzten Stammtorhüter Jimmy Rimmer eingewechselt worden war. All die vergebenen Chancen sollten sich rächen: In der 67. Minute passt Villas Gary Shaw einen Ball von links scharf in den Strafraum, Hans Weiner und Klaus Augenthaler, der noch am nächsten steht, werden Augenzeugen, wie Peter White zum 0:1 an Torwart Manfred Müller vorbei einschiebt. Von diesem Schock erholen sich die Bayern nicht mehr, die Angriffe enthalten mehr und mehr Verzweiflung und Hilflosigkeit.

Genau das drückte sich wenig später auch in den ersten Spielerkommentaren zum Spiel aus. »So einfach war es noch nie, Europacup-Sieger zu werden«, meinte Verteidiger Horsmann, der noch für den Titelgewinn 1976 mitverantwortlich war. Wolfgang Kraus jammerte: »So grausam kann Fußball sein.« Und Klaus Augenthaler schüttelt es noch heute beim Gedanken an den Spielverlauf der Partie in Rotterdam:

»Wir waren eindeutig überlegen, die bessere Mannschaft. Wir hatten fünf, sechs todsichere Chancen – die Engländer nur eine einzige. Die haben sie gemacht, und das war's dann.« Diesmal halfen Schicksal und Glück den Bayern nicht wie Mitte der 70er-Jahre und beim Triumph im Europapokal der Pokalsieger 1967. Im fünften Anlauf verloren die Bayern erstmals ein internationales Endspiel. »Heute lag der Schutzengel bei den Engländern«, stellte Präsident Hoffmann fest und schimpfte: »Was die für Dusel hatten, geht auf keine Kuhhaut.«

Was danach folgte, war die Fortsetzung des Vorspiels: Gemotze und gegenseitige Schuldzuweisungen. Trainer Csernai war persönlich gekränkt, dass ihn seine Mannschaft so im Stich gelassen hatte: »Ich bin hart getroffen, weil es nur diese eine vergebene Chance gab, auf internationaler Ebene einen Erfolg zu erzielen.« Der Ungar attackierte Breitner und Rummenigge, sie hätten weit unter ihrer Form gespielt. Breitner reagierte beleidigt und verständnislos, erwiderte barsch: »Soll ich mich jetzt erschießen?« Er entschied, sich stattdessen besser abzuschießen. Und genehmigte sich ein paar Drinks.

Im Ballsaal des Mannschaftshotels »Promenade« in Den Haag sollte eigentlich die große Siegerparty steigen, tatsächlich wähnten sich die Anwesenden nun eher auf einem Leichenschmaus. Doch wenigstens das Büfett war ein Genuss für die 100 Leute umfassende Fußball-Schickeria. Nicht allerdings für Csernai.

Auch an diesem Abend trägt der Trainer eines seiner feinen Seidentücher um den Hals, sein Markenzeichen. Stumm und mit starrem Blick sitzt er vor seinem Teller, nicht einmal die tröstenden Sprüche des Präsidenten können ihn aufheitern. »Wir müssen die anderen auch mal gewinnen lassen, damit man uns wieder mag«, witzelt Hoffmann und bestellt unermüdlich Champagner, bis das Hotelpersonal die weiße

Fahne hissen muss. Für die Zecher in der Mannschaft kein Problem, es sind ja noch andere Alkoholika im Lager.

Augenthaler und Dürnberger trinken selbst zu vorgerückter Stunde nur Wasser. Fast vier Stunden sitzen sie in einem für die Dopingprobe umgebauten Wohnwagen direkt am Stadion De Kuip fest und können nicht. »Als wir dann endlich im Hotel ankamen, war alles schon fast vorbei, gerade herrschte allgemeiner Aufbruch. Eine sehr steife Veranstaltung«, erinnert sich Augenthaler, »jeder hat sich dann auf sein Zimmer verdrückt.« Nicht jeder. Als die ersten Sonnenstrahlen durch die Fenster in den Bankettsaal scheinen, sitzt Trainer Csernai immer noch am Tisch, ganz allein. Einem Reporter sagt er: »Gut, dass wir wenigstens den DFB-Pokal gewonnen haben, sonst hätte man mich schon entlassen.« Den Blues sollte er auch in den nächsten Tag hineintragen. Nach der Landung in München werden die Bayern in einem mit Girlanden geschmückten Bus zum Rathaus kutschiert. Am Tag zuvor war schließlich alles für eine Siegesfeier vorbereitet worden in Amtszimmer 103: Nelkensträuße in den Vereinsfarben Rot und Weiß, zwölf kalt gestellte Flaschen Champagner. Trotz der unverhofften Pleite wird der Empfang bei Münchens Oberbürgermeister Erich Kiesl nicht abgesagt, es war ja schließlich gut eingekauft worden für das geplante Festmahl: Rathausangestellte und Vereinsfunktionäre verspeisen die ausgelöste Entenbrust an frischen Pfifferlingen und Karottenrösti mit Räucherlachs samt – schon wieder Alkohol – Frankenwein. Vermisst wird nur der Trainer. Csernai hatte sich irgendwann auf dem Weg vom Flughafen in die Innenstadt aus dem Staub gemacht, ist nun unauffindbar. Als Mannschaftskapitän schreitet Breitner zum Rednerpult und lässt Dampf ab: »Es fehlt einer, der zeigt, dass er nicht zu unserer Mannschaft steht. Seit dreieinhalb Jahren haben Trainer und Mannschaft zusammen gesiegt. Und wenn verloren wird, verliert auch der Trainer Csernai mit. Ein bisserl mehr Anstand und Größe der einladenden Stadt München gegenüber hätte er schon zeigen müssen.« Eine peinliche Affäre. Es war Sache von Jungmanager Hoeneß zu moderieren und zu schlichten. Einen Tag später ließ er daher verlauten: »Der Trainer hat sich nach der bitteren Enttäuschung nicht in der Lage gesehen, mit zum Empfang zu gehen. Er betont jedoch, dass er damit weder Mannschaft, Verein noch Oberbürgermeister Erich Kiesl brüskieren wollte. Sicherlich wäre es besser gewesen, wenn er wenigstens Bescheid gesagt hätte.«

Für die Bayern war das Verlieren eine neue Erfahrung, es war die erste Endspielniederlage der Vereinshistorie überhaupt, DFB-Pokal inklusive. Sie konnten es einfach noch nicht – und Hoeneß war als Niederlagen-Azubi mittendrin.

Im Jahr darauf bemühte man sich, finanzielle Erfolge in den Vordergrund zu rücken. Schatzmeister Fritz Scherer sprach nach der Hinrunde davon, dass man auf »die erfolgreichste Vorrunde seit Vereinsbestehen« zurückblicken könne. So war es dann auch möglich, die Schuldenlast auf 1,5 Millionen Mark zu reduzieren. Dass die Finanzen und die Geldgeber eine immer wichtigere Rolle spielten in dieser Zeit, wurde am Ende der Saison 1982/83 offensichtlich. Weil Hauptsponsor Iveco in Pál Csernai einen »schlechten Werbeträger« sah, der Coach als zu arrogant und spröde galt, trennte man sich zwei Spieltage vor Saisonende. Csernai ging, Paul Breitner beendete seine Karriere – nur Uli Hoeneß, der Dritte im Bunde der Revolution von 1979, machte weiter. Und hatte die goldrichtige Idee: Er holte seinen einstigen Ziehvater Udo Lattek als Trainer zurück nach München.

Fünf Jahre nach Rotterdam erreichten die Bayern unter Lattek erneut das Finale der Landesmeister. PSV Eindhoven, Austria Wien, RSC Anderlecht und im Halbfinale Real Madrid wurden aus dem Weg geräumt. 4 : 1 hatten die Bayern die Spanier in München auseinandergenommen, die Real-Profis verloren die Nerven und zwei Spieler durch eine Rote Karte. Das Rückspiel im Estadio Bernabéu von Madrid sollte zur Nervenprobe vor 103 000 revanchelüsternen Fans werden. 0 : 1 nach 27 Minuten durch ein Eigentor von Augenthaler, drei Minuten später sah er die Rote Karte – noch eine Stunde, um zwei weitere Gegentore und damit das Aus zu verhindern. Am Spielfeldrand versetzte Madrids ehemaliger Nationalspieler Vicente del Bosque Uli Hoeneß einen Kinnhaken. Die Bayern wankten, sie fielen aber nicht, auch Hoeneß blieb aufrecht stehen.

Die Bayern wähnten sich daher vor dem Finale gegen den FC Porto als sichere Sieger. Der Traditionsclub Benfica Lissabon aus Portugal, ja okay – aber wer war bitte schön Porto? Uli Hoeneß, damals 35, sagte in einem Interview mit der »Abendzeitung« wenig bescheiden:
»Wir sind perfekter als Real und Barcelona. Finanziell kann uns in den nächsten fünf Jahren nichts passieren«, und verglich seinen Verein mit dem neuen deutschen Sporthelden, dem zweimaligen Wimbledonsieger: »Uns geht es doch wie Boris Becker. Wir sind oben – und da müssen einige kratzen, uns ans Bein pinkeln. Weil sie nicht glauben wollen, dass unser Weg zum Erfolg der richtige ist.«

Im Vorfeld der Reise in die Finalstadt Wien lud Hoeneß österreichische Reporter nach München ein und ließ sie im »Franziskaner« fürstlich bewirten. Uli Hoeneß fungierte als Stimmungsmacher, sein Bruder Dieter bereitete sich auf das letzte Spiel seiner Karriere vor – auf einen möglichen Triumph, der bisher nur Uli als Aktivem vorbehalten gewesen war. Auch Lothar Matthäus war siegessicher. Mehr als das. Der Kapitän tönte: »Das wird die Nacht meines Lebens.«
Sie wurde zum Albtraum. Die Partie in Wien an jenem 27. Mai 1987 beginnt mit einem doppelten Wunder: Wiggerl Kögl, der Dribbelspe-

zialist mit katastrophaler Torquote, erzielt ein Tor, die 1:0-Führung. Und wie: Der Kleinste im Team trifft mit dem Kopf. Die Bayern sind souverän und bestimmen das Spiel im Prater-Stadion. Nach der Pause geben sie es dann völlig ohne Not aus den Händen, sie wollen den Vorsprung nur noch verteidigen.

»Das Sicherheitsdenken ist einfach nicht rauszukriegen bei uns«, klagte Verteidiger Hans Pflügler hinterher, und Abwehrchef Norbert Nachtweih jammerte: »Da kamen ständig Angriffswellen auf mich zu. Ich wusste gar nicht mehr, wo mir der Kopf steht.«

Die Portugiesen drehen in drei Minuten das Spiel. Rabah Madjer per elegantem Hackentrick, Juary Filho per Kopfball – 1 : 2. Von diesem Schock erholen sich die Bayern nicht mehr. Hoeneß' zweite Pleite ist besiegelt.

Diesmal war er jedoch nicht so nullsilbig wie vor fünf Jahren. Hoeneß ließ all seine Enttäuschung raus: »Mit so einem Spiel hätte die Mannschaft von uns in den 70er-Jahren keine Probleme gehabt. Diesmal fehlten einfach die Kälte und Gelassenheit, die uns damals nachgesagt wurden. Eine richtige Persönlichkeit auf dem Platz war auch nicht zu sehen.« Und wieder waren sie Meister in gegenseitigen Schuldzuweisungen. Der Manager fürchtete: »Es könnte sich ein Trauma festsetzen, Endspiele nicht gewinnen zu können. Die Mannschaft hat einen psychischen Knacks, ist angeschlagen.«

Der Abpfiff war der Startschuss, um aufeinander loszugehen. Genauer gesagt auf einen: auf Lothar Matthäus. Er hatte die Nacht seines Lebens angekündigt – nun bekam er die Tracht Prügel seines Lebens. Die Niederlage, so Hoeneß, sei lediglich den »nervlichen Problemen des Lothar Matthäus, nicht aber unserer Auffassung vom Fußball« geschuldet. »Von ihm war 90 Minuten nichts zu sehen, null«, lästerte Michael Rummenigge, Karl-Heinz' jüngerer Bruder. Matthäus hatte die Mannschaft nicht mitreißen können. »Sören Lerby konnte das«, bemerkte Dieter Hoeneß, »Augenthaler hätte es auch gekonnt.« Doch der Kapitän musste wegen einer Bandscheibenoperation zu Hause bleiben. »Ich wollte unbedingt wenigstens mitfahren, doch laut Auskunft der Ärzte wäre selbst die Autofahrt zu heikel gewesen. Ich durfte weder sitzen noch liegen, habe das Spiel daheim im Stehen verfolgt«, erinnert sich Augenthaler. »Das waren die schlimmsten 90 Minuten meiner Karriere.« Er litt, weil die Mannschaft ohne ihn führungslos und Matthäus hilflos war. Der Angeklagte bekannte sich schuldig, meinte kleinlaut: »Ich habe versagt. Ich muss mir alle Vorwürfe, alle Kritik gefallen lassen.«

Wie Udo Lattek auch. Die übervorsichtige Spielweise der zweiten Halbzeit wurde ihm als Finalkiller vorgehalten. Er warf der Mannschaft vor, nicht selbstständig genug agiert zu haben. Der Bruch zwischen ihm und den Spielern war in der Folge nicht mehr zu kitten. Auf dem Festbankett des »Hotels Marriott« am Wiener Parkring warteten 450 Ehrengäste inklusive Bundesinnenminister Zimmermann vergeblich auf ein einziges Wort des Trainers, aber der plauderte lieber bis in die Morgenstunden mit Juan Gaspert, dem Vizepräsidenten des FC Barcelona und Patenonkel seiner Tochter Nadja. Lattek hielt bis sechs Uhr morgens durch, orderte noch einen der teuersten Rotweine des Hauses und verschwand auf sein Zimmer.

Am nächsten Tag folgte dann vor dem Rückflug nach München Latteks Abrechnung: »Ich bin einfach nicht mehr in der Lage, verantwortlich zu sein für das, was einige Spieler auf dem Platz leisten. Einige im Umfeld des FC Bayern haben das Leistungsvermögen der Mannschaft überschätzt. Wir sind eben kein internationales Spitzenteam. Ich zähle die Tage, bis es bei Bayern für mich vorbei ist. Den Rest werde ich mit Anstand hinter mich bringen.« Der Rest bedeutete: vier Bundesligaspieltage bis zum Meistertitel. Für die nächste Saison war bereits Trainer Jupp Heynckes verpflichtet worden.

Die Geschichte hatte sich wiederholt, 1987 nicht besser als 1982: ein verlorenes Finale trotz Favoritenrolle, eine ins Wasser – besser in den Alkohol – gefallene Siegesfeier, anschließend das Zerwürfnis zwischen Mannschaft und Trainer, gegenseitige Schuldzuweisungen und ein tief enttäuschter Manager. Nach der Porto-Pleite gestand Hoeneß:
»Das war die schlimmste Niederlage meines Lebens.« Er konnte ja nicht wissen, was noch kommen sollte.

Nicht weniger als die größte aller Niederlagen, unter Bayern-Fans als »Barcelona 99« abgekürzt. 20 Jahre und 26 Tage seit dem ersten Arbeitstag von Uli Hoeneß als Manager waren vergangen, als die Bayern im imposanten Stadion Nou Camp in Barcelona auf Manchester United trafen. Jegliche Vorgeschichten, sämtliche Stationen auf dem Weg ins Finale – alles zu vernachlässigen. Zwölf Jahre dauerte die Pein von Wien 1987 nun schon an. Doch endlich war sie da, die nächste Chance auf den Champions-League-Pokal. Hoeneß – die dritte. Sein dritter Versuch, die Ziellinie eines Marathons eine Nasenlänge vor dem Gegner zu erreichen. Hinter dieser Linie, so glaubte er, sollte die Erfüllung warten, die Glückseligkeit. Da konnte schon etwas Sentimentalität aufkommen beim Gedanken an das Ende eines Weges, bei der Frage: Was dann?
Gegenüber Freunden hatte Hoeneß, damals 47, vor dem Endspiel ein wenig mit seinem Rücktritt kokettiert, schließlich mache er den Job nun schon 20 Jahre. Und in einer Sportlerseele ist dank zahlreicher negativer Vorbilder oft die Einstellung verankert, dass es doch am besten ist, auf dem Höhepunkt der Karriere abzutreten. Doch wer schafft das schon?

An das Spiel jenes 26. Mai 1999 erinnern sich die Beteiligten auch heute noch wie im Zeitraffer. Wer will sich noch an den Freistoß zum 1 : 0 von Mario Basler in der sechsten Minute erinnern? Ein kurzes Glück, vergängliches Glück. Wer will da noch an die Chancen zum 2 : 0 und 3 : 0 in der zweiten Halbzeit denken, als Mehmet Scholl den Ball an den Pfosten lupft, als Carsten Jancker per Fallrückzieher die Latte trifft? Doppeltes Pech, doch das hielt ManU im Spiel.

Wenige Minuten vor Ende beginnt die Unruhe auf der Bayern-Bank, mittendrin Uli Hoeneß. Viel Zeit bleibt nicht bis zur Siegerehrung, alles muss vorbereitet sein. Stopp, da ist der Aberglaube. Er lähmt die Aktivitäten. Aber man wäre der erste Verein der Welt, der beim Abpfiff als Triumphator mit leeren Händen dasteht. Ohne Siegerkappe. Ohne Siegershirts. Ohne Champagner. Geht nicht. Also wird im Hintergrund betont unauffällig gewerkelt. Betreuer pendeln zwischen Bank und Kabine her, ihre Ware ist in Kisten verpackt: Siegerkappen, Siegershirts – beide mit der Aufschrift »Champions-League-Sieger 1999 – FC Bayern München« – und natürlich der Siegertrunk. Lothar Matthäus, in seinem letzten großen Finale mit 38 Jahren kurz vor Schluss vereinbarungsgemäß wegen Altersschwäche ausgewechselt, kauert neben der Bank. Es steht immer noch 1 : 0. »Bei uns herrschte totale Unruhe. Alle waren aufgewühlt, nervös. Voller Vorfreude, keiner konnte stillsitzen. Und dann fangen die auch noch an, die Party vorzubereiten.« Matthäus ist wie paralysiert, beobachtet das Treiben völlig perplex.
»Unser Betreuer Charly Ehmann war gerade dabei, aus der Kabine den Champagnerkübel zu holen. Ich habe mitbekommen, dass Mario Basler, der in der 88. Minute ausgewechselt worden war, schon eine Siegerkappe trug und in die Kabine wollte, um die T-Shirts zu holen. Mir war das alles nicht recht. Mich hat das extrem gestört.« Dann flippt er aus und brüllt die Kollegen an: »Männer, es ist noch nicht aus! Es ist

noch nicht aus!« In diesem Moment springt die digitale Stadionuhr auf 90:00, rot auf schwarz. Der dritte Schiedsrichter hält die digitale Tafel hoch – 3, rot auf schwarz, noch drei Minuten Nachspielzeit.
Pressechef Markus Hörwick checkt noch einmal, ob in der Triumphmeldung für den Infoservice eines Mobilfunkanbieters auch keine Rechtschreibfehler sind. Der vorbereitete SMS-Text lautet: »Barcelona, 26. Mai 1999. Bayern am Ziel. Der FC Bayern München ist Champions-League-Sieger 1999. 1 : 0-Sieg durch Freistoßtor von Mario Basler (6.).« Ende. Senden bei Schlusspfiff. Erst ein halbes Jahr nach Barcelona hat er sie endlich gelöscht. »So lange hatte ich diese SMS noch im Speicher.« Als stamme sie aus einer anderen, fremden Welt.
Es ist 22:30 Uhr und exakt 35 Sekunden: Eckball für Manchester United. Was folgt, ist Strafraumbillard: Ecke David Beckham, Kopfballduelle, Querschläger Thorsten Fink, er bringt den Ball nicht aus dem Strafraum, Querschläger Ryan Giggs, er tritt die Kugel Richtung Fünfmeterraum, dort drückt Teddy Sheringham sie über die Linie – das 1 : 1. »Ich dachte zunächst, das war Abseits, hob den Arm, doch Tarnat und den Scholli hatte ich ja an die Torpfosten beordert. Das war Blödsinn, ein lächerlicher Reflex«, erinnert sich Kahn. »Mein erster Gedanke danach war: Okay, dann besiegen wir sie halt in der Verlängerung.« Draußen an der Bank pfeffert Basler seine Siegerkappe weg. Betreuer Ehmann trägt den Champagnerkübel wieder zurück in die Kabine. Matthäus blickt starr vor sich hin, hat Tränen des Zorns in den Augen, kocht innerlich. »Ich wusste: Wir hätten den Schlusspfiff abwarten müssen. Zu früh feiern ist das Grausamste, was es gibt.« Trainer Ottmar Hitzfeld ist an die Linie gekommen und versucht seine Spieler zu sprechen. Es bleibt beim Versuch. Er spürt: Die Mannschaft ist nicht in Barcelona, sie ist weit weg, in Trance. Körper und Geist sind angeschlagen. Wie ein Boxer, der in der zwölften Runde kurz vor Schluss nach einem Volltreffer zu Boden gegangen ist und sich mühsam aufrappelt, aufsteht und nur noch dank des geistigen Autopiloten funktioniert.

Hitzfeld ist noch bei Sinnen, spürt das nahende Unheil. »Das 1 : 1 war ein Stich ins Herz. Ich musste was tun, dachte jedoch: Noch eine halbe Stunde, und ManU ist psychologisch im Vorteil.« Hitzfeld brüllt und schreit. 50 000 englische Fans brüllen und schreien. Dann gibt es wieder Eckball für Manchester United. Von Kahn aus gesehen, wieder von der rechten Seite. Wieder steht Beckham bereit. Wieder stellt Kahn die zuständigen Michael Tarnat und Mehmet Scholl an die beiden Pfosten. Ecke Beckham, ein Kopfballduell, Sheringham siegt, dann ein Zweikampfduell, Ole Gunnar Solskjaer gewinnt es mit einer Fußspitze, drückt den Ball in die Ecke des Tores – das 1 : 2. Der Knock-out. The end.
Es ist 22:32 Uhr und exakt 17 Sekunden. Genau 102 Sekunden sind zwischen den beiden Toren vergangen. Etwa so lange, wie ein durchschnittlicher Leser gebraucht hat, von der ersten Uhrzeitangabe bis zur zweiten an dieser Stelle zu lesen. 102 Sekunden in einem Spiel, das 94 Minuten gedauert hat. 102 Sekunden von 5640 Sekunden. In 0,02 Prozent des Spiels hatte Bayern es verloren. Genug, damit für Uli Hoeneß eine Welt zusammenbrach. Tränen verkniff er sich, obwohl ihm danach war. Dabei weint er schon ab und an, wenn er einen Heimatfilm anschaut, oder vor Freude bei einem Feuerwerk. An diesem Abend aber gewannen die Frusthormone die Oberhand.

»Als ich in die Kabine kam, sah ich, wie der Manager rücklings ausgestreckt auf einer der Massagebänke lag und mit starrem Blick stumm an die Decke schaute«, erinnert sich Kahn. »Wir alle standen unter Schock. Ich dachte, mich hat einer angeschossen.« Die Kabine war ein Gruselkabinett. Beklemmendes Schweigen auf rund 100 Quadratmetern. »Ich wünschte, ich hätte heulen können. Ich konnte nicht. Stattdessen war ich wie gelähmt«, erzählt Kahn, als spreche er von einem Trauerfall in der Familie. »Jeder war mit sich selbst beschäftigt.« Basler ist sofort nach dem Abpfiff in die Kabine geflüchtet, hat sogar auf die Siegerehrung verzichtet. Beckenbauer und Rummenigge gehen in der Kabine stumm auf und ab, halten sich hier und dort mal fest, einige weinen möglichst geräuschlos. Hitzfeld blickt auf den Boden, schüttelt immer wieder den Kopf. Basler steckt sich eine Zigarette an.

»Hoeneß war einer der Ersten, die sich wieder im Griff hatten, wieder die Fassung fanden«, erinnert sich Kahn, »den Manager schmeißt so schnell nichts um, er jammert nicht. In dieser Beziehung hat er die Steherqualitäten eines Helmut Kohl.« Auch Hitzfeld funktionierte rasch wieder. Er musste. TV-Termine, die Pressekonferenz, später das Bankett im Mannschaftshotel »Barceló Sants«. Für Hitzfeld war es »die Höchststrafe«, nichts anderes als grausame Pflichterfüllung.

»Für mich war das sehr schwer, ich wollte allein sein, rauf auf mein Zimmer. Dann dieser ständige Trost. Ständig kamen Menschen, die einem auf die Schulter klopften und es ja nur gut meinten. Das Bankett war eine ganz traurige Veranstaltung.« Zunächst. »Ein Glas Wein tut immer der Seele gut, es lockert die Zunge, lenkt die Gedanken von diesem einen Thema ab«, sagt Hitzfeld, der trotzdem bald auf seinem Zimmer verschwand. Was er nicht mitbekam: Einige Spieler, nämlich Mario Basler, Alexander Zickler, Markus Babbel und Jens Jeremies, starteten derweil die Mutter aller Finalniederlagenpartys. Wenigstens ein verlorenes Finale ohne Skandal hinterher, ohne Zerwürfnis, ohne das angekündigte oder tatsächliche Ende eines Trainers.

Was für Hoeneß die Höchststrafe war: Ihm schmeckte das Essen nicht. Aus Enttäuschung. »Diese Champions League, dieser Pokal war sein großes Ziel, seine größte Herausforderung«, sagt Hitzfeld, »das habe ich in all den Gesprächen immer wieder gespürt. Auf dem Bankett meinte er dann plötzlich zu mir: ›Wir packen das, Ottmar. Wir greifen nächstes Jahr wieder an.‹ Uli ist eben ein Kämpfertyp.«

Es dauerte lange, bis Hoeneß dem Sekundentod von Barcelona etwas Positives abgewinnen konnte. »Diese Niederlage möchte ich im Nachhinein nicht missen, weil sie ein unglaublich überwältigendes Erlebnis war«, sagte Hoeneß 2004 in einem Interview mit der »Abendzeitung«. Seine Erklärung: »Wie toll unsere Fans, die Mannschaft, der ganze Verein sich verhalten haben nach dieser Niederlage, hat uns – vor allem in England – mehr Sympathie eingebracht als Ruhm, den wir bekommen hätten, wenn wir das Ding gewonnen hätten.« Eine ehrenwerte Haltung, aber am Ende des Tages – wie Karl-Heinz Rummenigge so gerne sagt – bedeutet der Pott doch alles.

Ein Jahr später scheiterte Bayern im Halbfinale an Real Madrid. Doch 2001 erreichte man nahezu mit der gleichen Mannschaft wieder das Finale. Und das nach Erfolgen im Viertelfinale gegen Manchester United und im Halbfinale gegen Real Madrid – besser hätte der Rachefeldzug nicht laufen können.

Kein Endspieleinzug ohne kleines finanzielles Risiko. Fünf Tage vor dem Halbfinalrückspiel gegen Real mussten Hoeneß und Finanzvorstand Hopfner eine Reservierung für das Endspielhotel in Mailand unterschreiben – über 245 000 DM, ohne Stornierungsfrist.
Im Finale gegen den FC Valencia sollte Barcelona 99 vergessen gemacht werden. Und es sollte sich ein Kreis schließen für die tragischen Helden von 1999 nach einer Reise, die im Giuseppe-Meazza-Stadion von Mailand ihr Ende nehmen sollte. »Wäre der Europapokal ein Tier und der FC Bayern sein Jäger, die Hatz ginge jetzt wohl zu Ende«, schrieb die »Süddeutsche Zeitung« am Finaltag. Vor allem für Uli Hoeneß sollte nicht mehr nur der Weg das Ziel sein.

Die Mannschaft aber verkrampfte an jenem 23. Mai 2001 etwas. Ein früher Rückstand durch einen Handelfmeter nach drei Minuten, ein verschossener Elfmeter von Scholl nach nur sieben Minuten. Kapitän Stefan Effenberg gleicht nach 50 Minuten aus – auch per

Elfmeter. Auf andere Art sollten in dieser Nacht keine Treffer mehr fallen.
Auf der Bank leidet Uli Hoeneß. Eine vierte Pleite für ihn soll, darf, kann es nicht geben. Ottmar Hitzfeld bleibt nach außen cool, echauffiert sich nur zum Wohle des Teams. Eine Kunst, die Hoeneß nie nachvollziehen konnte, er war emotional immer durchsichtig. Daher nannte er Hitzfeld oft den »größten Schauspieler aller Zeiten« und verglich: »Was der auf der Bank macht, dagegen bin ich ein Waisenknabe.«

Es kommt zum Elfmeterschießen, zur 50:50-Chance. Paulo Sérgio verschießt, der sonst so kühle Schwede Patrik Andersson ebenfalls. Hitzfeld: »Da habe ich gedacht, da kannst du nie mehr zurückkommen. Das war im Grunde tödlich.« Doch das Schießen gegen Valencia ist keine wirkliche 50:50-Angelegenheit, denn die Bayern haben Kahn. Er hält insgesamt drei Elfmeter und später den Pott in Händen. Das ist die Geburtsstunde des Titanen. Die Bayern sind am Ziel – und zugleich hatte man das Gefühl, der Pott wäre auch angekommen. Nach 25 Jahren zurück in München.

Die Spieler wussten, wer sich diesen Triumph am intensivsten ersehnt hatte: Sie packen Hoeneß und werfen ihn über ihre Schultern in die Luft. Einen Mann, der trotz der Schwüle der Nacht und der Hitze des Elfmetergefechts seine rot-weiße Stadionjacke nicht abgelegt hatte, wohl damit man die Spuren der Nervosität nicht allzu deutlich auf dem weiß-blauen Businesshemd sehen konnte. Hoeneß lacht und strahlt wie ein kleines Kind an Weihnachten.
In den ersten Interviews sprudelte es aus allen Verantwortlichen nur so heraus. Das Glück in Worten: »Gegen Valencia waren wir zweimal tot und sind wieder auferstanden. Ich fühle mich wie im Himmel. Der Verein ist einfach geil«, ließ sich selbst der sonst meist beherrschte Rummenigge zu ungewöhnlicher Wortwahl hinreißen.

Hoeneß, Schweiß auf der Stirn, die Augen leuchtend, überschlug sich fast: »Wir haben immer versucht, speziell ich, auf einer gesunden wirtschaftlichen Basis den maximalen sportlichen Erfolg zu erzielen. Und mit diesem Sieg ist der Beweis erbracht, dass es möglich ist. Das ist eine Theorie, die mir kaum einer geglaubt hat. Aber heute ist sie möglich geworden. Jetzt sind wir am Ende des Weges.« Speziell er selbst. »Ich bin glücklicher als bei unserem letzten Europacup-Sieg 1976 in Glasgow, als ich noch mitgespielt habe. Ich bin froh, dass wir endlich diesen Pokal gewonnen haben. Jetzt kommt endlich mal dieser Abend, wo man nicht an morgen denkt, wo man einfach alles laufen lässt, wo man einfach nur genießt. Ich möchte das hier und heute genießen und endlich einmal so richtig feiern.« Nur die Siegerzigarre, eine echte Davidoff aus der Bayern-Edition, die sie extra vor einigen Wochen hatten anfertigen lassen, ließ er im Etui stecken. Es wäre seine erste seit 30 Jahren gewesen, sein Tischnachbar Rummenigge ließ es sich dagegen beim Bankett wie so oft bei Feiern nicht nehmen, eine dicke Zigarre zu paffen.

Triumphator Ottmar Hitzfeld, nun als Trainer in einer Reihe mit den Clublegenden Udo Lattek und Dettmar Cramer (später kam noch Jupp Heynckes dazu), erinnert sich an den Jubeltanz von Mailand mit Hoeneß. Wie bei so vielen wichtigen Toren war Hoeneß auch in Mailand einfach auf Hitzfeld gesprungen, hatte den hageren, asketischen Typen wie ein Äffchen umklammert und hing an ihm dran. »Darauf musste ich mich immer vorbereiten«, erzählt Hitzfeld, »wenn Uli ankam, habe ich schnell alle Kräfte mobilisiert und die Muskeln angespannt, damit ich ihn halten konnte. In diesen Momenten war ich ein Gewichtheber.« Kalorien wurden verbrannt, Glückshormone ausgeschüttet. Hitzfeld schwärmt noch heute:

»Wir haben alle glücklich gemacht. Die Fans und uns selbst. Wir hatten enormen Druck, dass wir nicht noch mal ein Finale verlieren, und dann erlebst du Gefühle, die du im normalen Leben kaum erfahren kannst. Ich dachte an Goethe und das berühmte Zitat: ›Zum Augenblicke dürft' ich sagen: Verweile doch, du bist so schön!‹ Wir alle wollten den Moment anhalten.«

Um zumindest die Erinnerung daran festzuhalten, hat sich Hoeneß das Foto der Fankurven-Choreografie rahmen lassen. Anfang 2009 sagte er in einem Interview mit dem »Spiegel«: »Da hätte ich weinen können, als ich im Stadion war. Fans lieben ihren Verein. Vieles von dem, was sie sich auf ihre Fahnen schreiben, entspricht meiner Sicht des Fußballs.«

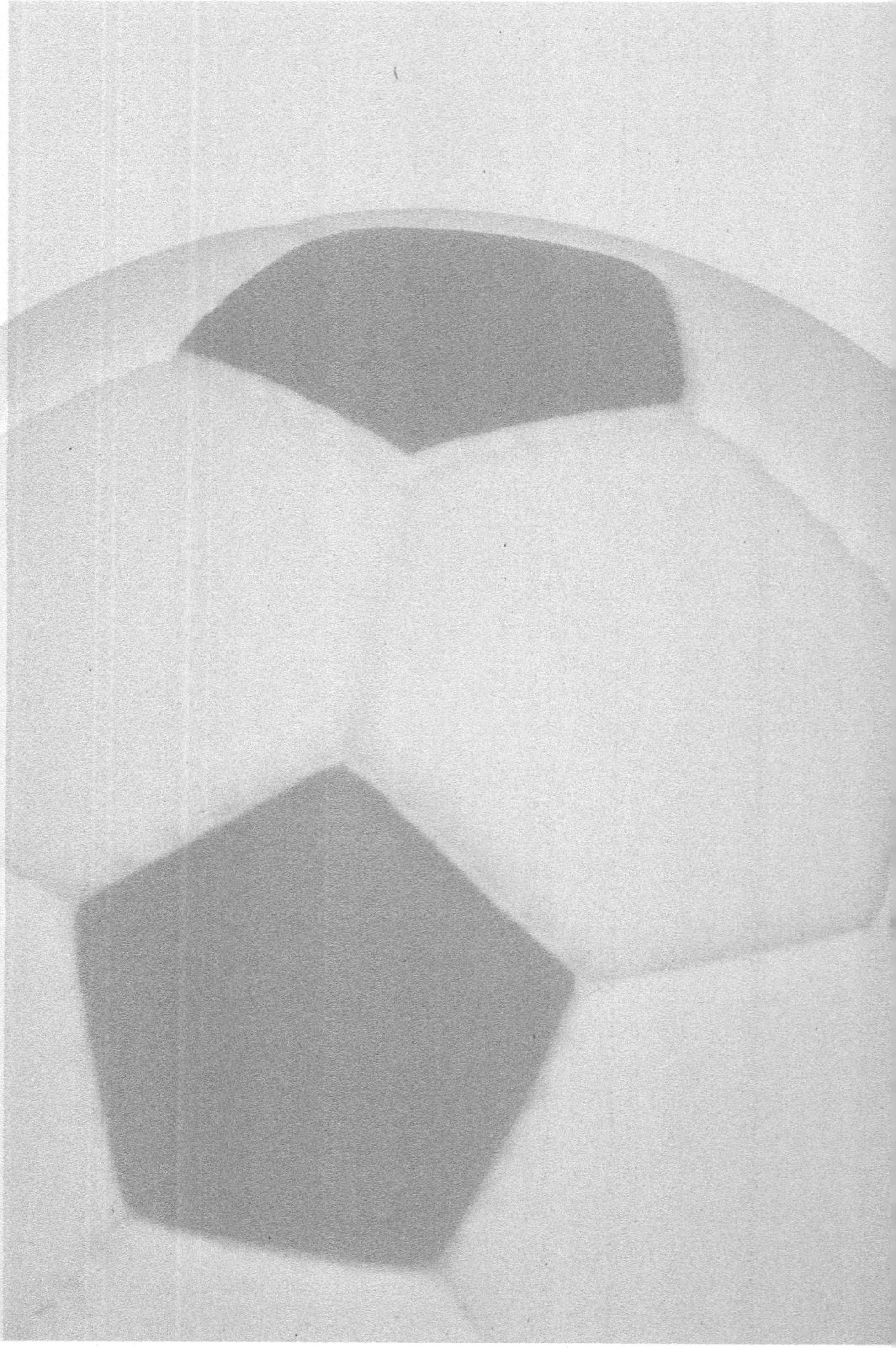

10.

Error!
Systemfehler Klinsmann

Er war so frei und hat sich seine Freiheit erkämpft. Ottmar Hitzfeld hat im Dezember 2007 einfach Nein gesagt zu Uli Hoeneß. Im rechten Moment etwas abzulehnen ist eine Tugend. Klar, man braucht die Kraft dazu, gerade wenn die Verlockung, auf den ersten Impuls hin Ja zu sagen, einem pflichtschuldigen Reflex gleichkommt. Hitzfeld aber hörte auf den zweiten Impuls. »Freiheit ist Luxus«, hat er in einem Interview einmal gesagt, und er definierte es so: »Freiheit ist, dass ich nicht machen muss, was ich nicht will.« Sich loszulösen von akkuratem Pflichtgefühl, von zu ausgeprägtem Loyalitätsbewusstsein, von übertriebener Selbstkontrolle, kurz: von seinem Trainerjob beim FC Bayern – das ist Hitzfelds größter persönlicher Triumph. Kein Pokal, kein Titel, kein Rekord.

Doch zweimal hatte Ottmar Hitzfeld in seiner Trainerkarriere zugesagt, als die Bayern-Bosse, vornehmlich Uli Hoeneß, um seine Mitarbeit warben. Das erste Mal im Frühsommer 1998, als er sich nach einer einjährigen Tätigkeit als Sportdirektor von Borussia Dortmund unterfordert fühlte, ja mitunter sogar langweilte. Es folgten sechs erfolgreiche Jahre mit nationalen Titeln en masse, mit dem Gewinn der Champions League im Mai 2001 als Höhepunkt. Im Sommer 2004 war dann Schluss, es war das Ende der ersten Ära.

Am 31. Januar 2007, als er von Hoeneß nach einer zweieinhalbjährigen Auszeit samt lockerer Nebentätigkeit als Experte bei Pay-TV-Sender »Premiere« überrumpelt wurde, begann Ära Nummer zwei. Hoeneß rief, nachdem man den Entschluss getroffen hatte, sich kurz nach Beginn der Rückrunde von Trainer Felix Magath zu trennen, in Engelberg an, am Wohnsitz von Hitzfeld in der Schweiz:
»Ottmar, willst du uns helfen?« Da konnte er nicht anders. Er sagte zu – spontan, schnell, ohne lange nachzudenken. »Das hat der Uli sehr geschickt gemacht«, erinnert sich Hitzfeld, »denn was soll man

auf so eine Frage schon antworten?« Also kehrte er zum FC Bayern zurück.

Nicht einmal ganze elf Monate später zog er einen Schlussstrich und kündigte vor Weihnachten 2007 seinen Abschied für das Saisonende im Mai 2008 an. Weil Hitzfeld eben Nein sagen wollte im für ihn besten Moment. Gleichzeitig hat er der Schweiz sein Jawort gegeben, nach der EM 2008 Nationaltrainer zu werden, was er bis zur WM 2014 bleiben sollte. Hitzfeld handelte in einer Situation, in der er noch selbst entscheiden konnte – in der nicht über ihn entschieden wurde. Damit hatte keiner gerechnet beim FC Bayern. Es war Hitzfelds bester Schachzug.

»Fußball ist keine Mathematik«, hatte Vorstandsboss Karl-Heinz Rummenigge in zynischer und herablassender Art im November 2007 über den gelernten Mathematiklehrer Hitzfeld gesagt. Und der spürte, wie sich trotz einer Saison ohne Niederlage die Stimmung drehte. Bald würde er erfahren, dass man ohne ihn plane für die kommende Spielzeit. Daher kam er den Bossen zuvor und kündigte seinen Abschied vorzeitig an. Überraschend. Vertraglich noch bis Ende Juni gebunden, fühlte er sich dennoch frei. Und endlich erlöst. Hitzfeld bewundert Südafrikas ehemaligen Staatspräsidenten Nelson Mandela, den Freiheitskämpfer. Niemals hätte er es zugegeben, aber ein weiteres Jahr mit der geballten Kompetenzdreifaltigkeit Hoeneß, Rummenigge und Beckenbauer im Nacken wollte er sich zum damaligen Zeitpunkt nicht antun. Sicher verdiente er künftig weniger als Schweizer Nationaltrainer und konnte nicht mehr mit Weltstars wie Toni und Ribéry zusammenarbeiten, nicht die große Bühne Champions League betreten, wohl auch keinen Titel gewinnen. Und doch war es für ihn ein echter Karrieresprung – zu seinem eigenen Wohl. Eine Entscheidung für sich, für seine Gesundheit, für seine Familie. Ein Jahr zuvor war er mit seiner

Frau Beatrix in sein neues Haus in Engelberg gezogen. Dort wollte er Golf spielen, bergwandern – den FC Bayern einen alten Verein sein lassen.

Nachdem er diese Entscheidung für sich getroffen hatte, wirkte er lockerer und gelöster im Gespräch. »In mir sieht es so gut aus wie nie zuvor«, sagte er, und man konnte es spüren. Er nahm sich, seinen Job und sein Umfeld beim FC Bayern nicht mehr so ernst wie früher während seiner ersten Ära von 1998 bis 2004. War er früher durch Augenringe gezeichnet gewesen, so zeichnete er sich jetzt durch Augenzwinkeraussagen aus. »Drei Titel zum Abschied«, meinte er ironisch, »das kann man meinem Nachfolger Jürgen Klinsmann doch wirklich nicht wünschen.« Es wurden zwei Titel: Meisterschaft und Pokal. Am 17. Mai 2008, einem herrlichen Frühlingstag, wird Hitzfeld vor der Partie des letzten Spieltages gegen Hertha BSC in der Münchner Allianz Arena vom Vorstand verabschiedet. Als der Stadionsprecher seinen Namen aufruft und ihn von der Seitenlinie ein paar Schritte Richtung Spielfeld bittet, brandet ein gewaltiger Applaus von 69 000 Zuschauern auf. Hitzfelds Körper zuckt, sein ganzes Gesicht ist in Aufruhr. Er wird regelrecht von Heulkrämpfen geschüttelt. Vergeblich versucht er, seine Tränen der Rührung hinter dem rot-weißen Blumenstrauß des Vereins zu verstecken. Zu spät. Das Bild des derart ergriffenen Trainers, dem früher wegen seines strengen Umgangs mit der Mannschaft der Beiname »General« verliehen worden war und der stets versucht hatte, seine Emotionen zu verbergen, flimmert über die beiden riesigen Videoleinwände der Arena. Erst ist Hitzfeld und nun sind auch die Zuschauer ergriffen. Der Beifallssturm wird zum Orkan. Hoeneß drückt Hitzfeld wie einen nahen Verwandten, der sich für ein Jahr nach Australien verabschiedet, an sich, auch ihm kullern Tränen über die Wangen. Ein Freund verlässt den Verein, und das nicht durch den Hinterausgang wie so mancher in Ungnade gefallene Trainer, sondern »durch das große Tor der Arena«, wie es Hoeneß pathetisch formuliert. Hitzfeld geht zum zweiten Mal – diesmal ein Abschied voller Emotionen.

In der Analyse des Erlebten klang Hoeneß wenig später nüchtern-realistisch, ganz Geschäftsmann. »Uns war klar, dass Ottmar Hitzfeld, mit dem wir die Meisterschaft und den Pokal gewonnen hatten, einfach müde war. Es gab zwei Möglichkeiten, den Verein weiterzubringen: noch einmal in Spieler investieren oder probieren, mit unverbrauchten Kräften mehr aus ihnen herauszuholen. Wir hatten, ähnlich wie in Amerika, den Willen zu einem ›Change‹.« Mit anderen Worten: Ein Heilsbringer musste her. Und Bayerns Obama hieß Klinsmann.

Was Barack Obama bei den Präsidentschaftswahlen im Herbst 2008 in den USA bewirkt hatte, sollte nun Jürgen Klinsmann leisten, der bis zu diesem Zeitpunkt sein Leben mit der Familie in Huntington Beach in Kalifornien genossen hatte. Als Bundestrainer hatte Klinsmann die Nationalelf in der Zeit von Sommer 2004 bis zur WM 2006 in Deutschland betreut, er war Mitbegründer des »Sommermärchens«, eines durch den Fußball ausgelösten, den Deutschen bisher größtenteils fremden Lebensgefühls. Dritter war die DFB-Elf bei der WM dank Moderator und Motivator Klinsmann geworden – ein Volk lag ihm zu Füßen. Im Anschluss an das Turnier hatte der gefeierte Held dann kurzerhand den Job gekündigt und war in die Staaten zurückgekehrt, zurück in die Abgeschiedenheit. Für eine Legendenbildung ist das ja immer hilfreich – aus dem Nichts kommen, etwas bewirken, schnell wieder verschwinden.

Bis zu jener aberwitzigen Idee. Diesmal war Bayern so frei. Der Mut wie die Verwunderung aller hätten nicht größer sein können: Klinsmann kehrte zurück zum FC Bayern. 1995 hatte er als Spieler den bestdotierten Vertrag unterschrieben, den in München zum damaligen Zeitpunkt je ein Spieler erhalten hatte. Nach nur zwei Jahren trennte man sich jedoch im Unfrieden. Elf Jahre später das Comeback, diesmal hatte er als Trainer den bestdotierten Vertrag unterschrieben, den in München zum damaligen Zeitpunkt je ein Trainer erhalten hatte.

Mit allem und jedem hatte man gerechnet, tagelang wurden in den Zeitungen und Magazinen, im Fernsehen wie im Internet sämtliche denkbaren und verfügbaren Kandidaten als Nachfolger von Hitzfeld ab Juli 2008 gehandelt: José Mourinho, Marco van Basten, Frank Rijkaard, Guus Hiddink, Marcello Lippi, Rafael Benítez bis hin zu Jürgen Klopp. Doch auf Klinsmann kam niemand. Die Idee war einfach zu absurd. Vergleiche sind schwer, aber die Schockwirkung war ähnlich groß, als hätte man bei der Suche nach einem Nachfolger für den bayerischen Ministerpräsidenten Edmund Stoiber plötzlich Oskar Lafontaine dazu bestimmt.

Es ist Freitag, der 11. Januar 2008. Der FC Bayern hat eine Woche zuvor die Vorbereitung auf die Rückrunde aufgenommen, am nächsten Tag steht die Abreise ins achttägige Trainingslager nach Marbella in Spanien an. Ab zehn Uhr ist eine Übungseinheit an der Säbener Straße angesetzt. Nichts ahnend machen sich die Reporter auf den Weg nach Harlaching. Dann drückt jemand um exakt 10.13 Uhr in den Redaktionsräumen der vereinseigenen Homepage fcb.de auf den Knopf. Go! Die Meldung ist raus: »Klinsmann kehrt zum FC Bayern zurück«. Eine Netzsensation. Ein Weltweit-Wunder.
»Minuten später brach bei uns alles zusammen«, erinnert sich Bayerns langjähriger, bis 2016 amtierender Pressechef Markus Hörwick, »solch einen Ansturm wie an diesem Tag hatte ich in meiner damals 25-jährigen Tätigkeit noch nicht erlebt. Es war unglaublich.« Und tatsächlich: Die meisten Anrufe, die meisten SMS dienten allein dem

Zweck, beim Verein nachzufragen, ob es sich bei der Meldung auf der Homepage um einen Scherz oder eine Attacke von Computerhackern handelte. Selbst erfahrene Reporter, die den Verein seit Jahrzehnten begleitet hatten, reagierten unwirsch auf atemlose Anrufe aus den Redaktionen. Einer rief ruhig, aber gereizt ins Handy: »Wisst ihr was? Verarschen könnte ihr jemand anderen!« Der nächste Anruf sollte dann allerdings Aufklärung bringen: Es handelte sich wirklich nicht um einen Aprilscherz im Januar. Hörwick musste in der Folge immer wieder die gleichen Sätze in sein Handy sprechen: »Ja, es stimmt. Nein, es ist kein Witz.« In den Internetforen begannen heiße Diskussionen um die Tauglichkeit des zukünftigen Trainers. Zunächst aber fielen allüberall Sätze wie: »Das ist in etwa so, als hätte meine Frau mir heute Morgen gesagt: ›Schatz, ich übernehme ab Sommer den FC Bayern.‹« Ein anderer User schrieb: »Jetzt muss ich mir zum ersten Mal in meinem Leben am Vormittag ein Bier aufmachen – auch wenn ich im Büro bin, egal.«

Die Überraschung war gelungen. »Ich glaube, dass es in der heutigen Medienlandschaft mit dem Wahnsinn der unglaublich schnellen News-Verbreitung durch das Internet kaum mehr möglich ist, eine Information für sich zu behalten und damit an die Öffentlichkeit zu gehen, ohne dass jemand schneller ist«, meint Hörwick im Rückblick.
»Wir haben das geschafft. Das war eine einmalige Sache.« Als sei allein die Tatsache, alle, wirklich alle – Spieler, Betreuer, Journalisten, Fans – überrascht zu haben, schon der Coup schlechthin gewesen. Knapp zehn Monate nach Amtsantritt des Sensationskandidaten sollte sich allerdings zeigen, dass dies im Grunde der einzige Erfolg des Klinsmann-Engagements gewesen war. Doch zum damaligen Zeitpunkt schöpfte der FC Bayern Kraft aus der revolutionären Idee. Der komplette Vorstand begleitete den frisch aus den USA eingeflogenen Trainer auf das Podium, so als wollten sie sagen: Seht her, da ist er.

Und es war unsere Idee. »Als wir erahnen konnten, welche Dimension die Berichterstattung annehmen würde, beschlossen wir, die Pressekonferenz mit der Vorstellung des neuen Trainers nicht an der Säbener Straße, sondern in einem Konferenzsaal des ›Hotels Arabella Sheraton‹ abzuhalten«, sagte Hörwick. Denn für diese Nachricht war selbst das Vereinsgelände zu klein.

Die »ARD« brachte am Abend sogar eine Sondersendung. Die Bayern hatten Ja gesagt – zu Klinsmann, zum größtmöglichen Risiko. Eigentlich war es Rummenigges Idee gewesen, der den Namen kurz nach Weihnachten erstmals in den Mund genommen hatte. »Könnt ihr euch vorstellen, dass wir uns mit dem Jürgen beschäftigen?«, fragte er damals die Vorstandskollegen Uli Hoeneß und Karl Hopfner. Rummenigge war begeistert von seiner verrückten Idee, Bauchmensch Hoeneß total überrascht und daher eher skeptisch. Doch er ließ es geschehen, dass Rummenigge Kontakt aufnahm mit Klinsmann in den USA. In einem »Spiegel«-Interview erzählte er: »Noch an dem Nachmittag haben wir ihn in Kalifornien angerufen, das ging ja, weil er immer um sechs Uhr aufsteht. Erst war eine lange Pause am anderen Ende, dann sagte er: ›Ja, hm, das freut mich aber sehr; ich denke nach und sage euch morgen Bescheid.‹« Tat er dann auch, und es kam ein Yes aus Kalifornien.

Die Bayern hatten nach dem Motto »Do the unexpected« gehandelt. Mehr und mehr wurde auch für Hoeneß aus der absurden Idee nicht nur ein waghalsiger Plan, sondern eine Chance. Wenngleich er gegenüber der Öffentlichkeit mahnende Statements von sich gab wie:
»Die Schuhe von Ottmar sind groß, und wenn man jemanden in diese Schuhe steckt, muss man sich das reiflich überlegen.« Wieder einmal begeisterte sich der Vorstand an sich selbst, nach einer Präsentation seines Konzeptes durch den Kandidaten waren »alle Feuer und Flam-

me«, so Rummenigge. Sie steckten Klinsmann in die Hitzfeld-Schuhe. Das war in etwa so, als würde man einem Kind die Möglichkeit geben, erste Schritte in den Schuhen eines der Klitschko-Brüder zu machen. Mutig, ja, das war es. Feuer und Flamme – am Ende sollten sich alle daran verbrannt und Hoeneß eine schwere persönliche Niederlage erlitten haben.

Auch die Medien hatten erhöhte Temperatur, waren in den ersten Wochen nach seinem Amtsantritt am 30. Juni 2008 angesteckt vom Klinsmann-Fieber. »Die Revolution beginnt«, titelte das sonst eher nüchterne Fachmagazin »Kicker« nach dem Trainingsauftakt. Bei der Münchner »Abendzeitung« galt Klinsmann im neuen Dress als der »Rote Revoluzzer«, bei der »Welt« als »Heilsbringer«. So, als wäre nie etwas geschehen. Als hätte es die Zeit des Spielers Klinsmann inklusive aller Widrigkeiten nie gegeben. War da etwas gewesen? Sicher, man kann verzeihen, sollte vielleicht auch manches vergessen. Aber alles Geschehene komplett ignorieren? Die Vergangenheit mit einem Tritt in die Tonne befördern? Und genau das tat Hoeneß.

Eine kurze Rückschau: Von 1995 bis 1997 stürmte Klinsmann für den FC Bayern. Was von dieser Zeit hängen blieb, war einerseits der spektakuläre Wuttritt in eine Werbetonne auf der Tartanbahn des Olympiastadions, als er am 10. Mai 1997 beim 0:0 gegen den SC Freiburg von Trainer Giovanni Trapattoni vorzeitig ausgewechselt wurde, und andererseits der UEFA-Cup-Sieg ein Jahr zuvor mit Klinsmann, dem europäischen Rekordtorschützen mit 15 Treffern in zwölf Europapokal-Spielen. Überhaupt, diese beiden Jahre waren sportlich gesehen erfolgreich: UEFA-Cup und Meisterschaft gewonnen, im ersten Jahr erzielte er 16 Bundesligatore, im zweiten 15. »Feierabend hier!«, hatte Klinsmann beim Tonnentritt gebrüllt – war es auch kurz danach. Vor allem der Dauerzwist mit Teamkollege Lothar Matthäus hat Klinsmann vertrieben. Er wechselte mal wieder den Verein, diesmal ging er nach Italien zurück, zum mittelklassigen Erstligisten Sampdoria Genua. Damals sagte Klinsmann entschlossen, wie es sonst nur Eheleute vor dem Scheidungsanwalt tun: »Der FC Bayern und ich passen einfach nicht zusammen.« Jahre später sollte er allerdings über die erste Trennung sinnieren: »Wäre ich geblieben, hätte das zu einer richtig festen Verbindung führen können.«

Für Hoeneß undenkbar. Im August 2005 charakterisierte er den damaligen Bundestrainer Klinsmann in einem »Zeit«-Interview so: »Jürgen war schon immer ein sehr guter Schauspieler und ein guter Verkäufer seiner Person. Und er hat ein sehr gutes Gespür dafür, was in der heutigen Zeit in der Öffentlichkeit ankommt und was nicht.« Zwei Monate später schimpfte der Bayern-Manager: »Er ist ein Egoist. Das hat man gesehen, als er ausgewechselt wurde – wie er da die Nerven verloren hat. Heute rasiert er jeden weg, der eine eigene Meinung hat. Seine Arbeit wird überbewertet.« Dass Klinsmann während der knapp zwei Jahre vor Beginn des WM-Turniers zwischen seinem Wohnsitz und Deutschland hin- und herpendelte, nahm ihm Hoeneß öffentlich übel: »Er verlangt von seinen Spielern totale Aufopferung, aber dann muss er selbst auch dazu bereit sein.« Vor laufender TV-Kamera polterte er ins Mikrofon: »Der soll hierherkommen und nicht ständig in Kalifornien rumtanzen und uns hier den Scheiß machen lassen.« Und schließlich, Hoeneß als Prophet: »Er hat ja nur einen Vertrag bis 2006. Wenn es gut geht, ist er der Held – und wenn es schlecht geht, geht er wieder nach Kalifornien.« Ganz schief ging es nicht, aber Klinsmann kehrte nach Hause zurück. Hoeneß' Meinung aber hatte im Zeichen des Sommermärchens einen Wandel durchlebt, plötzlich hörte man ihn über Klinsmann sagen: »Ich habe gegen den Menschen Klinsmann überhaupt nichts.«

Und das obwohl er schon bei seinem ersten Engagement in München deutliche Spuren hinterlassen, alte Traditionen über den Haufen geworfen hatte. Stammhotel, Fans beim Training – alles stand bei Klinsmann auf dem Prüfstand. Und irgendwie bewunderte Hoeneß den Blonden auch, weil dieser etwas hatte, worin er sich selbst wiedererkannte: In manchen Punkten sah er in Klinsmann den geschäftstüchtigen Uli, der er selbst war und ist. Auch wenn ihm einige der Veränderungen nicht behagten.

Die Distanz war Klinsmann einfach zu groß – exakt 57 Kilometer von der Seestraße 47 in Rottach-Egern bis zum Olympiastadion. Eine knappe Stunde war der Mannschaftsbus der Bayern früher stets vor den Heimspielen aus dem Quartier »Hotel Bachmair« am Tegernsee unterwegs. Kartenspiele sorgten im handyfreien Zeitalter während der Fahrt für Abwechslung. Einer aber langweilte sich im Bus. Ein Einzelgänger: Jürgen Klinsmann. Also protestierte er. Und prompt rückten die Bayern 1995 von ihrer langjährigen Tradition ab und siedelten in das »Hotel Limmerhof« in Taufkirchen bei München um. Zu lange dauere die Fahrt, moserte Klinsmann. Geist und Körper würden einschlafen. Und er setzte sich durch. Für den FC Bayern war dies damals eine kleine Revolution. Aber Hoeneß ließ den Spieler, den er aus England von Tottenham Hotspur verpflichtet hatte, gewähren. Der Transfer war schließlich ein Coup, ein Exweltmeister mehr im Kader – da kann man schon mal das Hotel wechseln. Wenn es nur das gewesen wäre!

Doch Klinsmann wollte mehr. Damals schon schwärmte der Vereinebummler von seinen Erfahrungen mit der Trainingsarbeit in Mailand, Monaco und London bei Tottenham. Er berichtete von Stille und Ruhe – weil unter Ausschluss der Öffentlichkeit trainiert wurde. Klinsmann protestierte wiederum. Prompt führten die Bayern das fanfreie geheime Abschlusstraining an Tagen vor Spielen ein. Das war nun aber keine kleine Revolution mehr. Doch mit dem damaligen Trainer Giovanni Trapattoni hatte er jemanden, bei dem sein Gesuch auf offene

Ohren stieß. Der Maestro aus Italien war es aus seiner Heimat schließlich gewöhnt, stundenlanges Taktiktraining hinter verschlossenen Türen durchzuführen. Warum also nicht auch in München? Das geschlossene Abschlusstraining am Tag vor dem Spiel wurde eingeführt, manch andere Einheiten wurden ebenso im Verborgenen abgehalten. Spätere Trainer wie Ottmar Hitzfeld und Felix Magath bedienten sich dieser Option, sie waren aber nicht die verantwortlichen Buhmänner. Klinsmann und Trapattoni hatten die zeitweilige Fanaussperrung eingeführt, und Hoeneß musste dies nach außen vermitteln, der Öffentlichkeit verkaufen. Natürlich erinnerte er dabei an die Vorbilder in Italien, England und Spanien sowie daran, dass man als Arbeitnehmer an seinem Arbeitsplatz unbeobachtet konzentrierter zu Werke gehen könne. Hoeneß biss sich dabei wohl auf die Zunge, weil er wusste: Die Fans sind die Basis, das Kapital. Sie kommen teils aus großer Entfernung zum Training und möchten hautnah dabei sein. Nur dann läuft auch der Fanartikelverkauf an der Säbener Straße gut. Außerdem wollte Hoeneß immer, dass »der FC Bayern ein Verein zum Anfassen ist. Das ist unsere Tradition, unsere Kultur.«

Im Jahr 2008 holte er sich mit Klinsmann letztlich den Kulturschock in Blond persönlich ins Haus. Denn dieser setzte die Trainingsmethoden von Trapattoni aus den 90er-Jahren einfach fort, nur noch einen Tick, wie er so gerne sagte, radikaler. Das Freiluftgehege Säbener 51 mit seiner Streichelzoo-Atmosphäre – zu Ferienzeiten stürmen dort Tausende das Gelände und bedrängen die Spieler – war ihm ein Graus. Die Vorstellung, unter diesen Umständen arbeiten zu müssen, ebenso. Er kannte aus Italien und England das Vorgehen, als geschlossene Gesellschaft zu trainieren. Die Fankultur in Deutschland ist aber eine andere. Klinsmann war sich selbst jedoch der Nächste. »Ich gehöre keinem außer mir«, charakterisierte er sich einmal. Seine Spieler wollte er künftig so vor der Öffentlichkeit abschirmen wie seine Familie. Rummenigge zitierte Arsenal-Trainer Wenger mit den Worten, die ihm wohl Klinsmann vorgesungen hatte: »Der Trainingsplatz ist für die Mannschaft da, das Stadion für die Fans.« Ein Trainer sollte aber auch für die Fans da sein. Doch Klinsmann ging auf Distanz. Er, dem es in seiner Karriere als Spieler immer wichtig gewesen war, seinen Horizont zu erweitern, zäunte ab Juli seine Mannschaft ein. Er, der früher die Kasernierung als Profi gehasst hatte, führte nun völlig euphorisch den Achtstundentag ein. »Wir müssen uns öffnen und über die Grenzen schauen«, lautete ein Credo von Klinsmann. Er hat sich geöffnet – und sperrte zu.

Als WM-Bundestrainer hatte Klinsmann sukzessive immer mehr Einheiten zur Privatsache der Mannschaft erklärt, das Hotel wurde wie ein Fort bewacht und abgeriegelt. Der WM-Erfolg und die Straßenfeste in den Städten erlaubten ihm die Abschaffung des Trainingstourismus. Nun war der FC Bayern mit seinen über 130 000 Mitgliedern dran. Und die Verantwortlichen versuchten zu beschwichtigen. »Die Nähe zu den Fans und die Nähe der Fans zum FC Bayern ist eine Philosophie unseres Clubs, wie sie kaum anderswo in Deutschland und Europa so gelebt wird. Daran soll und wird sich nichts ändern«, hieß es in einer eigens veröffentlichten Presseerklärung. Zwei Tage zuvor hatte sich das Ganze noch so angehört: »Wir müssen den veränderten Verhältnissen im Profifußball Rechnung tragen.« Absender der Botschaft war Karl-Heinz Rummenigge. Der Projekttrainer Klinsmann stand also als Synonym für die »veränderten Verhältnisse im Profifußball«.

Ausgerechnet Klinsmann, der sich als Profi gern das Image des »anderen Profis« gegeben hatte, weil er sich tatsächlich für andere Dinge als schnelle Autos und teure Klamotten interessierte. Geschickt schuf er sich damals ein Image zwischen Rucksacktourist und Käfer-Fahrer. Ausgerechnet Klinsmann, der Autodidakt als Torjäger und Trainer, ar-

beitete plötzlich gern im Team – mit der Prämisse, dass er die Richtung vorgab. Er glaubte daran, dass Erfolg planbar ist. Dafür tat er alles.
Als Klinsmann seinen Vertrag im Januar unterschrieben hatte, begannen die Planungen für die neue Saison. Nicht unbedingt, was Spielertransfers betrifft, doch das Vereinsgelände sollte auf den Kopf gestellt werden. Da die Bayern-Verantwortlichen ohnehin vorhatten, ein paar Bereiche des Profitraktes zu sanieren, schlug Klinsmann vor, gleich den ganzen Laden auseinanderzunehmen. Und das nicht im übertragenen Sinne, wie er das vor seiner Beschäftigung als Nationaltrainer 2004 gesagt hatte, sondern ganz konkret. Die Bayern-Bosse waren von seinen Ideen begeistert – und schon begann die richtig große Revolution. Bagger für Bagger wurde am Platzverweis für die Fans an der Säbener Straße gearbeitet. Eine Sperre über eine komplette Saison – mit wenigen Ausnahmen pro Monat.
Das Clubrestaurant »Insider«, ein beliebter Treff, um bei Weißbier und Weißwürsten hinter Glas das Training zu beobachten und mit anderen Fans über die gemeinsame Leidenschaft zu diskutieren, wurde im Mai geschlossen. Nach dem Umbau sollte es dann den Angestellten und Mitarbeitern vorbehalten sein, als Kantine für das Mittagessen. Wer nicht bei Bayern arbeitete, käme dann nicht mehr rein. Die Gastfreundschaft und Gemütlichkeit waren ausgezogen, die Bayern eine geschlossene Gesellschaft. Der innerste Zirkel sollte nur Klinsmann und dem Trainerstab vorbehalten sein. Klinsmann wollte alle Schlösser austauschen lassen. Wie ein Vereinsangestellter verriet, wollte er sogar, dass die Angestellten und Medienmitarbeiter nicht einmal mehr Zugang zum Lizenzspielertrakt bekämen. So schafft man kurz nach Amtsantritt jedoch nicht gerade Vertrauen.
Neben der Vereinsgaststätte wurde dann auch der Profibereich renoviert. Lounges hießen die neuen Räume, Klinsmann nannte sie so. Ein großer, überdachter Spielplatz für die Stars, ihre Familien – samt Weiterbildungsmöglichkeit. Ein Bücherregal mit allen Klassikern wurde

aufgestellt, dazu ein Billardtisch, ein DJ-Pult. Körper und Geist wollte er schulen. Doch die Horizonterweiterer, Klassiker der Weltliteratur als Hardcover oder Paperback, blieben unberührt. Sprachkurse, PC-Kurse, Yogakurse. Auch die Optik musste stimmen, das Karma.
In Absprache mit dem Architekten Jürgen Meißner, der schon das WM-Quartier »Schlosshotel Grunewald« 2006 in Berlin fußballergerecht gestaltet hatte, ließ Klinsmann im neuen Leistungszentrum ein paar Buddhafiguren aufstellen, auf dem Dach ebenfalls – alles sollte reine Dekoration sein. Für Entspannung sollte Klinsmann damit allerdings nicht sorgen, schon gar nicht bei den Medien. Hoeneß musste wieder vermitteln und erklären – was ihn jedoch erzürnte: »Wir haben Briefe erhalten, unter anderem auch von Pfarrern, mit dem Vorwurf, wir würden versuchen, die Spieler einem anderen Glauben zu unterwerfen.« Zwei Monate nachdem die Buddhas auf dem Dach aufgestellt worden waren, verschwanden sie wieder. Einfach so. Ganz plötzlich. So räumt man einen Fehler öffentlich ein.

Auch die anfängliche Politik der Distanzierung von den Medien lockerte Klinsmann. Kurz vor der Winterpause wurde der Unnahbare – nachdem er den ersten Gegenwind, der bereits zum Sturm zu werden drohte, überstanden hatte – langsam zutraulich. Eine Redaktion nach der anderen lud er daraufhin in die Säbener Straße ein, um Reporter durch die mysteriösen, weil unbekannten Räume des neuen Leistungszentrums zu führen. Dabei war er derart freundlich, als wäre er ein Hotelier, der sein Ferienhaus zur Vermietung präsentierte. Klinsmann öffnete sich, erklärte alles plausibel, bot seinen geliebten Espresso an. Die Sache hatte nur einen Haken, wie ihm auch Vereinsangestellte vorwarfen: Sie kam viel zu spät. Längst war das entstandene Misstrauen der Journalisten nicht mehr abzubauen. Was Klinsmann jedoch nicht registrierte. Für die Mannschaft, seinen Trainerstab und sich selbst hatte er einen Rückzugstempel geschaffen. Die Spieler kamen sich vor wie in einem Clubhotel, es fehlte an nichts. Nur an Punkten, als dann die Saison losgegangen war.

Hoeneß, eher ein Purist in diesen Dingen, beobachtete die seltsame neue Bayern-Welt mit Argwohn, schwieg aber. Ein Büro weiter gab Vorstandsboss Karl-Heinz Rummenigge gegenüber der Presse zu Protokoll: »Wir haben jetzt eine richtige Wohlfühloase, um die uns Vereine in der ganzen Welt beneiden.« Dummerweise wurde im Herbst die Wohlfühloase für die Gegner meist direkt im Bayern-Strafraum eingerichtet. Zu offensiv war Klinsmann darangegangen, die seit Jahrzehnten eher vorsichtig-bedächtige Spielweise der Bayern im Eiltempo zu revolutionieren. Er übertünchte seine taktisch-abenteuerlichen Vorstellungen mit Begriffen wie »Energiefeld« bis »Empowerment«, mit Begriffen aus dem internationalen Management. Der Fußball der Bayern sollte internationalisiert werden, von »one touch« war die Rede, nur ein Ballkontakt bis zum Abspiel galt als Verheißung.

Doch einzig die Gegner konnten das Energiefeld für sich nutzen. Ein 2:5 nach dem 0:5-Rückstand im eigenen Stadion gegen Werder Bremen – und das auch noch zur Oktoberfestzeit. Eine schlimmere Demütigung war kaum vorstellbar. Am nächsten Wochenende dann folgte eine 0:1-Pleite in Hannover – die erste Krise war da. Klinsmann hatte Gräben aufgerissen, nach dem Clubheim an der Säbener Straße nun die Mannschaft auseinandernehmen wollen. Kapitän Mark van Bommel setzte er zwischenzeitlich auf die Bank, keine gute Entscheidung. Schon im Herbst hatte er den einflussreichsten Spieler der Mannschaft nicht mehr auf seiner Seite.

Hoeneß schien in dieser Zeit buddhistische Züge anzunehmen, wenngleich er in diesen Tagen zu Vertrauten sagte: »Der FC Bayern befindet sich in der schwierigsten Situation der vergangenen 30 Jahre.«

Vielleicht weil die Entscheidung pro Klinsmann die riskanteste und waghalsigste seiner Managerzeit gewesen war? Nach außen bemühte er sich, mal ganz anders zu sein, einfach die Ruhe selbst. Um dann schließlich doch die Autorität des Trainers ein gehöriges Stück zu untergraben, auch wenn es auf den ersten Blick gut gemeint war. »Ich habe dem Jürgen gesagt, dass Rom auch nicht an einem Tag erbaut wurde und dass er auch mal sonntags, wenn wir kein Spiel haben, ausschlafen solle und nicht wie jeden Tag um acht Uhr an der Säbener Straße erscheinen müsse.« Hoeneß griff allmählich ein, eine Art Erste-Hilfe-Maßnahme. Doch kein Trainer der Welt freut sich über solche gut gemeinten Notfallmaßnahmen. Im »Spiegel«-Gespräch sagte Hoeneß: »Als Bundestrainer kam er vielleicht eher stur rüber, ich ahnte gar nicht, dass er sich andere Meinungen anhört und sich von guten Argumenten überzeugen lässt.« War Klinsmann da noch Trainer? Oder war es nicht längst schon Hoeneß, der das Ruder übernommen hatte?

In der Hinrunde arbeitete Klinsmann jedoch noch wie besessen an seiner Mission, den FC Bayern auf den Kopf zu stellen. Schon gleich nach dem Aufstehen soll er sich in seinem Haus in Grünwald um sechs Uhr morgens Erinnerungszettelchen geschrieben haben. War es Bewunderung oder eine gewisse süffisante Häme, als Hoeneß in diesem Zusammenhang witzelte: »Bestimmt fällt ihm auch noch etwas ein, wenn er nachts mal kurz aufsteht.«

Dank einer glücklichen Auslosung und ein paar ordentlichen Auftritten erreichte Bayern in der Champions League souverän das Achtelfinale. In der Bundesliga wurden von den letzten zehn Spielen der Hinrunde acht gewonnen, keines verloren. Nach einem spektakulären 2 : 1 gegen den ebenso frechen wie brillanten Emporkömmling Hoffenheim kurz vor Weihnachten schien die Wende endlich geschafft. Klinsmann war derart elektrisiert, dass er Hand in Hand mit den Spielern vor der Kurve zur Welle ausholte – was einige Profis wie die Vorstandschaft leicht irritiert zur Kenntnis nahmen. Hatte man Ähnliches etwa je bei einem Hitzfeld oder anderen Trainern gesehen? Klinsmann war im Grunde noch ein Spieler, ein impulsiver Stürmer, und genauso stellte er auch auf. Später sollte man ihm dies im Verein vorwerfen: Es sei nicht innovativ, sondern schlicht falsch, eine Mannschaft im Sturm beginnend, also von vorne nach hinten, aufzustellen. Vom Torwart aus, bei der Absicherung aus der Abwehr heraus, so stelle man eine Mannschaft auf. Schließlich gewinne die Defensive die Meisterschaften, die Offensive – wie das alte Sprichwort sagt – ja nur einzelne Spiele. Und so sollte es auch kommen.

Es kam auch die nächste Krise. Denn keines der ersten drei Rückrunden-Auswärtsspiele wurde gewonnen, zwischendurch wurde sogar mit einem erschreckend schwachen Auftritt 1 : 2 gegen Aufsteiger Köln verloren. Im Pokal gab es beim 2 : 4 in Leverkusen eine Lehrstunde – Klinsmanns Fürsprecher im Verein verstummten allmählich. Doch viel schlimmer für den Coach: Die Mannschaft lehnte sich öffentlich gegen seine zu euphorische, zu riskante Offensivtaktik auf. Man besprach sich vor dem Champions-League-Achtelfinale bei Sporting Lissabon miteinander und ging dann zum Trainer. Paradoxerweise verhalf eine stabilere, defensivere Grundordnung zu einem hohen 5:0-Sieg. »Bild« titelte am Donnerstag euphorisch: »5 : 0 – Klinsmanns größter Sieg!« Dennoch war der Trainer angeschlagen.
»5 : 0 – Klinsmanns größte Niederlage«, schrieb die »Abendzeitung« am Freitag. Das Aufbegehren der Mannschaft kam einer Entmachtung gleich. Hoeneß wusste das, nur zugeben konnte, ja durfte er es natürlich nicht.

Drei Tage nach Lissabon wurde er nach dem 0 : 0 in Bremen darauf angesprochen. Das Interview ist ein Musterbeispiel dafür, wie Hoeneß

als Anwalt seines Vereins bedingungslos für den Angeklagten kämpft und sich Frage für Frage weiter in Rage redet.
Reporter: »Trainer Jürgen Klinsmann hat das System auf ein 4-5-1 zu Beginn des Spiels umgestellt. Waren Sie deshalb überrascht?«
Hoeneß: »Davon habe ich keine Ahnung, und Sie haben auch keine Ahnung. Das sollten wir den Trainer entscheiden lassen.«
Reporter: »Während der Woche gab es aber Diskussionen über den Trainer. Was sagen Sie dazu?«
Hoeneß: »Das ist ein Unding, was da passiert ist! Wenn ich auf jede Indiskretion, die nicht belegbar ist, reagiere, dann habe ich die ganze Woche über viel zu tun. Aber dagegen werden wir uns zu wehren wissen. Noch massiver, als es in den letzten drei Tagen der Fall war.«
Reporter: »Die Indiskretionen kommen angeblich auch aus dem Kreis der Mannschaft.«
Hoeneß: »Dann sollen sie die Namen schreiben, dann sollen sie sagen: Der und der hat das und das behauptet. Dann nehme ich das ernst.«
Reporter: »Waren Sie nach dem 5 : 0 in Lissabon über das Echo überrascht, das ja fast negativ war und nicht positiv?«
Hoeneß: »Das Echo wurde doch von einer bestimmten Seite geschürt. Es hat sich herausgestellt, dass das eine Sauerei war, und es hat sich herausgestellt, dass das eine Ente war. Wir müssen uns permanent rechtfertigen für Dinge, die einige Ihrer Kollegen in die Welt setzen. Das ist das Problem. Wir gewinnen 5 : 0 in Lissabon und haben 80 Prozent negative Presse. Das ist doch der Witz des Jahres!«

Der Konflikt zwischen Mannschaft und Trainer schwelte jedoch weiter. Zweimal gelang es Klinsmann allerdings, vermeintliche Endspiele um seinen Job nach vorherigen Pleiten zu gewinnen. 5 : 1 gegen Hannover, 4 : 0 gegen Frankfurt. Und das nach der Schande von Barcelona. Mit 0 : 4 waren die ersatzgeschwächten Bayern beim FC Barcelona untergegangen, besonders die vier Gegentore in der ersten halben Stunde gingen als größtmögliche Demütigung in die Geschichte des Vereins ein.

Bei seiner Bankettrede im feudalen Mannschaftshotel »Rey Juan Carlos« sagt Karl-Heinz Rummenigge pathetisch: »Ich weiß nicht, was ich mehr bin – schockiert, traurig oder wütend.« Dann hält er inne und deutet auf Udo Lattek. Der Mann, der für die großen Erfolge der 70er- und 80er-Jahre steht und auf Einladung des FC Bayern mitgereist ist, sitzt am Tisch der Granden mit Rummenigge, Hoeneß, Beckenbauer. Rummenigge macht eine Pause und fährt dann fort: »Ich habe unseren alten Freund Udo Lattek in der Halbzeit gesehen«, Rummenigge macht wieder eine Pause, um die Dramaturgie zu steigern, und sagt dann: »Er hat geweint.«

Im Grunde war das die Kündigung. »Ich habe Jürgen nach dem Spiel in Barcelona am Donnerstag privat bei mir zu Hause gesagt: Wenn wir noch ein Bundesliga-Spiel verlieren, wird es eng für dich«, sollte Hoeneß nach der Saison erzählen. Und so kam es dann auch. Das 4 : 0 gegen Frankfurt bedeutete nur eine Woche Aufschub, ebenso das 1 : 0 in Bielefeld. Es folgten ein 0 : 1 gegen Schalke und zwei Tage darauf die Kündigung.

Für neun Uhr bestellt Rummenigge Klinsmann am 27. April ins Vorstandsbüro. Das Gespräch ist kurz, den Rest sollen die Anwälte regeln. Kurz nach zehn Uhr verlässt Klinsmann in Begleitung seines Agenten das Gelände. Als er aus der Tiefgarage fährt, wartet bereits ein Dutzend TV-Teams und Fotografen auf den Gescheiterten. Es geschieht genau das, was er am meisten hasst. Ihm wird aufgelauert, aus kurzer Distanz mit den Kameras ins Gesicht geblitzt. Es war sicher kein Zufall – die Bayern hatten die Online-Vorabmeldung einer Zeitung rechtzeitig bestätigt.

Am Nachmittag lud der Verein zu einer Pressekonferenz ein, und da saßen sie wieder. Der komplette Vorstand, die Dreifaltigkeit des FC Bayern, war angetreten, um Jürgen Klinsmann, der schon weg war, zu verabschieden. Als Erste-Hilfe-Maßnahme, um wenigstens die Teilnahme an der kommenden Champions-League-Saison sicherzustellen, verpflichtete man kurzerhand den Anti-Klinsmann schlechthin: Jupp Heynckes. Einen alten Bekannten, von Hoeneß als »alter Kumpel« begrüßt. Einen eher konservativen Trainer, einen 20 Jahre älteren Mann, der – was 2009 noch niemand auch nur im Ansatz ahnte – vier Jahre später die erfolgreichste Saison der Vereinsgeschichte ermöglichen sollte. Man gab sich recht milde auf dem Podium. Nein, nein, schmutzige Wäsche wolle man nicht waschen nach Klinsmanns Entlassung. Eine Spitze musste aber doch sein. Hoeneß betonte, dass die Wahl auf Heynckes gefallen sei, weil man wieder »einen Fußballlehrer« beschäftigen wolle. Und was war Klinsmann?

Ein Fehlgriff wie selten zuvor in der Geschichte des FC Bayern. Nur, wo ist er einzustufen im Ranking der Trainer, die Hoeneß eingestellt hat? Da waren die alten Hasen wie etwa Erich Ribbeck, der von März 1992 bis kurz nach Weihnachten 1993 unter Beweis stellte, dass er kein Mann seiner Zeit mehr war. Oder Otto Rehhagel, der im Sommer 1995 verpflichtet wurde und eine neue Ära einleiten sollte. Als immerhin Tabellenzweiter und UEFA-Cup-Finalist wurde Rehhagel entlassen und von Franz Beckenbauer höchstpersönlich abgelöst. Im April 1996 klang Hoeneß so, als er über den Rauswurf des Hoffnungsträgers Rehhagel sprach: »Wir haben alle gekämpft. Der Franz Beckenbauer, der Karl-Heinz Rummenigge und ich, wir waren alle einer Meinung. Wir haben viel Geld eingesetzt, aber Otto Rehhagel hat uns jahrelang mit wenigen Mitteln in Bremen geärgert. Da dachten wir, das ist der richtige Trainer. Aber es hat sich nach relativ kurzer Zeit herausgestellt, dass es nicht funktioniert. Man hat es jeden Tag gemerkt – im

Training, in der Sitzung. Da muss man dann konsequent sein und sagen, es geht nicht.«
Ein dem Experiment Klinsmann ähnlicher – zugegeben mutiger – Versuch war es, im Oktober 1991 nach der Entlassung von Jupp Heynckes mit Exspieler Sören Lerby auf einen Trainer-Nobody zu setzen. Fünf Monate ging es schief, die Geduld reichte nur bis März 1992. Dann war Lerby Geschichte. Er saß nie wieder auf der Trainerbank und wurde Spielervermittler. Ribbeck, Rehhagel, Lerby und Klinsmann – sie alle wurden vorzeitig fortgejagt. Sie alle blieben ohne Titel. Sie alle waren von Hoeneß eingestellt worden.

Klinsmanns Sommermärchen-Image hatte einen bajuwarisch-deftigen Kratzer erlitten. Als er sich bei seinem einzigen Medienauftritt im Anschluss an die Bayern-Zeit in einem TV-Interview bei Günther Jauchs »stern.tv« beklagte, zu wenig Unterstützung und nicht die erwünschten Verstärkungen bekommen zu haben, ein paar Tage später im »Doppelpass«. Er begann in Vorfreude auf das, was er später noch sagen sollte, mit einer intellektuellen Ouvertüre: »Ich habe in Latein gelernt: ›Si tacuisses, philosophus mansisses‹ – das bedeutet: Wenn du geschwiegen hättest, wärst du ein Philosoph geblieben.« Was dann folgte, war eine öffentliche Abrechnung: »Klinsmann war der Trainer in der Geschichte des FC Bayern mit der größten Machtfülle. Seine Wünsche wurden nicht erfüllt, sondern übererfüllt. Davon zu reden, er habe nicht durchsetzen können, was er wollte, ist falsch«, sagte er. Klinsmanns einziger konkreter Vorschlag sei die Verpflichtung von US-Nationalspieler Landon Donovan gewesen, »von dem unser Amateurtrainer Hermann Gerland sagt, der würde bei ihm nicht mal in der zweiten Mannschaft spielen«. Der Vorstand beeilte sich noch klarzustellen, dass »am Ende nicht die Ergebnisse entscheidend waren, sondern das Verhältnis zur Mannschaft«.

Mit Heynckes, der sich zuvor schon mit seinem Rentnerleben abgefunden hatte, kam neuer Schwung ins Team, und mit einem 2 : 1 gegen den VfB Stuttgart am letzten Spieltag konnte Rang zwei gesichert werden. Was Hoeneß zugleich freute und aufregte. Gegenüber Reportern rechnete er: »Wenn wir immer so gespielt hätten wie in den letzten fünf Spielen – wissen Sie, wie die Tabelle dann ausgesehen hätte? Rechnen Sie doch mal hoch!« Der Vorwurf: Klinsmann habe den Verein die Meisterschaft gekostet. Und eine Menge Geld und Nerven.
Einmal in Form, bekam auch TV-Liebling Günther Jauch von Hoeneß noch eins übergebraten. Er sei ein »Gefälligkeitsjournalist«. Klinsmanns Berater Roland Eitel habe vor dem TV-Auftritt »die Fragen aufgeschrieben, und Jauch hat sie vorgelesen. So was kennen wir ja.« Der sonst so liebe Jauch habe Klinsmann »eine Plattform gegeben, Dinge zu erzählen, die nicht stimmen, ohne kritische Fragen zu stellen«, echauffierte sich Hoeneß.

Die Bayern hatten, wie Hoeneß verriet, den ›Change‹ angestrebt. Ein bisschen Obama-Feeling in München. Sie wollten einen Neuanfang, einen Neuaufbau. Doch das Ganze endete mit dem Rückkehrer Heynckes. Als Jauch dann behauptete, Klinsmann sei »der Barack Obama des deutschen Fußballs«, verlor Hoeneß die Contenance: »Wenn Jürgen der Obama des deutschen Fußballs ist, dann bin ich Mutter Teresa.«

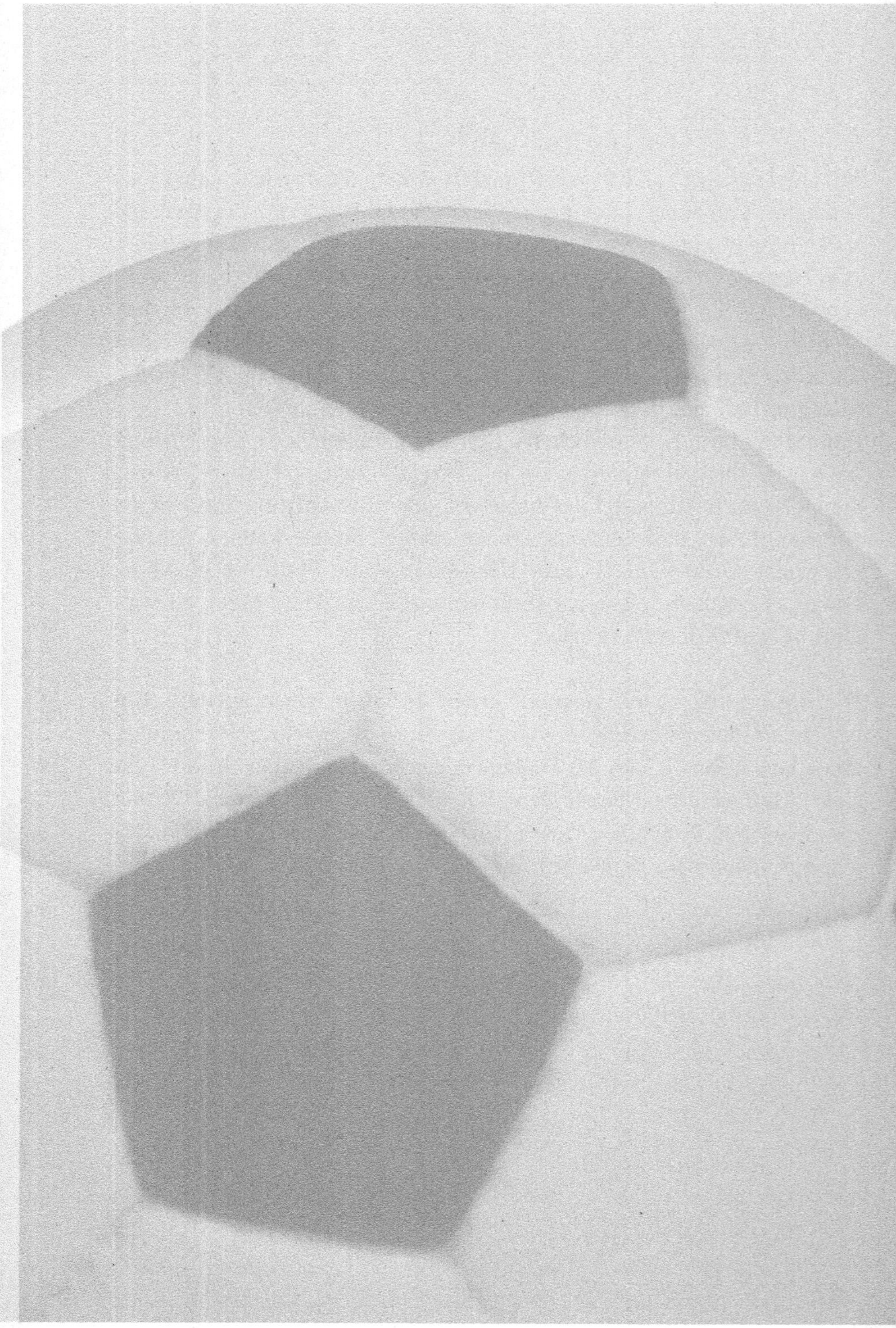

11.

Das Dreigestirn Ulikallefranz

Uli Hoeneß verkauft Karl-Heinz Rummenigge. Was wäre das für eine Schlagzeile – und doch ist sie nicht erfunden. 1984 wechselte der von vielen europäischen Clubs begehrte Stürmer für 11,4 Millionen DM vom FC Bayern zu Inter Mailand. Ein Meilenstein für den bayerischen Verein. Knapp zwölf Millionen DM – für damalige Verhältnisse eine exorbitante Summe. Heutzutage würde ein Akteur seiner Güteklasse 60 Millionen Euro aufwärts kosten, also rund das Zehnfache. Rummenigge sanierte damit den Verein, alle Schulden waren auf einen Schlag getilgt. »Für diese Ablösesumme, für dieses Geld hätte man ihn auch mit der Sänfte nach Italien rübertragen müssen«, sagte Uli Hoeneß einmal.

Rummenigge und Hoeneß – ab 1974 waren sie knapp fünf Spielzeiten Mannschaftskollegen, dann wurde Hoeneß Rummenigges Vorgesetzter als Manager. 1984 transferierte er ihn dann zu Inter Mailand. Sieben Jahre später kehrte Rummenigge als Vizepräsident zum FC Bayern zurück, um 2002 dann als Vorstandsvorsitzender der AG – streng nach Hierarchie bemessen – Hoeneß' Vorgesetzter zu werden. Denn Hoeneß war als Manager lediglich Mitglied des Vorstands. Ab 2009 wiederum übernahm er als Aufsichtsratsvorsitzender die Führung über das Gesamtkonstrukt FC Bayern AG. Sein Vorgänger auf dieser Position war Franz Beckenbauer, der den AG-Chef Rummenigge und den Manager Hoeneß bei einem Streit mal mit den Worten in die Schranken gewiesen hatte: »Gell, ihr wisst's schon, wer euer Boss ist?«
Rummenigge und Hoeneß, so unterschiedlich sie auch sind in Wesen, Charakter und Auftreten – sie verkörpern den FC Bayern. Sie sind der FC Bayern.

Und doch standen beide immer ein wenig im Schatten. In Franz Beckenbauers Halbdunkel. Der Schatten einer Lichtgestalt ist eben sehr lang. Damit gilt es umgehen zu können und entweder den Schatten als Energiequelle für sich selbst zu nutzen oder im Dunkeln zu verkümmern. Hoeneß, Rummenigge und Beckenbauer – von den Boulevardmedien Münchens in einem Atemzug »Ulikallefranz« genannt – bestimmten als Trio die Geschicke, das Wohl und Wehe des Vereins. Seit 40 Jahren – seit Rummenigge 1974 zum FC Bayern kam – kennen sich die drei, 20 Jahre arbeiteten sie auf Funktionärsebene zusammen. Sie bildeten den Alphatierzoo Säbener Straße. Oft dürfte sich Hoeneß wie eine Nuss im Nussknacker gefühlt haben zwischen den beiden extremen Polen Rummenigge und Beckenbauer – doch er hielt stand. Und den Laden zusammen.

Wer sein engster, dauerhaftester Vertrauter beim FC Bayern sei, wurde Uli Hoeneß einmal gefragt. Er antwortete, ohne eine Sekunde zu zögern: »Natürlich meine Sekretärin, Frau Potthoff.« Seit rund 25 Jahren sitzt Karin Potthoff im Vorzimmer des Hoeneß-Büros in der Säbener Straße. Es gibt wohl niemanden, der so viel über den Bayern-Manager weiß wie die First Lady des Büros. Nicht einmal Paul Breitner, mit dem Hoeneß jene ungewöhnlich innige Freundschaft als Spieler verband, auch nicht Rummenigge und Beckenbauer. Selbstverständlich ist mit Frau Potthoff vereinbart, dass keinerlei Details nach draußen dringen dürfen.

Wie sähe das auch aus, wenn die Welt das, was hinter verschlossenen Türen oder auf den Fluren der Büros gesprochen wird, erfahren würde? Wenn die Öffentlichkeit Zeuge werden würde von Hoeneß' Auseinandersetzungen mit Beckenbauer sowie von Hoeneß' Meinungsverschiedenheiten mit Rummenigge? Dringt ja ohnehin schon genug nach außen. Werden Hoeneß und Rummenigge offiziell und geben Statements für die Medien ab, müssen sie ihre Worte sorgfältig abwägen, als wären sie Politiker. Anders Beckenbauer. Er war als Präsident und Aufsichtsratsvorsitzender schon der Einzige der Troika, der es sich herausnahm, daherzureden, wie er mochte, wie ihm der kaiserliche Schnabel gewachsen war. Und er ist immer noch einer, der sich nicht den Mund verbieten lässt. Schon deshalb nicht, weil er ja gerade dafür bezahlt wird und in regelmäßigen Abständen seine Meinung via »Bild« kundtut – stets ein Dorn im Auge von Hoeneß und Rummenigge. Mit seinen Kolumnen im Springer-Blatt trifft Beckenbauer oft den Kern eines Problems, muss aber – gemäß der boulevardesken Überspitzung – in seinen Kommentaren zu weit gehen. Seit Jahren üben sich die anderen beiden daher im Kaiser-Spagat. Denn aufgrund seines Ruhms und seiner Aura ist Deutschlands weltweit bekanntester Fußballer des 20. Jahrhunderts in der Wahrnehmung der Fans unantastbar. Die elf Spielzeiten, in denen Beckenbauer von 1965 bis 1976 die Bayern-Mannschaft als Hirn und Motor prägte, sind bis heute die erfolgreichste Ära in der Geschichte des Vereins. In jenen elf Jahren, in denen der König des Außenristpasses das Spiel bestimmte, gewann Bayern 13 nationale und internationale Titel.

Selbst als Präsident wurde Beckenbauer nur noch informiert über zukunftsentscheidende Beschlüsse und Investitionen und durfte als Aufsichtsratsvorsitzender Entscheidungen lediglich abnicken. Vorschläge sollte er nicht unbedingt mehr einbringen. Der Schaden, den unüberlegte Aussagen gegenüber den Medien in regelmäßigen Abständen anrichten, sollte auf diese Weise minimiert werden. »Wenn wir ein börsennotiertes Unternehmen wären, hätte der Franz die eine oder andere Aussage sicher nicht machen können, denn die hätte den Kurs in den Keller geschickt«, sagte Hoeneß in einem Interview mit der »Frankfurter Rundschau«. Es ist die Spontaneität, die seine ehemaligen Mitspieler fürchten, diese Lichtgestaltlaunen. Hoeneß erklärte: »Franz ist eben sehr emotional. Und das wäre natürlich bei einem Unternehmen, das an der Börse notiert ist, sehr schwierig, weil das ja nicht nur Konsequenzen für den Verein hätte, sondern auch für den, der die Aktie hält. Der würde sich schön freuen, wenn sein Kapital wegen einer solchen Aussage am nächsten Tag 30 Prozent weniger wert ist.«

Was am 7. März 2001 der Fall hätte sein können. Am Abend zuvor hatte der FC Bayern in der Zwischenrunde der Champions League mit einem erschreckend teilnahmslosen und uninspirierten Auftritt 0 : 3 bei Olympique Lyon verloren, das Zwischenziel Viertelfinale war in Gefahr. Die Niederlage fiel, gemessen an der katastrophalen Leistung, noch freundlich aus. Beim mitternächtlichen Bankett im Saal »Tête d'Or«, zu Deutsch »Goldhaupt«, des »Hilton«-Hotels von Lyon ließ Präsident Beckenbauer daraufhin seinem ganzen Frust freien Lauf. Aus einer Rede wurde eine Brandrede – an dieser Stelle noch einmal in vollem Umfang. Im Vergleich zum witzig-skurrilen Wutausbruch von Trainer Giovanni Trapattoni im März 1998 ist der Kaiser-Auftritt um einiges schärfer und unterhalb der Gürtellinie. In jedem Fall ist der Alleingang Beckenbauers auch im kompletten Wortlaut noch einmal lesenswert:

»Über das Spiel wird man sicherlich das eine oder andere Wort verlieren müssen. Ich sage immer, man kann jedes Spiel verlieren. Die Frage ist immer nur, wie man ein Spiel verliert. Das war heute eine Blamage. So, wie wir gespielt haben, aber das hat sich schon in den letzten Wochen und Monaten angedeutet, das hat nichts mit Fußball zu tun. Das ist eine andere Sportart, die wir spielen.

Lyon hat Fußball gespielt. Wir haben nicht Fußball gespielt. Wir haben zugeschaut, wir haben körperlos gespielt. Das ist nicht Fußball, das ist Uwe-Seeler-Traditionsmannschaft, Altherrenfußball. Tut mir leid, wenn ich das so sagen muss. Es ist so.

Es hat von der Tribüne vermutlich noch schlimmer ausgesehen, als ihr es unten auf dem Platz mitbekommen habt. Das hat nichts mit Fußball zu tun. Wir sind jetzt sicherlich in einer Situation, wo wir noch einiges retten können.

Wir sind noch in der Meisterschaft mit einem Punkt Rückstand Zweiter. Wir sind noch in der Champions League Tabellenführer. Nur, wir müssen, oder ihr müsst, ich nicht, ich schaue nur oben auf der Tribüne

zu. Ich sehe einiges. Ihr müsst euer Spiel komplett umstellen. Wenn ihr so weiterspielt wie jetzt, werden die ganzen Trophäen sicherlich nicht nach München gehen.
Wir haben noch Zeit, aber es ist sicherlich fünf Minuten vor zwölf. Anschauungsunterricht war der heutige Gegner. Das ist Olympique Lyon, das ist nicht Real Madrid, Barcelona oder Manchester United – und wir haben heute eine Vorführung bekommen. Warum? Weil die Einstellung nicht gestimmt hat. Weil wir zurzeit einen Fußball spielen, der einfach nicht mehr adäquat ist. Den hat man vielleicht mal gespielt vor 30 Jahren. So etwas spielt man heute nicht mehr.
Ihr müsst euch schleunigst wieder daran gewöhnen, an das Einmaleins des Fußballs: Zweikämpfe. Wenn die Zweikämpfe nicht angenommen werden, bist du immer zweiter Sieger. Auch gegen eine Mannschaft wie heute, die sicherlich eine gute ist, aber nicht zu den besten gehört. Da schaust du aus wie ein Lehrbub, und zum Schluss kannst du noch froh sein und sagen: ›Vielen Dank, dass wir nur 3 : 0 verloren haben.‹ In Zukunft könnt ihr das nicht machen, sonst müssen wir uns alle einen anderen Beruf suchen, das ist vielleicht gescheiter.
Man kann das noch korrigieren. Aber dann müsst ihr morgen anfangen. An die Leistungsgrenze gehen, den inneren Schweinehund überwinden. Sonst stehen wir am Saisonende mit leeren Händen da. Das ist genau das, was wir nicht wollen. Tut mir leid, wenn ich das so schonungslos sagen muss.
Wenn einer Nachhilfeunterricht braucht, dann werde ich ihm noch etwas ganz anderes sagen. Ich stehe auch heute noch und die nächsten Tage zur Verfügung. Denn ich habe sicherlich noch mehr gesehen, als ich jetzt gesagt habe. Aber ich glaube, das genügt.
Es war eigentlich bis auf das Spiel ein schöner Ausflug (Gelächter im Saal). Es ist noch nicht zu spät. Also werden wir versuchen, aus diesem Spiel die Lehren zu ziehen und es in den nächsten Monaten besser zu machen. Es wird uns auch nichts anderes übrig bleiben. Vielen Dank.«

Einige Gäste applaudieren. Einige senken die Köpfe, stochern in ihrem Teller herum. Uli Hoeneß etwa. Auch Trainer Ottmar Hitzfeld, der sich bemüht, seine Fassung zu bewahren, was ihm von allen Anwesenden noch am besten gelingt. Die Spieler kneifen die Lippen zusammen. Es traut sich niemand, etwas zu sagen. Dann erheben sie sich nach und nach und verschwinden mit hängenden Schultern in ihren Zimmern.

Der Manager war der Erste, der seine Sprache wiedergefunden hatte. Weil er um die unvermeidliche mediale Ausschlachtung der Franz-Rede wusste, hatte ihm der Rundumschlag ganz und gar nicht gefallen. Deshalb ging er zum Gegenangriff über, in dem er seine Philosophie von Zuckerbrot und Peitsche erklärte. »Heikle Dinge bespreche ich mit Spielern nur unter vier Augen, sonst wird der Trainer geschwächt. Ich werde mich nach außen bedeckt halten und nach innen Gespräche führen. Unruhe bringen ja die Medien rein. Da muss man nicht auch in dieses Horn blasen. Wenn wir 3 : 0 gewinnen, kann man sich äußern. Wenn wir 0 : 3 verlieren, muss man Ruhe geben.« Antizyklisch eben, das war schon immer Hoeneß' Maxime. So ist er stets verfahren in den 30 Jahren seiner Managerzeit. Gewann die Mannschaft ein Spiel und sah Hoeneß, dass sich Spieler am Kabinenausgang in den ersten Gesprächen mit Reportern brüsteten und in ihrer Leistung sonnten, schritt er ein. Oft genug holte er nach einem Sieg die Mannschaft mit harscher Kritik wieder auf den Boden zurück, bei Niederlagen allerdings zeigte er ganz bewusst Sanftmut und Milde. Den Hintersinn dieser Überlegungen verriet er in den Tagen nach Lyon der »Süddeutschen Zeitung«: »Wir brauchen diese Spieler noch drei Monate. Es bringt nichts, sie jetzt niederzumachen. Später muss man ihnen dann wieder die Füße küssen, damit sie Leistung bringen.«

Hoeneß spürte, wie sehr es in der Mannschaft brodelte. Er wusste, dass sich die Wut in Energie würde umwandeln können, also machte er auch keine Anstalten, die Anführer der Mannschaft zu bändigen, als sie sich öffentlich gegen den Kaiser auflehnten. »Kritik sollte über der Gürtellinie sein, nicht darunter. Wenn man so in eine Ecke reingetrieben wird, werde ich persönlich unangenehm«, drohte Kapitän Stefan Effenberg. Und Torwart Oliver Kahn unterstrich mit einer schriftlichen Stellungnahme auf seiner Homepage, wie wichtig ihm die Beschwerde war: »In völlig überzogener Art und Weise wurde hier unsere Mannschaft öffentlich geradezu lächerlich gemacht.« Beckenbauer war angezählt. Seine Aussagen zog er aber nicht zurück. Es habe sich nach solch einem blamablen Spiel jeder nach klaren Worten gesehnt:

»In 14 Tagen wäre ein Donnerwetter zu spät gekommen«, sagte Beckenbauer.

Hoeneß zwang ihn zu einer Aussprache vor dem nächsten öffentlichen Auftritt aller am Samstag beim Heimspiel im Olympiastadion gegen Energie Cottbus. Es sei »nicht üblich, dass der Chef seine Angestellten vor versammelter Presse und den Sponsoren kritisiert«, gab Hoeneß den Wortlaut der Unterredung wieder, mit dem Hinweis: »In Zukunft wird er das sicherlich anders machen.« So klingt ein Vater, dessen Sohn eine Schaufensterscheibe eingeschossen hat.

Franz war in diesen Tagen der böse Bube des Vereins. Doch wie ist dieser Wutausbruch zu erklären? Gerade bei einem Mann, der das bajuwarisch-lockere »Schaun mer mal« und den Werbespruch »Ja, ist denn heut' scho' Weihnachten?« geprägt hat. Ausgerechnet bei diesem Weltstar und Medienprofi, der seine innere Freiheit in den sanften Weisheiten von Konfuzius und Laotse sucht, der sich mit dem Thema Wiedergeburt – dann wunschgemäß übrigens als Frau – auseinandersetzt. Warum wurde er schonungslos ehrlich und so aggressiv? »In ihm sind 1000 streitende Teufel«, hat sein früherer Manager Robert Schwan einmal erkannt. Was nichts anderes heißt, als dass es Beckenbauers

Lebensleistung ist, 998 davon gebändigt zu haben. Und die restlichen zwei? Einer der Teufel tobt sich noch bei seinem liebsten Hobby, beim Golfen, aus. Da kann Beckenbauer trotz zuvor bester Laune fuchsteufelswild werden, wie Sepp Maier zu berichten weiß, und sich selbst so zur Verzweiflung bringen, dass »die Schläger sonst wohin fliegen, manchmal in den Baumkronen landen«. Bliebe der letzte der 1000 Teufel. Und der ist wohl der schlimmste aller Franz-Dämonen, nicht zu besiegen, nicht auszulöschen. Der Fußballteufel: gnadenlos, teils bösartig und erfüllt von Zorn. So war Beckenbauer schon als Spieler. Wenn die Mannschaftskollegen, diese Laufburschen, auf seine geniale Spielweise nicht entsprechend reagiert hatten und seine Pässe im Nichts landeten, konnte er so herrlich abwinken und mit dem Kopf schütteln – alles Dilettanten. Er wusste, dass nur ihm die Perfektion zu eigen war, doch er verlangte absolute Hingabe im Rahmen der eigenen Möglichkeiten. Ob als Spieler, Trainer oder später Funktionär. Als er die deutsche Nationalmannschaft bei der WM 1990 in Italien betreute und man durch ein 1 : 0 gegen die Tschechoslowakei das Halbfinale erreicht hatte, tobte er ob der schwachen Leistung in der Kabine. Lothar Matthäus, der den Elfmeter zum mühsamen, später in Überzahl beinahe noch hergeschenkten Erfolg verwandelt hatte, erinnert sich: »Franz hat kaum den Schlusspfiff abgewartet und ist in die Kabine marschiert. Vom Feld aus konnte ich schon sehen, wie er kochte. Er fluchte vor sich hin – wehe, einer kam ihm in die Nähe. In der Kabine schimpfte und meckerte er, trat gegen einen Materialkoffer. Ein Schuh flog in die Ecke. Franz war eben Perfektionist. Er konnte Nachlässigkeit und Faulheit nicht ertragen.«

Gegenüber Reportern war Beckenbauer hinterher noch relativ milde: »Dümmer, als wir uns in der Schlussphase angestellt haben, kann man kaum noch spielen.« Jener Teufel von Mailand aus dem Jahr 1990 meldete sich dann in Lyon 2001 wieder.

Hoeneß allerdings glaubt, dass die Launen des Kaiser-Teufels rein zufälliger Natur sind. »Ich bin mir sicher, dass der Franz, zehn Minuten bevor er diese Rede in Lyon hielt, gar nicht gewusst hat, dass er sie halten sollte. Ich kann mich noch gut entsinnen: Er fragte: ›Soll ich denn was sagen?‹ Und wir antworteten: ›Klar, du musst auch heute was sagen.‹ Wie's dann eben so ist. Da hat er sich so reingesteigert, ein Wort gab das andere, und dann kam das halt raus. Aber der Franz ist keiner, der bewusst solche Dinge macht, um Verein oder Mannschaft zu schaden.«

Doch über die Hölle von Lyon sollten die Bayern in den Fußballhimmel kommen. Etwas mehr als zwei Monate später gewannen sie die Champions League. Ein Triumph, der seinen Anfang mit der Franz-Rede nahm. »Das hat uns so aufgewühlt, so angestachelt – das konnten wir nicht auf uns sitzen lassen«, sagt der damalige Kapitän Stefan Effenberg, »die Worte von Franz haben uns so gewurmt, das hat Wochen in uns gearbeitet. Wir wollten ihm beweisen, was wir wirklich draufhaben. Bei der Siegesfeier nach dem Finale gegen Valencia bin ich zu Beckenbauer hin und habe zu ihm gesagt: ›Na? Gar nicht so schlecht für so eine Altherrenmannschaft wie wir?‹ Er hat gelacht und mich umarmt.«

Schon ein anderes Mal hatte ein Wutausbruch von Beckenbauer am Ende zum Erfolg geführt – damals allerdings war zwischendurch Uli Hoeneß der Leidtragende.

Die WM 1974 in Deutschland: Nach einer durchwachsenen Vorrunde mit dem negativen Höhepunkt, dem 0:1 gegen die DDR in Hamburg, gibt es Zoff innerhalb der Mannschaft um die Aufstellung und um das Spielsystem. Bundestrainer Helmut Schön wird vom heimlichen Bundestrainer Franz Beckenbauer überstimmt, und so ist Uli Hoeneß, bisher Stammkraft, im ersten Zwischenrundenspiel gegen Jugoslawien plötzlich draußen – angeblich, weil er seinen Deckungsaufgaben nicht nachgekommen sei. Rausgemobbt von einem Mitspieler, auch noch von einem Vereinskollegen beim FC Bayern. Hoeneß ist gekränkt, wird jedoch im Laufe der Partie eingewechselt. Er spielt sich wieder herein. Eine kleine Narbe jedoch bleibt – trotz des WM-Titels Seite an Seite mit Beckenbauer.

Vor Beginn der WM 1974 hatte Hoeneß prophezeit: »Wenn wir Weltmeister werden, haben wir für unser Leben ausgesorgt!« Tatsächlich waren insbesondere die Bayern-Stars nach dem Titelgewinn müde, satt und zerstritten. Im Vereinsfußball hatten die sechs Münchner, die im WM-Finale standen, alles gewonnen und waren nach dem Europameistertitel von 1972 nun eben auch Weltmeister. Und das trotz der zwei Fronten, die durch die Bayern-Mannschaft liefen: Trainer Udo Lattek mit seinem Ziehsohn Uli Hoeneß plus Busenfreund Paul Breitner, den jungen Wilden, den Abiturienten, sowie auf der anderen Seite Manager Robert Schwan mit seinem Klienten Franz Beckenbauer. Es kriselte intern gewaltig. Vor allem die Liaison von Kapitän und Manager, von Beckenbauer und Schwan, sorgte für Unruhe. Wenn es etwa um das Gehalt des Liberos ging, verhandelte Schwan im Grunde mit sich selbst. Nach der Veröffentlichung des Beckenbauer-Buches »Einer wie ich« im Jahr 1975, in dem dieser über seine damaligen Mitspieler lästerte, schimpfte Uli Hoeneß in der »Welt«: »Was der Franz nun gesagt hat, geht einfach zu weit. Irgendwann muss Schluss sein mit dieser schmutzigen Wäsche. Im Gegensatz zu einigen Mannschaftskameraden habe ich den Mut, dies deutlich zu sagen.«

Wie auch Dettmar Cramer. Allerdings ließ der Trainer seinen ganzen Frust über den internen Zickenkrieg erst raus, nachdem er im Dezember 1977 zu Eintracht Frankfurt gewechselt war: »Bei Hoeneß hatte sich wohl die Idee festgesetzt, ich würde ihm seine Karriere nicht gönnen, ihn nicht zu groß werden lassen wollen beim FC Bayern und in der Nationalelf. Er fand einen Verbündeten in Udo Lattek.« Den habe das Gefühl geplagt, »seine Bilanz würde nicht genügend gewürdigt. Hoeneß, Breitner und Lattek bildeten eine verschwörerische Allianz. Eine spöttische Bemerkung beim Essen, eine kleine Bösartigkeit beim Training, die Luft hatte plötzlich einen giftigen Geruch.« Und dann erst dieser Robert Schwan – für Cramer ein Tyrann und Diktator, der nur im Sinn hatte, sich und Beckenbauer die Taschen zu füllen. Cramer erzählte: »Ich hörte den Spott bei Lattek heraus, ich sah die Blicke, die er mit Uli Hoeneß und Paul Breitner wechselte. Ich wusste sofort: Jetzt gibt es Ärger. Ich fühlte mich wie in einem Rudel von Wölfen. Ich stellte mir vor, dass es dort so sein müsste.«

Die Probleme zwischen Beckenbauer und Hoeneß rühren also aus der aktiven Zeit. Die EM 1976 bestritt man noch gemeinsam, dann trennten sich die Wege. Beckenbauer ging in die weite Welt hinaus, wechselte 1977 nach New York zu Cosmos und machte das letzte seiner 103 Länderspiele, während Hoeneß sesshaft wurde. Er blieb als Manager an der Säbener Straße. Als Karl-Heinz Rummenigge, der Jüngste des Trios, mit der WM 1978 in Argentinien sein erstes Turnier spielte, hatte Hoeneß seine Nationalelfkarriere bereits beendet, US-Legionär Beckenbauer galt im DFB als Ausgestoßener, er wurde nicht mehr nominiert. Eine Zeit lang verlor man sich aus den Augen. Erst als Beckenbauer nach der EM 1984 Teamchef der Nationalelf wurde, hatte er es wieder mit dem Bayern-Manager zu tun und musste sich darüber hinaus die teils kritischen Kommentare von Rummenigge gefallen lassen, der zum Zeitvertreib Fernsehexperte bei der »ARD« geworden war. In dieser Funktion bejubelte er auch den WM-Triumph von Kaiser Franz 1990 in Italien.

Etwas mehr als ein Jahr später sollte das Triumvirat wieder vereint sein – an alter Wirkungsstätte. In einer Notsituation fanden die ehemaligen Kameraden doch wieder zusammen. Rummenigge und Beckenbauer wurden 1991 als Vizepräsidenten installiert – auf Initiative von Präsident Fritz Scherer, der die Reichweite seiner Entscheidung damals nicht absehen konnte. Die Vorgeschichte ist die Geschichte des größten sportlichen Niedergangs seit dem Bundesliga-Aufstieg des FC Bayern 1965.

Vor Beginn der Saison 1991/92 hatte Uli Hoeneß schon so eine Vorahnung: »Wir starten nicht mit dem Ziel, unbedingt Meister zu werden. Das wäre nach dieser Zäsur vermessen. Niemand weiß, wie der Umbruch klappen wird.« Er sprach gar vom Saisonziel »Nichtabstieg«. Denn in den Jahren zuvor hatten die Verkäufe von Stars wie Karl-Heinz Rummenigge, Lothar Matthäus, Andreas Brehme, Jürgen Kohler und Stefan Reuter, die alle in die italienische Serie A gewechselt waren, zwar rund 60 Millionen Mark in die Kasse gebracht, die Mannschaft aber sportlich geschwächt. Das Bankkonto war voll, die Ersatzbank aber voller mittelmäßiger Profis. Für diese Politik gerieten Präsident Fritz Scherer und Uli Hoeneß heftig unter Beschuss. »Die ganzen Millionen auf der Bank nützen dir nichts, wenn du keine Punkte hast«, meckerte Beckenbauer, »man muss auch mal auf eine Ablösesumme verzichten, wenn man international im Geschäft bleiben will.«

Nach Niederlagen gegen Rostock, Bochum und Hamburg schlingerte der Verein schließlich unter Trainer Jupp Heynckes in die schlimmste Krise seiner Bundesliga-Geschichte. Zwei verheerend schwache Heimspiele waren die Krönung: ein 2:4 nach Verlängerung im DFB-Pokal gegen den Zweitligisten FC Homburg und ein 1:4 gegen die Stuttgarter Kickers. Danach war der FC Bayern nur noch Tabellenzwölfter, mit lächerlichen zwölf Punkten aus zwölf Spielen. Die Sache hatte sich Hoeneß selbst eingebrockt.

Hoeneß geht seinen schwersten Weg. Dazu bleibt er daheim und bestellt Trainer Heynckes am 7. Oktober 1991 für 16 Uhr in sein Haus nach Ottobrunn. Er serviert Apfelsaft, dann schenkt er seinem Freund zwei Stunden lang reinen Wein ein. Es fließen Tränen, als er ihn entlässt – schweren Herzens und ohne einen Nachfolger zu haben. Franz Beckenbauer ist dagegen, Heynckes zu beurlauben, doch Hoeneß setzt sich durch. Um 23.45 Uhr verpflichtet er Exspieler Sören Lerby telefonisch. Eine mutige, wahrlich abenteuerliche Idee.

Obwohl er es gegen seine innere Stimme machte, tat Hoeneß, was er glaubte, tun zu müssen. Gegen sein Bauchgefühl, aufgrund des immer stärker werdenden Drucks innerhalb des Vereins und von den Medien. Es war Hoeneß, der den Jupp, seinen Sturmpartner aus der Nationalelf, mit dem er 1972 Europameister und 1974 Weltmeister geworden war, gegen den Widerstand des Präsidiums im Sommer 1987 als Trainer durchgesetzt hatte. Der Erfolg hatte ihm zunächst recht gegeben. Mit Heynckes waren die Bayern zweimal Meister und zweimal Vizemeister geworden, 1991 verpassten sie das Europapokal-Finale der Landesmeister erst in letzter Minute. Dem Präsidium war der kauzige Heynckes allerdings zu spröde. Außerdem fürchtete Präsident Scherer bei den anstehenden Präsidiumswahlen um seine Wiederwahl. Es musste also etwas geschehen. Auch Scherer befürwortete einen Trainerwechsel. Hoeneß gab nach. Ein schwerer Fehler, gestand er später ein, der »schwerste meiner Karriere«. Im Nachhinein wirft er sich vor, dass er mehr Rückgrat hätte beweisen müssen. »Ich bin sicher, dass er uns noch weit gebracht hätte.«

2009, als das Projekt mit Jürgen Klinsmann grandios gescheitert war, holte Hoeneß »meinen alten Kumpel Jupp« für die letzten fünf Spiele zurück an die Säbener Straße. Mit Können, Routine und über die Jahre neu gewonnenem Charme führte Heynckes die Bayern noch auf Platz zwei. Damit war die Teilnahme an der Champions League gesichert. Eine gute Startvoraussetzung für den Niederländer Louis van Gaal, der am 1. Juli 2009 seinen Job antrat.

Ein Routinier – anders als 1991 Sören Lerby. Der Mann, der als Fleischgroßhändler tätig war und keinerlei Erfahrung als Fußballtrainer hatte, startete mit einem 0 : 3 gegen Borussia Dortmund und konnte sich nur fünf Monate halten. Seine bruchstückhaften Deutschkenntnisse führten zu Sätzen, die Trapattoni-Niveau hatten. Über Lerby lachte man, wenn er kauderwelschte: »Ja, dat is, man muss sage, wenn man so was sieht, dann muss man die Spielers und, die Trainer auch, Verantwortung, was jetzt los ist, dat is brutal, natürlich.«

Hoeneß hatte dem Dänen dieselbe Rolle zugetraut wie in den drei Jahren als Mittelfeldantreiber ab 1983, als der leidenschaftliche Arbeiter die Mannschaft aus ihrer Lethargie befreit hatte. Doch das Experiment ging gründlich schief. Zu Beginn verkaufte Hoeneß die Idee noch geschickt: »Dass Sören den Job noch nie gemacht hat, ist für mich kein Argument. Franz Beckenbauer war als Trainer ab 1984 auch Anfänger und wurde schließlich Weltmeister.« Anfänger Lerby, erst 33, führte die Bayern allerdings Richtung Zweite Liga. Der Verein kämpfte gegen den Abstieg und Hoeneß um sein Lebenswerk. Nach einem Testspiel in Augsburg feuerte Hoeneß Lerby auf der gemeinsamen Rückfahrt. An jenem 10. März 1992 stand der FC Bayern auf Rang elf, lediglich drei Punkte von einem Abstiegsplatz entfernt.

Sogar »Der Spiegel« widmete der Bayern-Krise am 28. Oktober 1991 unter der Überschrift »Der Ball muss ins Tor« zwei Seiten. Ein Auszug: »Dass die Bayern, die über mehr als ein Jahrzehnt hinweg Maßstäbe für den wirtschaftlichen Aufschwung eines Sportvereins setzten, nun auch beim Abstieg Rekordtempo vorlegen, ist kein Zufall. In dem von Manager Uli Hoeneß vorgegebenen Streben nach Professionalität entfernte sich der Club weiter als alle anderen Bundesligavereine von der Ursprünglichkeit des Fußballs. Der FC Bayern, stellen jetzt Manager, Präsidium und Altvordere fassungslos fest, war in den letzten Jahren wie ein blühender Baum, dessen Wurzeln, ohne dass es einer bemerkte, längst abgestorben waren. Das Fundament für den guten Geschäftsgang der letzten Jahre legten bayerische Spieler wie Franz Beckenbauer, Sepp Maier oder Gerd Müller. Auch wenn Hoeneß zuletzt seine Söldnertruppe in Lederhosen steckte – das bajuwarische Selbstverständnis der Unbezwingbarkeit, das einst die Konkurrenz schockte, stellte sich immer seltener ein.«

Die Bayern verfielen in ihr bekanntes Muster. Weil mit Lerby ein Greenhorn gescheitert, ein gewagtes Experiment misslungen war, musste nun wieder ein erfahrener Mann her. Siehe später Klinsmann und Heynckes, dann van Gaal. Erich Ribbeck, damals 54, hatte seine Trainerkarriere im Grunde ad acta gelegt. Er war praktischerweise Sportkoordinator bei Hauptsponsor Opel. Leicht zu haben also. Ribbeck führte die Bayern am Ende der chaotischen Saison von Platz elf auf Rang zehn. Unglaubliche 15 Niederlagen hatten Heynckes, Lerby und Ribbeck gemeinsam gesammelt. Und Hoeneß beinahe seinen größten Misserfolg erlebt.

Während all der sportlichen Turbulenzen hatte Präsident Fritz Scherer, ein Betriebswirtschaftsprofessor, versucht, seine eigene Haut, sprich seinen Posten, zu retten. In einem Alleingang leitete er Ende Oktober die Rückkehr von Rummenigge und Beckenbauer ein. Der kurze Wahlkampf um die Gunst der Mitgliederstimmen für die am 25. November 1991 stattfindende Präsidiumswahl wurde für Hoeneß zur Hölle. Die ehemaligen Mitspieler gingen sofort zur Attacke über, nicht direkt, aber deutlich zwischen den Zeilen, wenn sie Hoeneß' Arbeit bewerteten. »Er war allein, es sagte ihm keiner, was er verkehrt machte. Auch ein Hoeneß macht Fehler«, stellte Beckenbauer fest. Und Rummenigge kündigte eine Umkehr der Spar- und Verkaufspolitik an, wollte plötzlich im großen Stil investieren. Da wollte Hoeneß gern mitmachen, kein Thema. Nur der drohende Machtverlust und die bevorstehende Rückkehr des Kaisers in sein Reich in der Säbener Straße machten ihm zu schaffen. Würde Beckenbauer ihn wie bei der WM 1974 wieder rausdrängen? Würde es wie beim FC Bayern in der Mitte der 70er-Jahre wieder zwei Fronten geben? Würde Rummenigge gar Paul Breitner mitbringen, mit dem Hoeneß seit 1983 völlig zerstritten war?

Es gibt nur zwei Momente, in denen Hoeneß ernsthaft daran dachte, den Managerposten aufzugeben: in jenem Herbst 1991 und im Laufe der Kokainaffäre um Christoph Daum. Kurz vor den Wahlen sagte Hoeneß über Beckenbauer und Rummenigge: »Ich muss erst ausloten, was die wollen. Wenn sie es ehrlich meinen – okay. Wenn nicht, werde ich aufhören.«

Wie erwartet, wurden die Heilsbringer aus der glorreichen Vergangenheit mit dem Auftrag Zukunftssicherung ins Präsidium gewählt und Scherer für die Idee gefeiert. Er durfte Präsident bleiben. Hoeneß machte zähneknirschend weiter, musste künftig nach Spielen Beckenbauer-Statements wie »Des is wia Obergiasing gega Untergiasing« vor den Medien relativieren und den Moderator geben. Das Problem: Nun äußerte sich nicht nur ein Exspieler und Hobbygolfer, sondern ein offizieller Vereinsfunktionär. Eine der ersten Amtshandlungen von Beckenbauer, der als Mutmacher für den sonst eher zögerlichen Schatzmeister Hegerich diente, war es, Investitionen voranzutreiben. Nicht einmal ein Jahr war der Kaiser im Amt, da wurden im Sommer 1992 schon satte 23,5 Millionen DM in neue Spieler gesteckt, damals absoluter Bundesligarekord. Die spektakulärste Verpflichtung hieß Lothar

Matthäus, Beckenbauers Kapitän der WM-Helden von 1990. Er war es, der Matthäus überzeugen konnte, zum FC Bayern zurückzukehren.

Die Entscheidungsträger Beckenbauer und Rummenigge Seite an Seite als Vizepräsidenten, Scherer als repräsentierender Vereinsboss, dazu Manager Hoeneß. Das spielte sich über die Jahre ein. Besonders Rummenigge und Hoeneß fanden zueinander, bauten ein nicht nur rein geschäftliches Miteinander auf. »Mit Kalle verbindet mich eine tiefe Einigkeit über viele Dinge des Lebens. Zwar hat er einen ganz anderen Freundeskreis als ich, aber wenn es darauf ankommt, stehen wir Seite an Seite. Da passt kein Blatt zwischen uns«, erläuterte Hoeneß in einem Interview mit der »Bunten«: »Bei uns beiden weiß jeder vom anderen alles. Mehr vielleicht als die Ehefrauen.« So?

Anders das Verhältnis von Rummenigge und Beckenbauer, sie entfremdeten sich doch mehr und mehr in ihren Rollen. Vor allem als Rummenigge beschloss, bei der nächsten Mitgliederversammlung 1994 als Präsident zu kandidieren. Es drohte ein Machtkampf, da Scherer sich auch zur Wiederwahl stellen wollte. Seit 1979 war der Augsburger im Verein, erst für sechs Jahre als Schatzmeister, seit 1985 als Präsident. Widerstandslos wollte er sich als Mann der Wirtschaft gegen den Exfußballer Rummenigge nicht geschlagen geben. Eine Situation, die dem Verein auf jeden Fall Verlierer beschert hätte – so oder so. Denn der unterlegene Kandidat und einige seines Teams hätten dem FC Bayern wohl den Rücken gekehrt. Also schaltete sich der bayerische Ministerpräsident Edmund Stoiber, zugleich Vorsitzender des Verwaltungsbeirates, ein. Ihm gelang es, alle Beteiligten zu überreden, auf eine Kampfabstimmung zu verzichten und stattdessen Franz Beckenbauer als einzigen Kandidaten ins Rennen zu schicken. Hoeneß verhielt sich neutral, nicht gerade überschwänglich, er sagte:

»Ich bin für den FC Bayern.« Er wusste, dass es für den Moment die beste Lösung war, ihm war aber auch klar, dass er – sollte er mittelfristig auf den Posten des Präsidenten spekulieren – lange auf die nächste Gelegenheit würde warten müssen.
Denn der Franz ist der Franz. Und so wurde Beckenbauer am 14. November 1994 auf der Mitgliederversammlung mit überwältigender Mehrheit zum Bayern-Präsidenten gewählt. Nun hatte er, mit gerade 50 Jahren, nahezu alle Posten in seinem Heimatverein ausgefüllt. Er war Spieler, Kapitän, Vizepräsident, zwischendrin Aushilfstrainer und nun Präsident. Ganz oben. Gewohnte Regionen für ihn. Scherer, der Platzmacher, zeigte sich am Wahlabend generös: »Ich bin für ihn nicht mehr angetreten, weil er einfach eine derartige Lichtgestalt, eine solche Persönlichkeit des deutschen, des europäischen, des Weltfußballs ist, dass es für den FC Bayern ein Glücksfall ist, dass er übernimmt.«

Der Kommentar von Hoeneß zur Kaiser-Krönung enthielt dagegen zahlreiche Spitzfindigkeiten und offenbarte, was er vom Begriff Lebemann hielt: »Franz ist natürlich ein Mann, der unheimlich viel geleistet hat in seinem Leben und der auch ganz gerne mal seine Freizeit genießt. Er ist sich natürlich darüber im Klaren, dass jetzt mit diesem Amt die Freizeit weniger wird und dass er jetzt mit mehr Sorgen Golf spielen muss. Er wird vielleicht beim siebten Abschlag mehr Gedanken an Fußballprobleme verschwenden als in der Vergangenheit – und da hat er sich überlegt: Muss ich das haben oder nicht? Und jetzt hat er es!« So als wollte er sagen: Jetzt hat er den Job, jetzt hat er den Salat. Den Begriff Freizeit verwendet Hoeneß, als wäre das eine ansteckende Krankheit. Freizeit – für ihn durch die elterliche Prägung des ständigen Schaffens fast ein Fremdwort.
Beckenbauer spürte die Skepsis und versprach daher in seiner Antrittsrede: »Ich werde nicht viel reden, sondern arbeiten.« Und er schloss mit: »Ich persönlich bin stolz, dem FC Bayern dienen zu können.«

Tosender Applaus. Die Menge hatte er hinter sich. Wie immer. Kaiser as usual.

In den folgenden Jahren entwickelte sich der FC Bayern unter Beckenbauers Regentschaft mehr und mehr zum FC Hollywood. Ein Jahr nach der Kaiser-Krönung propagierte Uli Hoeneß: »Wir haben längst die Ebene eines Fußballvereins verlassen. Wir vermitteln Lebensfreude, das ist unsere Philosophie.«

Bei den Umsätzen war man dank kräftig gestiegener Einnahmen aufgrund des Pay-TV, der bunten, immer vielfältigeren Merchandising-Welt und der enorm wachsenden Mitgliederzahl in neue Dimensionen vorgestoßen. Daher entschloss man sich, den Verein auf dem Weg ins neue Jahrtausend anders zu strukturieren. Von 1999/2000 bis zur nächsten Saison steigerte sich der Umsatz um nahezu 30 Millionen Euro auf 173 Millionen Euro. Im Februar 2002 wurde ein Teil der Fußballabteilung des Stammvereins FC Bayern München e.V. in die FC Bayern München AG ausgegliedert, um professionelle Strukturen zu schaffen und das neue Stadion, die Allianz Arena, finanzieren zu können.
Der Verein hat es dabei geschafft, er selbst zu bleiben. Der FC Bayern München e.V. hält 75 Prozent am Konzern FC Bayern AG. Über die Jahre haben sich dem Club drei Partner aus der Wirtschaft zur Seite gestellt. 2002 stieg die Adidas AG ein, 2009 die Audi AG, im Februar 2014 die Allianz SE. Sie halten nun zu gleichen Teilen die 25 Prozent, die nicht dem eingetragenen Verein gehören. Adidas hatte für seinen Anteil 77 Millionen Euro bezahlen müssen, für die Allianz kostete er zwölf Jahre später 110 Millionen.

Als der Verein im Februar 2002 zur Aktiengesellschaft umgewandelt wurde, entschied man sich – anders als Borussia Dortmund – gegen einen Börsengang und gegen eine Bayern-München-Aktie. »Wir müssen versuchen, so lange wie möglich nicht an die Börse zu gehen«, forderte Uli Hoeneß damals, »dort hast du Zwänge, die du nicht mehr steuern kannst.« Im Rückblick war er froh über diese Entscheidung, in einem Interview mit »Focus Money« sagte er: »Damals hieß es, der Hoeneß muss sich doch Borussia Dortmund als Vorbild nehmen und Hunderte von Millionen an der Börse kassieren. Diversifikation, eigene Hotels, eine eigene Sportmarke – das sei die Zukunft. Ich musste ständig lesen, Bayern würde sich nur auf das Kerngeschäft konzentrieren, da müsse jetzt was passieren. Wo aber ist das Hotel? Wo ist die Sportmarke? Wo sind die Börsengelder?« Er sollte recht behalten. Und es gibt kaum etwas Schöneres in der Welt von Uli H.

Auch seine Skepsis in Bezug auf Franz Beckenbauer war berechtigt. Denn der Kaiser stoppte trotz seiner Verpflichtungen keineswegs seine Werbeaktivitäten. Kein Wunder, kam der Mann, der 1966 noch Knorr-Suppe gelöffelt und dabei spitzbübisch in die Kamera gegrinst hatte, im Jahr 2001 durch Verträge mit Adidas, Erdinger, Opel, E-Plus und Yello-Strom doch auf geschätzte Jahreseinkünfte von acht Millionen DM. Schön und gut. Für den Geldbeutel und fürs Ego – wie der Werbekaiser verriet: »Wenn ich ehrlich bin, ist meine Eitelkeit wohl der Grund, warum ich immer noch Werbung mache.«

Besonders pikant daran war, dass Beckenbauer bei bestimmten Markensparten just für einen Konkurrenten des Bayern-Partners warb. Als Bayern etwa in den 90er-Jahren einen Deal mit Opel hatte, war Beckenbauer bei Mitsubishi unter Vertrag. Ein weiteres Beispiel: E-Plus auf der einen, Viag Interkom auf der anderen Seite. Als die Vorstandsbosse Rummenigge und Hoeneß 2002 mit der Telekom als potenziellem Hauptsponsor verhandelten, wollte der Aufsichtsratsvorsitzende Beckenbauer ihnen seinen Werbepartner Postbank schmackhaft machen. Die Empörung bei Hoeneß war groß. Und noch größer, als Beckenbauer – die Partnerschaft mit der Telekom war gerade schriftlich

fixiert – sich mit einem direkten Konkurrenten, dem Mobilfunkunternehmen O2, arrangierte.
Hoeneß gab zu, dass dies den Vorstand »getroffen« habe. Seine Begründung: »Der Deal mit Bayern München war innerhalb der Telekom nicht unumstritten. Der Konzern war in einer unglaublich zerrissenen Situation. Ron Sommer war in der Kritik und hatte unseren Vertrag mitverantwortet. Und da war es natürlich Wasser auf die Mühlen derer, die nicht so dafür waren, dass der Aufsichtsratsvorsitzende und Präsident des FC Bayern Werbung für einen direkten Konkurrenten macht.«

Die Auseinandersetzungen waren so heftig, dass Hoeneß schließlich sagte: »Ich hoffe, dass es zu keinem Bruch kommt.« Die Entfremdung schritt aber voran. Beckenbauer, nun auch Präsident des Organisationskomitees der WM 2006 in Deutschland, wurde immer weniger in die aktuelle Vereinspolitik eingebunden. 2002 beschrieb Hoeneß das restliche Miteinander so: »Franz hat seit Jahren nichts mehr mit dem Tagesgeschäft zu tun. Das ist eine Zustandsbeschreibung, keine Bösartigkeit ihm gegenüber. Jetzt ist alles perfekt. Franz bleibt uns erhalten als Figur und Person, da ist er wunderbar. Vorher als Präsident war es schlecht, er saß auf Samoa und sollte Verträge unterschreiben. Jetzt können Rummenigge, Hopfner und ich entscheiden – zwei Unterschriften von uns drei reichen. Wir drei stehen wie eine Wand.«

Aber die Misstöne nahmen stetig zu. Weil sich Hoeneß und Rummenigge endlich aus des Kaisers Schatten emanzipieren konnten. Sie führten gemeinsam mit Finanzvorstand Karl Hopfner die AG, bestimmten den Kurs. Da konnte man dem einstigen Übervater endlich mal zeigen, wo es langgeht. Im März 2002 wurde die Botschaft eines Doppelinterviews mit der »Abendzeitung« schon in der Überschrift deutlich: »Franz ist das Zugpferd – wir haben das Sagen«. Worauf sich Beckenbauer in »Bild« über »die unglückliche Tonlage« wunderte und schreiben ließ: »Meine Arbeit ist getan, das Feld ist bestellt. Das neue Stadion wird gebaut, die Umwandlung des FC Bayern in eine AG ist vollzogen. Für mich gibt es jetzt nichts mehr zu tun. Man könnte auch sagen: Der FC Bayern braucht mich nicht mehr.«

Und so ging es stetig weiter. Einig in der Uneinigkeit. Hier eine kleine Auswahl der Sticheleien und Anfeindungen.

April 2003: Vorstandschef Karl-Heinz Rummenigge lästert: »Ich habe ein Buch, das heißt: ›Aufsichtsrat und Vorstand – Rechte und Pflichten‹. Ich glaube, das werde ich dem Franz demnächst mal ausleihen. Es ist nicht gut und auch nicht klug, wenn der Aufsichtsratsvorsitzende öffentlich eine andere Meinung vertritt als der Vorstand.«

Mai 2004: Beckenbauer macht Druck, als es mit Hitzfeld titellos zu Ende geht. »So eine Saison wie diese möchte ich ungern wieder erleben. Der Vorstand entscheidet über den Trainer. Aber es muss und wird was passieren.«

August 2005: Beckenbauer stellt fest: »Wir sind ein Fußballclub und keine Bank. Es nützt nichts, wenn das Geld dort rumliegt.«
Hoeneß kontert: »Der Vorstand ist für die Politik zuständig. Wir wissen genau, was wir zu tun haben. Ich habe nicht das Gefühl, dass Franz so genau merkt, was er sagt.«

September 2006: Rummenigge ist genervt und schlägt Reportern vor: »Fragen Sie doch den Franz, wenn Sie mehr wissen wollen.«

Februar 2007: Hoeneß und Rummenigge entlassen Trainer Magath. Rummenigge stellt klar: »Nachdem wir Fakten geschaffen haben, habe ich Franz informiert.«

Beckenbauer sagt Stunden zuvor: »So ein Blödsinn! Wir haben mit Felix die letzten zwei Jahre unglaubliche Erfolge gefeiert. Und jetzt soll er plötzlich alles falsch gemacht haben und nicht mehr der richtige Mann für uns sein? So ein Schmarrn!«

Februar 2008: Beckenbauer klagt: »Die letzten Jahre ist bei uns alles so dahingeplätschert.«
Hoeneß behauptet: »Der Franz weiß auch nichts.«
Beckenbauer kontert barsch: »Wer ein Problem hat, soll zu mir kommen.«

Aussagen, die nicht danach klingen, als handele es sich um die leitenden Personen eines Unternehmens mit einem damaligen Jahresumsatz von 220 Millionen Euro. Die gegenseitigen Spitzen hatten eher etwas von Giesinger Schulhofgehabe zwischen den Streithähnen Uli, Kalle und Franz.

Auch 2009 kommt es zum Krach. Wieder einmal hat Beckenbauer einfach drauflosgeplaudert, diesmal über Franck Ribéry. Dem Franzosen, dem liebsten Kind des Vorstands, seit man im Sommer 2007 rund 25 Millionen Euro Ablöse an Olympique Marseille bezahlt hatte, war von einem Angebot von Real Madrid der Kopf verdreht worden, das Thema füllte den Schlagzeilensommer. »Das ist ein Franzose, dem ist München wurscht«, stellte daraufhin der Aufsichtsratsvorsitzende in seiner nonchalanten Art fest. Will sagen: Ribéry ist einer von vielen Legionären, die den Verein nur als Karrieresprungbrett benutzen.

Als der Vorstand von diesen Aussagen erfuhr, wurde sofort Alarm geschlagen und ein Notstandsprogramm ausgearbeitet. Eilig engagierte man einen Französischdolmetscher, vermailte rasch eine Presseerklärung in die Republik, in der man sich von Beckenbauers Aussagen

distanzierte. Ribéry, seine Familie, seine Freunde, seine Berater – sie alle sollten um Himmels willen nicht den Eindruck bekommen, der Superstar sei bei Bayern nicht mehr erwünscht. Hoeneß war außer sich vor Zorn auf Beckenbauer, der den Liebling der Fans und das Prestigeobjekt des Vereins beinahe im Alleingang vom Hof gejagt hatte. Doch nach außen musste eine moderate Sprachregelung gefunden werden. »Mehr regelmäßige Treffen, eine bessere Kommunikation«, forderte der Vorstand ein und erteilte eine schriftliche Rüge. Man sei doch »sehr verwundert« über Beckenbauers Aussagen. Die Faust in der Tasche geballt, arrangierte man eine Aussprache mit Beckenbauer. Beim Meeting in der Allianz Arena trat Beckenbauer dann wieder einmal als der Franz auf, als kümmere ihn das alles wenig. »Ihr wisst schon, dass ich euch alle entlassen könnte«, warf er Rummenigge, Hoeneß und Hopfner entgegen. Ein Witz. Ein bisschen Ironie muss sein? Dem Vorstandstrio war aber nicht nach Späßen zumute. Abgesehen davon müsste dafür im Aufsichtsrat ja eine Mehrheit gefunden werden. Nach dem Gipfeltreffen, bei dem mal wieder für den Fortbestand der großen FC-Bayern-Koalition gesorgt wurde, sagte Hoeneß:
»Unser Verhältnis ist in Ordnung.« Wirklich überzeugt davon klang er jedoch nicht. Und Beckenbauer? Entschuldigte sich für die Außenwirkung wegen der Ribéry-Beleidigung. Er habe jenem nur helfen wollen, erklärte er. Er habe nur sagen wollen, Ribéry habe keine deutschen Wurzeln. Typisch Franz eben – er habe ja nur ... So ist er eben. Und so wird er immer bleiben. Frei nach dem Motto »Was interessiert mich mein Geschwätz von gestern?«.

Zwischen Lichtgestalt und »Firlefranz«, wie ihn einst »Der Spiegel« taufte, bewegt sich seine Wahrnehmung in der Öffentlichkeit. In Sachen Ribéry war er ein Sicherheitsrisiko für den FC Bayern, er selbst aber sagte: »Ich habe in letzter Zeit, auch wenn es nicht den Anschein machte, viel Rücksicht genommen.« Ganz so wie jemand, der gerade

einen Unfall verursacht hat und nun dazu anmerkt, er sei aber schon lange nicht mehr richtig schnell gefahren. Künftig, so Beckenbauer lapidar, könne es sogar sein, »dass ich ein bisserl deutlicher werde, meine Meinung sage«.
Seit Januar 2010 ist er noch unabhängiger, da er als Ehrenpräsident noch weniger Berührungspunkte mit dem Verein hat. Des Kaisers Grollen brach fortan von seinem Wohnsitz Salzburg aus via »Bild« und »Sky« gänzlich ungefiltert über die Säbener Straße in München herein.

Die Mitglieder und Anhänger des FC Bayern haben Beckenbauers Eruptionen aber immer ganz gut einschätzen können, sie nahmen manche scharfe Bemerkung sogar belustigt auf. Wichtiger war ihnen immer, was Uli Hoeneß zu sagen hatte. Er stand eben ein bisschen mehr für den Verein als alle anderen.
Zu Verstimmungen zwischen Fans und Hoeneß ist es nur zweimal gekommen. Am 13. November 2007 auf dem Nockherberg, im Münchner Starkbiertempel, in dem der FC Bayern seine Jahreshauptversammlung abhielt, brachten einige Wortmeldungen aus dem Auditorium den damaligen Manager Hoeneß in Rage. Das Thema war die oft gedämpfte Stimmung in der Allianz Arena, sogar bei Heimspielen des TSV 1860 sei sie besser.

Eine Minute und 50 Sekunden dauerte die Wutantwort von Hoeneß – gehalten mit feuerrotem Kopf vor feuerrotem Hintergrund. »Eure Scheißstimmung! Da seid ihr doch dafür verantwortlich und nicht wir ... Was glaubt ihr eigentlich, was wir das ganze Jahr über machen, damit wir euch für sieben Euro in die Südkurve gehen lassen können? Was glaubt ihr eigentlich, wer euch das alles finanziert? Die Leute aus den Logen, denen wir die Gelder aus der Tasche ziehen! Ohne die hätten wir nämlich keine Allianz Arena. Da würden wir näm-

lich jetzt wieder in Schnee und Eis spielen, dann würden wir gegen Bolton Wanderers 12 000 Zuschauer haben … Wenn ich höre, bei 1860 ist das alles so toll, da ist gar nichts toll … Was glaubt ihr eigentlich, wer ihr seid?«
Immer wieder platzten Buh-Rufe von Mitgliedern in die Hoeneß-Tirade. Die offene Konfrontation – ein Sakrileg.

Doch Hoeneß wurde schnell wieder versöhnlich. Er räumte mit ein paar Tagen Abstand ein: »Ich bin ein sehr emotionaler Mensch. Bei mir brannten die Sicherungen durch. Meine Lautstärke war sicher emotional und übertrieben.«
Er kam wieder ins Reine mit den Fans, betonte auch gegenüber den stets kritischen Ultra-Gruppierungen: »Ich reiche euch die Hand. Einzige Bedingung: Ihr sprecht euch gegen Gewalt aus.«

Eine zweite Krise durchlebte die Beziehung zwischen Hoeneß und den Fans im Frühjahr 2011. Der Lokalrivale TSV 1860, im Stadion der Mieter, stand vor dem finanziellen Kollaps. Hoeneß hatte auf einer Jahreshauptversammlung einmal unter lautem Jubel angekündigt, er werde, wenn die Löwen sich entschlössen auszuziehen, ihnen mit einer Kapelle voranschreiten und den Bayerischen Defiliermarsch dirigieren. Doch nun hörte er sich anders an, stellte dem ungeliebten Nachbarn finanzielle Hilfen in Aussicht. »Dazu sind wir nach dem Aktiengesetz verpflichtet«, verteidigte Karl-Heinz Rummenigge das Vorgehen des Kollegen. Doch Teile der Fan-Szene waren nicht zu besänftigen. Es gab Anti-Hoeneß-Transparente. »Judas Hoeneß« stand sogar auf einem. Der Präsident, der mit seiner Amtsübernahme regelmäßige Sprechstunden eingeführt hatte und Volksnähe lebte, war tief betroffen.

Der Münchner TV-Produzent Gil Bachrach, der 1992 eine große Lichterkette gegen Ausländerfeindlichkeit auf die Beine gestellt hatte, organisierte dann den Gegenprotest der bis dahin schweigenden Mehrheit: Zum nächsten Heimspiel trat die Aktion »Gegengerade für Uli Hoeneß« in Erscheinung. Seine Motivation: »Ein Mann, der so viel getan hat für die Fans, hat es nicht verdient, mit Hasstiraden beschimpft zu werden.«

Die Bayern mussten bei den Sechzigern dann doch nicht einspringen, der Zweitligist fand in dem Jordanier Hasan Ismaik einen Investor. Das Thema Hilfe für 1860 verschwand von der Tagesordnung. Und auch der Zoff der Fans mit dem Präsidenten Hoeneß erledigte sich von selbst.

Auf der Jahreshauptversammlung am 13. November 2013 war Hoeneß der umjubelte Mann. Der reuige Steuersünder Hoeneß. Der FC Bayern hatte um ihn herum eine Wagenburg aufgebaut.
Rummenigge brauchte in seiner Ansprache nur zu sagen: »Uli erlebt im Moment eine schwere Zeit« – und schon brach eine Ovation über drei Minuten los. »Ich bin nicht alleine sein Freund, der ganze FC Bayern ist sein Freund.« Hoeneß weinte.

Hoeneß und Rummenigge, oft als Rivalen wahrgenommen, waren sich nahe gekommen wie nie. So viel Empathie, wie Rummenigge ihm in der Zeit der Not entgegenbrachte, hatte Uli Hoeneß wohl nicht erwartet. Allerdings war Rummenigge das Steuervergehen des Kollegen auch nicht ganz fremd. Er selbst war im Februar desselben Jahres am Flughafen München vom Zoll erwischt worden, wie er, von einer Sitzung der European Club Association (ECA) aus Katar kommend, zwei Rolex-Uhren, die er geschenkt bekommen hatte, einschmuggeln wollte. Auch das war Steuerhinterziehung, Rummenigge akzeptierte schließlich einen Strafbefehl über 140 Tagessätze zu 1785 Euro, das sind knapp 250 000 Euro. Dadurch ist er vorbestraft. Doch neben dem großen Fall Hoeneß ging seiner als Petitesse durch.

Und Franz Beckenbauer? Der hatte sich in den 70er-Jahren auch deswegen zu Cosmos New York abgesetzt, weil er eine Warnung aus dem bayerischen Finanzministerium erhalten hatte. Von seinen Gegnern wird dem Kaiser auch heute noch sein steuerlich günstigerer Wohnsitz in Österreich vorgehalten.
Der Franz machte sich nun ebenfalls zum Fürsprecher von Hoeneß. »Er hat einen Fehler gemacht. Aber muss man einen Menschen da gleich bestrafen?« Ulikallefranz hatten wieder zueinandergefunden.

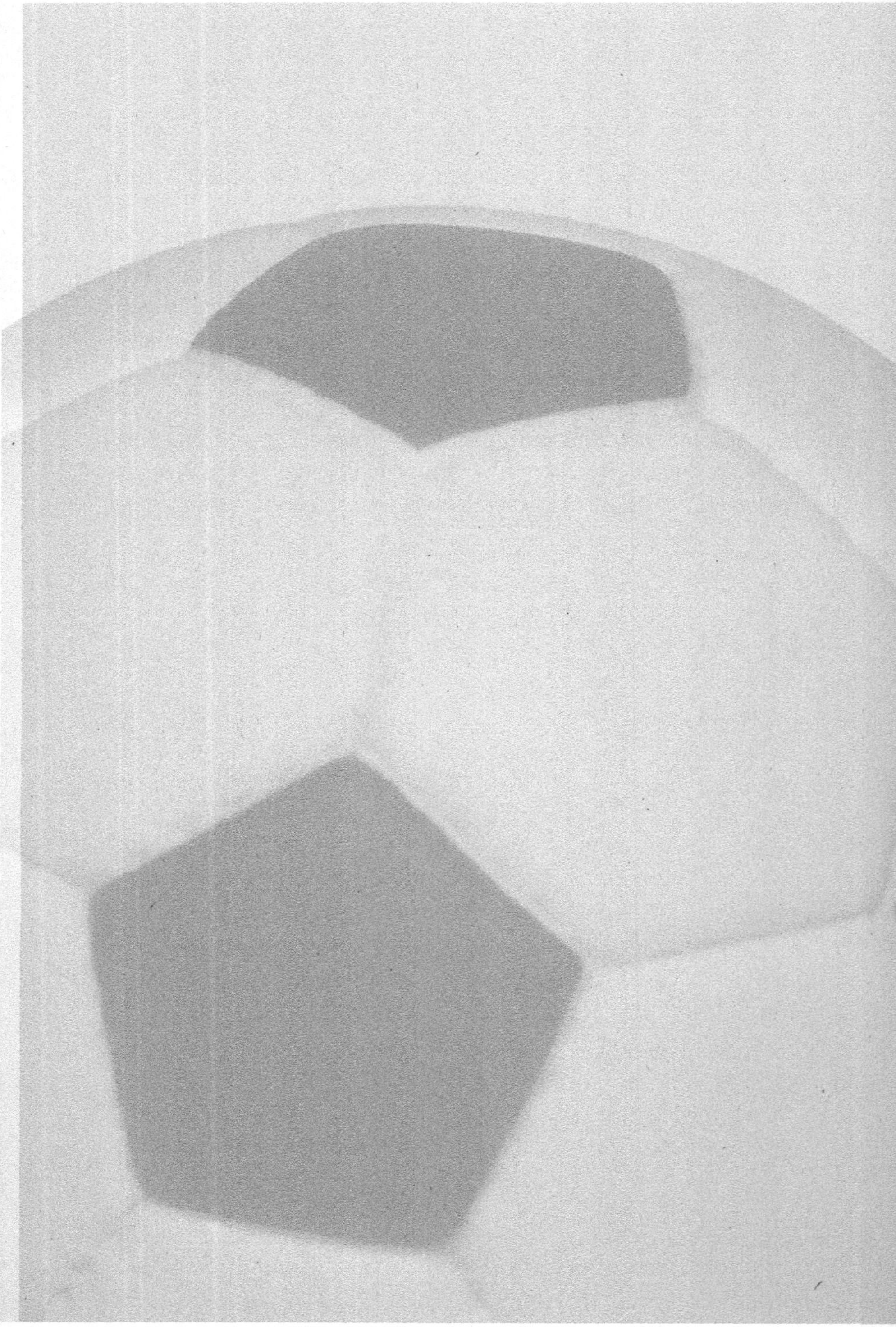

12.

Der lange Weg ins Triple-Glück

In Deutschland klang der Sommer aus, in Israel entfaltete er noch seinen vollen Zauber, als der FC Bayern am 15. September 2009 in Tel Aviv beim Club Maccabi Haifa spielte. Es war der Start in die erste Champions-League-Saison unter dem neuen Trainer Louis van Gaal – und Uli Hoeneß erschien in prächtiger Laune zu einem Interviewtermin in der Lobby des Mannschaftshotels. Er habe »wunderbar geschlafen«, sagte er und blickte durch die hohe Fensterfront hinaus auf das sprudelnde Leben: geschäftiges Treiben am Strand, Palmen, Meer. Eine Dienstreise, die man sich gefallen lässt.

Anlass des Interviews war der bevorstehende 20. Jahrestag des Berliner Mauerfalls, Hoeneß erzählte von seinen Spielen gegen DDR-Mannschaften und den ersten noch abenteuerlichen Spielertransfers der Bundesliga nach der Wende. Als der offizielle Teil des Gesprächs vorüber war, lehnte er sich zurück und öffnete sein Nähkästchen. Er erzählte, wie in der Vorsaison die beiden Abwehrspieler Martín Demichelis und Lucio auf dem Spielfeld verbal derart aneinandergeraten waren, dass sich hinterher in der Kabine der eine aus Angst vor dem anderen in der Toilette einschloss. Hoeneß verriet, dass er die Defizite des Trainers Jürgen Klinsmann eigentlich schnell erkannt habe, »doch ich habe auch versucht, ihn wenigstens über diese eine Saison zu bringen«. Klinsmann habe ihn mit ständigen Nachfragen zu Details genervt. »Jetzt aber haben wir einen Trainer, der diese Dinge im Griff hat.« Hoeneß konnte also wieder entspannter sein, eine gewisse Reserviertheit dem neuen Mann gegenüber war an jenem Vormittag in Tel Aviv jedoch auch zu spüren.

Der FC Bayern gewann das erste Champions-League-Spiel unter van Gaal in Tel Aviv 3 : 0, später geriet er in der Vorrundengruppe ins Trudeln, ehe er am letzten Spieltag mit einem 4 : 1-Streich bei Juventus Turin doch noch das Achtelfinale erreichte. Ein Wunder. Und ein Schlüsselerlebnis. Danach hatte man keine zaudernde, orientierungslose Mannschaft mehr, sondern eine, die selbstbewussten, rassigen

Angriffsfußball zelebrierte. Über die Stationen Florenz, Manchester United, Lyon stürmten die Bayern in ihr erstes internationales Finale seit neun Jahren. Am 22. Mai 2010 in Madrid erwischten sie einen schlechten Tag, unterlagen Inter Mailand, trainiert vom einstigen Van-Gaal-Schüler José Mourinho, 0:2. Es war eine undramatische Niederlage, man hatte sich im Verlauf der 90 Minuten damit abfinden müssen, dass der Gegner einfach reifer und cleverer war. An der Wertschätzung von Verein und Fans für die Arbeit van Gaals, der zuvor schon das deutsche Double geliefert hatte, änderte sich nichts. Der Niederländer galt als stilbildend, sogar für die mit reichlich Münchner Akteuren bestückte Nationalelf, die bei der WM in Südafrika die Welt verzauberte. »Wir spielen Louis-van-Löw-Fußball«, brachte Thomas Müller seine beiden Trainer – im Club und beim DFB – zusammen. Der Bayern-Präsident Uli Hoeneß jedoch hielt sich mit Lob für Louis van Gaal stets zurück.

Hoeneß und Louis van Gaal hatten sich knapp eineinhalb Jahrzehnte davor kennengelernt. Mitte der 90er-Jahre galt Ajax Amsterdam, der Club van Gaals, in Europa als das Maß aller Dinge. Deutscher Fußball wurde, als die Generation der Weltmeister von 1990 nach und nach abtrat, immer rumpeliger, derweil die Niederländer hochveranlagte Spieler in Serie produzierten. Stichwort Ajax-Schule, geleitet von van Gaal.

Der damalige Chef des Junior-Teams beim FC Bayern, Heiner Schuhmann, reiste zu van Gaal, um sich ein paar Tage anzuschauen, nach welchen Methoden bei Ajax ausgebildet wird. »Van Gaal«, blickt Schuhmann zurück, »hat mit mir die ganze Woche über Englisch geredet. Am Wochenende kamen Uli Hoeneß und Karl-Heinz Rummenigge – und auf einmal konnte van Gaal Deutsch.«

Van Gaal war ein unberechenbarer Zeitgenosse, in dessen Vita sich später auch Misserfolge schlichen. Zweimal nach der Zeit bei Ajax war er Trainer des FC Barcelona – und konnte die Sehnsucht des katalanischen Clubs nach dem Europacup-Triumph nicht erfüllen, obwohl ihm jeder Spieler gekauft wurde, den er haben wollte. Zwischendurch war er auch noch Bondscoach und verpasste mit der niederländischen Nationalmannschaft die Qualifikation für die Weltmeisterschaft 2002. Für die Niederlande war dies ein nationales Unglück – in deutschen Stadien Auslöser des Spottgesangs »Ohne Holland fahr'n wir zur WM«.

Doch als Louis van Gaal schon fast ein Trainer-Auslaufmodell war, schaffte er das Comeback. Er wurde 2009 in den Niederlanden Meister mit dem Außenseiter-Team AZ Alkmaar. Er war wieder im Geschäft. Und geriet in den Fokus des FC Bayern, der nach dem Klinsmann-Flop und der guten Erfahrung mit der Interimslösung Heynckes einen gereiften und starken Trainer haben wollte. Über die branchenbekannten Verhaltensauffälligkeiten van Gaals – der Klassiker ist auf YouTube zu sehen: van Gaal verlässt ein Fernsehstudio während einer Livesendung, weil für die kommende Woche ein Experte angekündigt wird, den er nicht schätzt – sah man hinweg. Im Bayern-Vorstand wurden Zettelchen mit den Namen von Wunschtrainern ausgefüllt. Louis van Gaal stand überall drauf.

Der Einstand des niederländischen Lehr- und Zuchtmeisters war fulminant: In einem 14-Tage-Kurs in einem Kloster hatte er sein Deutsch aufgefrischt, das bayerische Glaubensbekenntnis »Mia san mia« ging ihm bei seiner ersten Pressekonferenz fehlerfrei über die Lippen. Und er prägte das Bild »Der FC Bayern ist für mich wie ein warmer Mantel«.

Der Sender »Sport1« übertrug das erste Training von van Gaal live, es war ein Actionspektakel. Dieser schon etwas ältere Herr mit der tropfenförmigen Figur und der Frisur, die nur er für eine Hommage an den Filmdandy James Dean hielt, sprang von Spieler zu Spieler und schmetterte seine Kommandos über den Platz. Rummenigge und Hoeneß konnten mit der straffen Teamführung des Neuen zufrieden sein, wenn sie aus den Fenstern ihrer Büros auf den Trainingsplatz blickten. Doch offensichtlich war auch, dass van Gaals Selbstbewusstsein und Sturheit so groß waren, dass er zu jedem Konflikt bereit sein würde.

Mit Wohlwollen verfolgte die Münchner Führungsetage, dass van Gaal die vereinseigenen Amateurspieler Thomas Müller und Holger Badstuber forcierte und für Bastian Schweinsteiger, der auf den Außenbahnen oder als Mann hinter den Spitzen in seiner Entwicklung stagniert hatte, die ideale Rolle als Ballverteiler im defensiven Mittelfeld entwickelte. Es musste ihnen jedoch missfallen, wie der neue Trainer den Rekordtransfer Mario Gómez links liegen ließ – erst in der zweiten Saison wurde der Stuttgarter Mittelstürmer Stammspieler – und für den 10-Millionen-Euro-Mann Anatoli Timoschtschuk aus der Ukraine ebenfalls keine Verwendung hatte. Van Gaal schreckte auch nicht davor zurück, sich mit etablierten Kräften anzulegen. Innenverteidiger Martín Demichelis setzte er in der Hierarchie hinter den Aufsteiger Holger Badstuber, gleich am ersten Bundesliga-Wochenende stellte er den Argentinier frei, damit der sich in Ruhe mental mit der künftigen Reservistenrolle auseinandersetzen konnte. Erst ab dem zehnten Spieltag rutschte Demichelis, von Verletzungen anderer Spieler profitierend, wieder in die Stammelf auf.

Da ging es »Micho« immerhin noch besser als Luca Toni. Der italienische Weltmeister, bei seiner Verpflichtung im Sommer 2007 noch der Stolz des FC Bayern und der Schrecken der Bundesligakonkurrenz, kam unter van Gaal zu keinem einzigen Spiel über 90 Minuten; in der Winterpause wurde er wegtransferiert, zum AS Rom. Van Gaal hatte den einstigen Stürmerstar, der seinen Münchner Lebensmittelpunkt zunehmend in die Szenepizzeria »H'ugo« verlagerte, nicht nur mit sportlicher Nichtberücksichtigung gedemütigt. Der Trainer legte Wert auf eine strikte Tischordnung im Mannschaftskreis; er legte fest, wer wo und mit wem zu sitzen hatte und dass keiner sich von der Tafel erheben sollte, wenn ein Mitspieler noch aß. Wie Luca Toni eines Mittags in seinem Stuhl hing, erschien van Gaal provokant lasziv – er brachte den Weltstar eigenhändig, durch Ziehen an dessen Ohren, in die Sitzposition, die ihm angemessen schien. Als Spieler benötigte er Toni nicht mehr. Über den Fußball brach die Moderne herein, man kam ab von der Taktik mit zwei Spitzen, eine Spitze in vorderster Front genügte. Van Gaal hatte neben Toni die deutschen Nationalstürmer Miroslav Klose und Mario Gómez zur Verfügung, dazu den Kroaten Ivica Olić, der vom Hamburger SV gekommen war.

Für van Gaal war Olić der modernste Mittelstürmer: Er war klein, wendig, arbeitete in der Defensive mit. Seine Glanzpartie lieferte Olić im Viertelfinal-Rückspiel in der Champions League ab. Das Hinspiel gegen Manchester United hatte der FC Bayern 2 : 1 gewonnen. Im legendären Stadion Old Trafford erlebte er dann in der ersten halben Stunde eine Hinrichtung; die Truppe um die Stars Wayne Rooney und Nani erzauberte sich einen 3 : 0-Vorsprung. Die Bayern brauchten zwei Tore, um weiterzukommen, da erzwang Olić das 1 : 3 und nach der Pause legte Arjen Robben mit einem Volley-Traumtor in den Winkel nach. Man verglich den emsigen Kroaten mit dem unablässig trommelnden Hasen aus der Batteriewerbung.

Klose war oft verletzt, überhaupt konnte er in München nie annähernd eine Rolle spielen wie in Kaiserslautern oder Bremen; seine Einsatzzeiten holte er sich in der Nationalmannschaft. Mario Gómez wollte sich nach der ersten Saison in München und unter van Gaal vom FC Liverpool in die Premier League ausleihen lassen, van Gaal stimmte dem Geschäft zu, Rummenigge und Hoeneß unterbanden es. Van Gaals Vorliebe für den strebsamen Ivica Olić war indes schon der Aufbruch in neue Zeiten. Olić hatte nicht die Quoten der klassischen Torjäger, doch bei van Gaal kam die Torgefahr verstärkt aus dem Mittelfeld.

Er hatte Thomas Müller, für den er festlegte: »Müller spielt immer«, und Arjen Robben, den er in den Niederlanden schon als Jugendlichen trainiert hatte. Und er hatte Franck Ribéry.

Mit Robben, dem alten Bekannten und Kopfmenschen, kam van Gaal klar. Mit Ribéry, dem Gefühlstypen, nicht. Van Gaal wollte aus dem Franzosen mehr machen als einen Außenbahn-Dribbler, der die Galerie unterhält, er wollte ihn im Zentrum des Bayern-Spiels wirken sehen. Ribéry – der Spielmacher, der Zehner? »Ich werde mit ihm sprechen und ihn überzeugen«, sagte van Gaal. Ribéry ließ sich nicht überzeugen. In Interviews mit französischen Medien führte er mehrfach Klage über das Regime des Niederländers. Der schenke ihm nicht das Vertrauen, das er brauche.

Ribéry störte sich auch daran, dass der Trainer ihn nach Verletzungen immer erst ganz langsam an die Mannschaft heranführte. Fünf Minuten, zehn, nächste Woche vielleicht ein Viertelstündchen – Ribéry war es immer zu wenig.

Uli Hoeneß fürchtete, der Liebling des Bayern-Publikums würde Konsequenzen aus der verfahrenen Situation mit dem Trainer ziehen und sich im Sommer 2010 zum Weggang entschließen, Interessenten gab es schließlich zur Genüge, in Spanien, in England. Also wurde Hoeneß Ribérys persönlicher Schutzpatron. Er hatte ohnehin ein Faible für den kleinen Franzosen mit dem seit früher Kindheit durch einen Autounfall vernarbten Gesicht. Hoeneß mag Lebensläufe mit Kurven und Umwegen, der schwierige Typ ist ihm willkommener als der glatte Karrierist. Ribéry stand für die Lust am Leben, die Lust am Spiel – für ihn den FC Bayern zur Wohlfühloase zu gestalten war Hoeneß' ganz persönliches Projekt.

In München erzählt man sich die Geschichte, Hoeneß habe sogar in eine Streitigkeit zwischen Ribéry und dessen Nachbarschaft eingegriffen. Anwohner hätten sich beschwert, der Fußballstar pflege sein

Anwesen nicht, wie es den Gebräuchen des noblen Viertels entspreche. Die Bayern schickten einen Gärtner, die Rechnung bezahlte Uli Hoeneß aus eigener Tasche.
Vor allem stellte sich Hoeneß vor Ribéry, als es für diesen juristisch brenzlig wurde. In Frankreich wurde Anklage gegen ihn erhoben, weil er und sein Nationalmannschaftskollege Karim Benzema mit einer Prostituierten intim geworden waren, die erst 17 Jahre alt war – ein Straftatbestand. Die Sache hat Ribéry bis ins Jahr 2014 hinein verfolgt, sie ging gut aus für ihn, mit einem Freispruch, doch 2010, als sie aufgekommen war, hat sie ihn schwer belastet. Wohl auch unter dem Eindruck dieser Affäre ließ sich Ribéry im ersten Halbfinale gegen Olympique Lyon zu einem groben Foul hinreißen, woraufhin die UEFA ihn für zwei Partien sperrte. Das bedeutete: Sein persönlicher Final- und Titeltraum war nicht mehr zu realisieren.
In diesen bewegenden Tagen stand der FC Bayern, angeführt von Hoeneß, voll hinter Ribéry. Der Verein legte Protest ein bei der UEFA, und auch wenn eine Aussetzung der Sperre nicht mehr zu erreichen war, spürte Ribéry, dass der Verein für ihn eine Wagenburgmentalität entwickelte, wie er sie anderswo wohl nicht erleben würde. In der Prostituierten-Affäre wurde deutlich gemacht, dass man Ribéry nicht zum Aussätzigen erklären werde. Uli Hoeneß blökte bei einer Basketball-Pressekonferenz einen Journalisten an, als dieser ihn auf die wenig vorbildhafte Rolle Ribérys ansprach: »Lassen Sie sich den Ausweis zeigen, wenn Sie ins Bordell gehen?«
Die Bayern verloren zwar klanglos das Champions-League-Finale von Madrid, doch Franck Ribéry verlängerte seinen Vertrag, es fühlte sich alles ganz gut an. Die Fans hatten den kauzigen Louis van Gaal mit seinen offenen Bekenntnissen (»Meine Frau Truus und ich, wir machen immer noch die Liebe«) lieb gewonnen, sie erkannten den Entertainer im strengen Fußballlehrer (»Ich bin ein Feierbiest«) – und die Bayern spürten, dass sie endlich wieder eine Chance hatten, um Euro-

pas Krone zu spielen. Das 0:4 in Barcelona aus der Klinsmann-Zeit war, obwohl erst ein Jahr her, eine verblasste Erinnerung.
In der Finalnacht von Madrid zog Sportdirektor Christian Nerlinger an seiner Zigarre, die er sich auf dem Bankett aus Trotz angezündet hatte, und ergab sich in eine Vision: »Die Mannschaft ist gut, sie bleibt zusammen, aus Leverkusen kehrt Toni Kroos zurück – und in der nächsten Saison wird es auch keine Anpassungsschwierigkeiten mehr geben zwischen Mannschaft und Trainer.« Getragen vom Bayern-Gerüst spielte die Nationalmannschaft eine fantastische Weltmeisterschaft, Thomas Müller und Bastian Schweinsteiger kehrten als Weltstars aus Südafrika zurück.

Doch es hakte. Den Bayern fehlte nach der WM die Vorbereitungszeit auf die Saison 2010/11, und mit Borussia Dortmund bekam man plötzlich einen Gegenspieler in der Bundesliga. Es war gerade Oktoberfestzeit, da hatten die Münchner die Meisterschaft eigentlich schon verspielt. Sie hofften noch auf einen Einbruch Dortmunds in der Rückrunde, doch der fand nicht statt. Zudem waren die Bayern gar nicht in der Lage, eine Aufholjagd zu starten. Sie hatten zu viele eigene Baustellen. Das Wintertrainingslager im Januar 2011, erstmals ausgetragen in Doha im Emirat Katar, das Wochen vorher die Ausrichtung der Weltmeisterschaft 2022 zugesprochen bekommen hatte, wurde zum Fiasko.
Louis van Gaal demontierte Mark van Bommel, den Kapitän. Der entschloss sich alsbald zur Flucht vor dem Reservistendasein in München zum AC Mailand. Van Gaal verlor seinen Fürsprecher, verstimmte außerdem Arjen Robben, der sich ohne den Freund van Bommel isoliert fühlte.
Van Gaal entschloss sich in Katar auch zu einem Umsturz in der Torhüter-Hierarchie. Jörg Butt, ein halbes Jahr vorher noch bei der WM im Einsatz und an den Bayern-Niederlagen der Vorrunde

schuldlos, wurde zur Nummer zwei herabgestuft. Van Gaal sagte, er müsse an die Zukunft des Vereins denken, und machte Thomas Kraft zur Nummer eins. Kraft war als 16-Jähriger nach München gekommen, hatte die Jugend- und Amateurmannschaft durchlaufen. Ein sprungkräftiger, selbstbewusster junger Torwart, aber nicht der Beste in seinem Jahrgang. In den U-Teams des DFB hatte er keine Rolle gespielt.

»Die Aufstellung ist exklusiv Kompetenzbereich des Trainers, da reden wir nicht rein«, stellte Karl-Heinz Rummenigge klar. Tatsächlich versuchten er und Uli Hoeneß aber, van Gaal vom Vorhaben des Torwartwechsels abzubringen. Sie empfanden das, was ihr Trainer auf den Weg gebracht hatte, als Provokation.

Jörg Butt war nach der 2008 zu Ende gegangenen Ära Oliver Kahn eine Übergangslösung gewesen. Michael Rensing, Kahns eigentlicher Kronprinz, hatte sich an der Nachfolge des Titanen verhoben. Butt, als ruhiger Ersatz für Rensing vorgesehen, erlebte einen späten Karrierefrühling in der Saison 2009/10, doch es war klar, dass er nicht mehr allzu lange aktiv sein würde. Der FC Bayern bot ihm an, im Sommer 2011 die Leitung des Junior-Teams von Werner Kern zu übernehmen, der das Rentenalter erreicht hatte. Butt schlug ein, ließ sich aber die Option offen, bis 2012 zu spielen und dann erst in den neuen Job zu wechseln. Den Bayern war klar, dass sie schon bald eine neue Nummer-eins-Lösung brauchen würden, und intern hatten sie sich längst für die ganz große Lösung entschieden: Sie wollten den Schalker Nationaltorwart Manuel Neuer verpflichten.

Bei den Bayern-Fans löste der Name Neuer allerdings Unbehagen aus. Sportlich war er unumstritten – doch als Jugendlicher hatte er der Gelsenkirchener Ultra-Szene angehört. Die treuesten Fans würden Neuer deshalb nie als Teil des FC Bayern akzeptieren können. In der Allianz Arena kam es zu ersten Demonstrationen gegen Neuer. Die Menschen hielten Pappkartons in die Höhe, auf denen »Koa Neuer« stand.

Hoeneß und Rummenigge wollten sich ihre Personalpolitik nicht von einem Teil des Publikums vorschreiben lassen. Dummerweise jedoch spielte die Aufstellung von van Gaal der Anti-Neuer-Fraktion in die Karten. Diese unterstützte Thomas Kraft als bayerische Lösung – und hatte den immer noch beliebten Trainer auf ihrer Seite. Jede Parade von Kraft, mochte sie dem FC Bayern auch dienlich sein, war ein Argument, das den Neuer-Transfer erschwerte. Thomas Kraft wurde, ohne es zu bemerken, von Louis van Gaal im Machtkampf mit Hoeneß instrumentalisiert. Und noch in einer weiteren Personalfrage nahm van Gaal eine Position ein, die sich nicht mit der Vereinslinie deckte. Als ausländische Clubs Interesse an Bastian Schweinsteiger bekundeten, riet van Gaal: »Für 30 Millionen muss man ihn verkaufen.« Solche Empfehlungen wollte man nicht hören. »Wir sind kein Ausbildungsverein«, zischte Hoeneß. Er tat sich immer schwerer mit van Gaal, und auch erste Spieler sprachen vor, weil sie mit dem rüden Umgangston des Trainers nicht mehr zurechtkamen. Privat rutschten Hoeneß, wenn er über van Gaal sprach, schon mal Vergleiche mit einigen Diktatoren des 20. Jahrhunderts heraus. Dabei hatte er wenige Monate vorher noch ein freundliches Vorwort zur deutschen Ausgabe von Louis van Gaals Buch-Doppelband »Biografie und Vision« verfasst.

Zur eigentlichen Bedrohung für van Gaal wurde allerdings, dass München als Austragungsort für das Finale der Champions League der folgenden Saison am 19. Mai 2012 bestimmt worden war. Von dem Moment an, als die Allianz Arena den Zuschlag der UEFA bekommen hatte, lautete der neue Masterplan von Uli Hoeneß: Sein Verein sollte sich diese Chance nicht entgehen lassen, der FC Bayern musste das Endspiel im vertrauten Stadion erreichen, auch wenn der Anhang des Gegners dann genauso stark vertreten sein würde wie der eigene. Und man sollte dieses »Finale dahoam« auch gewinnen. Dann wäre die Fußballkarriere von Uli Hoeneß perfekt: Europapokalsieger als Spieler, Manager, Präsident.

Doch in den Frühlingsmonaten 2011 quälte ihn eine Schreckensvision: Was, wenn der FC Bayern die Saison 2010/11 nur als Bundesliga-Vierter beschließt und 2011/12 in der Europa League antreten muss? Würde er das Finale 2012 schon im März, April, Mai 2011 verlieren? Die Gefahr bestand. Die verunsicherte Mannschaft ließ die Punkte liegen: 1 : 1 in Wolfsburg, 2 : 3-Pleite in Köln, 1 : 3-Abfuhr zu Hause gegen Dortmund, 1 : 3 abgefertigt in Hannover, dazu schied man im Achtelfinale der Champions League gegen Inter Mailand aus. Man einigte sich mit Louis van Gaal, das Arbeitsverhältnis zum Saisonende zu beschließen, doch auch diese Maßnahme hatte keinen befreienden Effekt. Am 29. Spieltag, am 9. April 2011, erreichte der FC Bayern in Nürnberg nur ein 1 : 1. Erneut hatte van Gaals Tormann Thomas Kraft gepatzt – in der Nacht von Samstag auf Sonntag entließ der FC Bayern seinen Trainer Louis van Gaal. »Mit dem Torwartwechsel fing die ganze Scheiße an«, resümierte Hoeneß.

Für die restlichen fünf Spiele übernahm Andries Jonker, der niederländische Assistent, den van Gaal mitgebracht hatte, die Position des Cheftrainers. Jonker bekannte sich dazu, ein loyaler van-Gaal-Jünger zu sein, doch mit seinem partnerschaftlichen Umgangston hob er sich von seinem Meister ab. Es war genau das, was der FC Bayern brauchte. Jonker holte 13 von 15 möglichen Punkten und rettete Platz drei. Der Worst Case war abgewendet. Jörg Butt war in den letzten Spielen auf seinen Stammplatz ins Tor zurückgekehrt und hängte noch ein Jahr als stille Nummer zwei hinter dem Neuzugang Manuel Neuer an.

Ein leichtes Bangen nahmen die Bayern mit in die neue Saison. Als Dritte der Bundesliga mussten sie in die Qualifikation zur Champions League, ihnen wurde der FC Zürich zugelost. Erstes Spiel: in München. Früh führen die Bayern, durch Bastian Schweinsteiger in der 8. Minute. Doch im Rest der ersten Halbzeit geht nichts mehr voran. Der TV-Sender »Sky« meldet zu Beginn der zweiten 45 Minuten, Präsident Uli Hoeneß sei in der Halbzeitpause tobend in der Kabine vorstellig geworden. 2 : 0 gewinnen die Bayern schließlich standesgemäß, doch das Thema ist Hoeneß. Darf der Trainer, der zurückgekehrte Jupp Heynckes, sich das bieten lassen, dass ein Funktionär mir nichts, dir nichts ins Allerheiligste der Mannschaft eindringt? Und was sagt dieser Vorgang über die Befindlichkeit des FC Bayern aus? Vor allem, dass der Präsident nervös war, weil er befürchtete, dass der Traum vom Champions-League-Finale im eigenen Stadion schon vor der Gruppenphase enden könnte, was eine ungeheuerliche Peinlichkeit gewesen wäre. Darum wollte Hoeneß noch einmal loswerden, dass Schludrigkeit eine fatale Einstellung wäre. Hoheitlich vor der Mannschaft aufgetreten zu sein, das dementierte er jedoch. Mithilfe eines Grundrisses des Kabinentrakts wurde klargestellt, wie sich der Kabinensturm des Präsidenten abgespielt haben soll, den die meisten Spieler und auch der Trainer Jupp Heynkes, gar nicht wahrgenommen haben wollen. Hoeneß sei nur in den Vorraum eingedrungen, in das Medizinzimmer, in dem sich Arjen Robben in der Halbzeit behandeln ließ. Nur er will den Ausbruch von Hoeneß vernommen haben.

Das Rückspiel in Zürich gewannen die Bayern 1 : 0 und waren nun unwiderruflich qualifiziert für die Saison in der Champions League. Die Vision vom »Finale dahoam« füllte sich immer mehr mit Leben.

Die letzte hohe Hürde war Real Madrid im Halbfinale. Im Hinspiel in München wurden die Bayern dafür belohnt, dass sie auch dann noch auf Sieg spielten, als die Königlichen sich darauf beschränkten, mit einer gewissen Selbstverliebtheit das 1 : 1 zu verwalten. Mario Gómez schoss in der 90. Minute das 2 : 1. Im Rückspiel legte Real ein schnelles 2 : 0 vor, in nur 14 Minuten hatte Superstar Cristiano Ronaldo zweimal getroffen. Die Bayern konterten: Anschlusstreffer durch Robbens verwandelten Elfmeter in der 27. Minute. Das Ergebnis hielt auch noch in der Verlängerung. Es kam zum Elfmeterschießen, die Bayern gewannen, ihre Helden waren Manuel Neuer, der zwei Schüsse der Madrilenen parierte, und Bastian Schweinsteiger, der den finalen Elfer ins Netz setzte. Das »Finale dahoam« war erreicht, in München brachen dreieinhalb Wochen erwartungsvoller Ausnahmezustand aus, zumal der Gegner nicht zum Fürchten war: kein FC Barcelona, sondern der alternde FC Chelsea, der in seiner Premier League eine Krisensaison spielte und den Trainer gewechselt hatte. Nun war Roberto di Matteo der Chef, ein stiller Schweizer, der so gut wie keine Erfahrung als Coach hatte – und, so sah es aus, wohl auch keine Zukunft über diese Saison hinaus. Der FC Chelsea wünschte sich eine große Lösung.

Auch auf Münchner Seite täuschte das Erreichen des Finales darüber hinweg, dass die Saison in weiten Teilen missglückt war. In der Bundesliga hatten sich abermals die Dortmunder auf und davon gemacht, am 30. Spieltag ließen die Bayern die Chance verstreichen, noch einmal aufzuschließen. Sie verloren in Dortmund 0 : 1. Unglücklicher hätte es nicht laufen können. 77. Minute: 1 : 0 für den BVB durch Robert Lewandowski – den die Bayern nun endgültig auf ihre Einkaufsliste setzten. 86. Minute: Ausgleichschance, Elfmeter. Doch Robben kann BVB-Tormann Roman Weidenfeller, der mit jeder Faser seines Körpers Bayern-Verachtung ausstrahlt, nicht überwinden.

In der Liga muss der FC Bayern die Vormachtstellung von Borussia Dortmund anerkennen, aber im Pokal tut sich noch eine Chance auf, die Verhältnisse zu korrigieren. Doch am 12. Mai 2012, eine Woche vor dem großen Spiel gegen den FC Chelsea, werden die Münchner von Dortmund im Berliner Olympiastadion vorgeführt: 2 : 5. Für Uli Hoeneß und seine Kollegen in der Bayern-Führung ist unter dem Eindruck dieser Schlappe klar, »dass es unabhängig davon, wie das Champions-League-Finale ausgehen wird, Veränderungen geben muss«. Die nächste Aufrüstungswelle ist beschlossene Sache.

Champions-League-Sieger zu werden würde eigentlich gar nicht in diese Saison 2011/12 passen. Doch hat das Schicksal dem FC Bayern in den 112 Jahren seiner Clubgeschichte nicht schon einige Bälle zu-

gespielt? Immer wenn der Verein mit dem Rücken zur Wand stand, trat eine Wende ein!
Ein Finalsieg 2012, das zeichnete sich ab, könnte so interpretiert werden: Mag Borussia Dortmund auch die nationale Nummer eins sein, international entfaltet weiterhin der FC Bayern München die Kraft einer magischen Marke. Dortmund war ja nicht einmal über die Vorrunde der Champions League hinausgekommen. Der FC Bayern würde von Europas Thron aus zumindest bis zur Europameisterschaft in Polen und der Ukraine im Sommer 2012 alles überstrahlen: Endspiel-Triumph in der Heimatstadt – es wäre ein Novum. Zweiter Gewinn des Europapokals durch den Trainer Jupp Heynckes, 14 Jahre nachdem er den Henkelpott für Real Madrid in den Nachthimmel gestemmt hatte – eine tolle Geschichte. Und Uli Hoeneß' Lebenswerk würde am 19. Mai 2012 in nicht zu überbietender Weise vollendet.
Das »Finale dahoam« wurde zum »Drama dahoam«. Erschütternder hätte ein Spiel nicht laufen können. Die Bayern erdrückten Chelsea fast mit ihrer Überlegenheit, ein zwangsläufigeres Tor als das von Thomas Müller in der 83. Minute dürfte es im Fußball selten gegeben haben. In der 88. Minute kommt Chelsea im Münchner Dauerwirbel zu seinem ersten Eckball, und den köpft der alte Haudegen im Angriff, Didier Drogba, in seinem letzten Spiel für Chelsea zum 1:1 ins Tor. Verlängerung also. Nach fünf Minuten scheint sich das Schicksal noch einmal den Bayern zuzuneigen, sie bekommen einen Elfmeter. Arjen Robben verschießt. Es passiert nichts mehr bis zum Elfmeterschießen. Jupp Heynckes sucht nach freiwilligen Schützen. Spieler, die man für nervenstarke Leistungsträger gehalten hatte, drehen sich weg und Bastian Schweinsteiger, der sich als Führungsspieler beweisen will, setzt den Ball an den Pfosten. Dann trifft Didier Drogba und alles ist aus. In der Allianz Arena regiert das Chelsea-Blau, die Engländer übernehmen die Regie. Sie spielen ihre Musik. Madness: »Our House« und all die Vereinsmärsche wie »The Liquidator«, das wie ein Kinderlied mit

Hammondorgel klingt. Chelsea hat den Bayern nicht nur den Pokal aus den Händen gerissen, sondern gleich auch noch die Seele aus dem Leib.

Uli Hoeneß war auf der Tribüne, vor der Loge seiner Bratwurst-Firma, die er für dieses Spiel von der UEFA für »ein Heidengeld« extra hatte anmieten müssen, in sich zusammengesackt. Als wäre alles Leben aus ihm gewichen. Susi Hoeneß beugte sich fürsorglich über ihn, doch ihr Mann war nicht ansprechbar. Eine größere sportliche Enttäuschung hätte es nicht geben können.

Die Nacht war noch nicht zu Ende. Niemand hatte Lust darauf, doch man hatte nun mal den Münchner Postpalast angemietet und alles hergerichtet für eine Feier. Die Spieler saßen apathisch an den Tischen, Karl-Heinz Rummenigge hielt eine Pflichtrede, bei der ihm die Mundwinkel tief herabhingen. Uli Hoeneß war imstande, sich zu äußern, und gab zu erkennen, dass er sauer war auf die Mannschaft. »Ich habe einen Kettenhund wie Jens Jeremies vermisst.« Einen also, der sich nicht wegduckt, wenn es zur Entscheidung kommt.

Nach ein paar Tagen der ungehemmten Trauer – Spieler und Verantwortliche tauchten erst einmal ab – war man beim FC Bayern fähig zur Analyse. Man erkannte, dass der Kader mehr Tiefe brauchte, mehr Alternativen. Es kamen Dante für die Abwehr, Shaqiri und der spanische 40-Millionen-Euro-Mann Javi Martínez fürs Mittelfeld, Mandžukić und Pizarro für den Sturm, in dem Uli Hoeneß Mario Gómez als latente Schwachstelle ausgemacht hatte: »Wäre Mario sehr gut, hätten wir die Champions League gewonnen. Er hat aber nur gut gespielt.« Es sollte klar sein: Die Leistungsansprüche für 2012/13 würden erhöht. Auf der Management-Position wurde Christian Nerlinger durch Matthias Sammer – der den Ruf des unbequemen Mahners hat – ersetzt, und diese Verpflichtung des bisherigen DFB-Sportdirektors war eigentlich der spektakulärste Transfer der Bundesliga-Saison. Vor allem war sie ein Zeichen: Es sollte sich wirklich etwas ändern beim FC Bayern.

Von außen hatte man eher erwartet, dass Jupp Heynckes nach der titellosen Saison entlassen werden würde. Doch er wollte noch einen Anlauf nehmen, weil er sein Team nicht so weit entfernt von Borussia Dortmund sah: »Wir haben ja viele Punkte geholt. In den meisten Jahren der Bundesliga hätte das zur souveränen Meisterschaft gereicht.« Seiner Frau Iris versprach Heynckes: Diese eine Saison noch, dann würde er die Trainerkarriere beenden und Hausmann werden.

Dass er plötzlich mit Matthias Sammer zu tun hatte, schien Heynckes nicht zu behagen. Den demonstrativen Umarmungen des neuen Sportvorstands bei Toren und Siegen gab er sich mit spürbarem Widerwillen hin. Als Sammer nach einem glanzlosen, aber auch nicht gefährdeten 2:0-Sieg bei Werder Bremen am sechsten Spieltag ohne Rücksprache zu einer Generalkritik an der Einstellung der Mannschaft ansetzte (»Das war lätschern. Wehret den Anfängen, was immer sie auch sein mögen«) und die Bayern das anschließende Champions-League-Spiel beim weißrussischen Nobody-Verein Bate Borissow 1:3 versemmelten, sah man schon die jährliche Bayern-Krise heraufziehen. Doch die Mannschaft kam umgehend wieder auf Kurs.

Uli Hoeneß trat nicht mehr wie in früheren Jahren als Schutzengel für seinen Freund Jupp Heynckes auf. Alle mussten mehr leisten in dieser Saison der umfassenden Wiedergutmachung, es sollte keine Sicherheiten mehr geben, keine Bequemlichkeiten. Heynckes spürte mehr Druck und gab ihn – auf menschliche und freundliche Weise – an die Mannschaft weiter. Er erklärte den Exzentrikern Robben und Ribéry, dass sie in der Mannschaft aufgrund ihrer individuellen Fähigkeiten zwar anerkannt, aber noch viel mehr Zuwendung erfahren würden, wenn sie auch Schmutzarbeit übernähmen. So wurde aus dem FC Bayern mehr als eine Ansammlung brillanter Einzelspieler, die Mannschaft entwickelte sich zum Kollektiv. So war sie auch in der Lage, den FC Barcelona im Halbfinale der Champions League zu bezwingen und zu beherrschen. 4:0 zu Hause, 3:0 im mythischen Stadion Camp

Nou – in den beiden Halbfinals enterte die Truppe von Jupp Heynckes die Weltklasse.
Jeder Spieler sah sich in dieser Saison auf besondere Weise in der Pflicht. Mario Gómez etwa, anfangs verletzt und operiert, schaffte es nicht, sich seinen Stammplatz zurückzuholen, doch er hielt still: »Den Teufel werde ich tun, um hier etwas zu gefährden. Wir können die Meisterschaft und noch mehr gewinnen.« In der Bundesliga setzte sich Bayern ab und war bereits ein so souveräner Herbstmeister, dass der Münsteraner Mathematikprofessor Andreas Heuer, der sich mit der Vorhersagbarkeit von Fußballresultaten beschäftigt, für die Bayern vor Beginn der Rückrunde »eine 98-prozentige Meisterschaftswahrscheinlichkeit« errechnete. Im DFB-Pokal räumten die Bayern Borussia Dortmund im Viertelfinale zur Seite, das 1 : 0 in München war eine deutliche Angelegenheit und der zweite Titel somit Formsache. Allmählich nahm ein neues Schlagwort Gestalt an: Triple. Ja, das schien möglich. Und es wurde greifbar, als man Barcelona hinter sich hatte.

Zwischen Spielern und Trainer stimmte es. Man konnte es spüren, als Heynckes seinen 68. Geburtstag feierte. Der Profitrakt an der Säbener Straße bebte, als die versammelte Mannschaft ein »Juppjuppjupp« anstimmte. Das Vereins-TV filmte die Runde, und sogar im Gesicht von Mario Mandžukić, dem der Trainer etliche Bundesligaeinsätze verwehrte, um ihn für die Champions League frisch zu halten, war nichts zu erkennen außer Freundlichkeit, Sympathie und ehrlichem Respekt vor diesem älteren Herrn. Eine Beziehung, die auch vom Zauber der Vergänglichkeit lebte, denn seit Anfang des Kalenderjahres 2013 wusste man: Jupp Heynckes macht Schluss beim FC Bayern.

Die Gerüchte über eine Sensationsverpflichtung von Pep Guardiola machten die Runde, seit Christian Nerlinger sich 2012, kurz vor seiner eigenen Demission, mit Pere Guardiola, dem Bruder und Manager des Startrainers, getroffen hatte. Damals schien das noch eine kühne Vision zu sein: Der Mann, der den FC Barcelona in vier Jahren zu 14 bedeutenden Titeln geführt und sich nun entschlossen hat, eine Pause einzulegen und sie in New York zu verbringen, zu den Bayern? Er konnte kein Deutsch, ein Job in München wäre doch auch für ihn ein Wagnis. Und die englischen Vereine, die noch besser zahlen können als der FC Bayern, würden sich gewiss auch um Guardiola bemühen. Außerdem galt immer noch die Premier League als die Weltliga.

Doch dann entschied sich Pep Guardiola dafür, im Juli 2013 beim FC Bayern anzufangen.

Uli Hoeneß hatte Guardiola im Dezember 2012 in dessen Sabbatjahr-Wohnung in New York aufgesucht. »Ich habe ihn und seine wunderbare Familie kennenlernen dürfen«, schwärmte der Bayern-Präsident, als Guardiola Ende Juni 2013 in der Allianz Arena vorgestellt wurde und man zur Feier des Tages ein Tapas-Büfett aufgebaut hatte. Hoeneß erzählte, er habe – »Sie wissen ja alle, wie reserviert ich Computern gegenüber bin« – eine Präsentation des möglichen neuen Bayern-Spielstils an Guardiolas Laptop über sich ergehen lassen. Die Bayern und Pep Guardiola wurden sich einig.

Hoeneß musste es nur noch seinem Freund Jupp beibringen. Obwohl dieser für sich beschlossen hatte, nach dieser Saison aufzuhören, war er doch leicht gekränkt, dass der Verein seine Nachfolge schon geregelt hatte. Hätte man ihn nicht um eine weitere Saison bitten müssen, wo es doch gerade gar nicht besser laufen konnte? Hoeneß begründete: »Wir hatten die Gelegenheit nur jetzt, Pep Guardiola zu verpflichten. In einem Jahr hätte er sicher andere Pläne gehabt.«

Heynckes sah das ein und war lediglich verärgert, dass Karl-Heinz Rummenigge in einer Presseerklärung zum Guardiola-Deal gleich noch verkündete, Heynckes werde seine Trainerlaufbahn zum 30. Juni beenden. »Das werde schon noch ich selbst bestimmen und veröffentlichen«, konterte Heynckes und sorgte für Spannung: Wechselt er noch

einmal den Verein, wird es Real Madrid? Oder Barcelona? Erst ganz zum Schluss sollte er die Auflösung liefern: Er trat den Ruhestand an – wie er es seiner Frau versprochen hatte: »Ich werde jeden Morgen für sie Obst schälen.«
Die Münchner Mannschaft reagierte begeistert, dass der Supertrainer Pep Guardiola zur nächsten Saison kommen würde. Und jeder Spieler wusste, dass er ab sofort auch um seinen Platz unter dem neuen Mann spielen würde, der sich angeblich alle Bayern-Spiele über Satellitenfernsehen in New York zu Gemüte führte. Außerdem spürte jeder, dass er verpflichtet war, Heynckes den schönstmöglichen Abschied zu verschaffen. Es war die perfekte Konstellation. Dazu die Motivation, die der FC Bayern aus dem traumatischen Heim-Finale und der Demütigung durch Dortmund bezog – daraus musste Großes entstehen.
So kam es am 25. Mai 2013 zum Showdown im Londoner Wembleystadion: die Bayern gegen Dortmund – das deutsche Finale. Die Gelegenheit, für zwei Jahre abzurechnen. Doch auch noch einmal die Gefahr, ein Trauma von Chelsea-Ausmaßen zu erleben.
Und die Bayern gerieten ins Wanken in diesem Endspiel, waren in der ersten halben Stunde ratlos gegen das Dortmunder Überfallspiel. Sie mussten erst hineinfinden in diese ultimative Aufgabe. Und nachdem sie durch Mandžukić in Führung gegangen waren, stand der BVB noch einmal auf und konnte durch Gündogans Strafstoß ausgleichen.
Der Rest ist Geschichte, unauslöschlich. Das Gesicht des reinen Glücks konnte nur einer sein, der ein Jahr zuvor der Tragödie das Antlitz gegeben hatte. Arjen Robben, der Elfmeterversager vom »Finale dahoam«, machte mit einem Geniestreich das 2 : 1. In der 89. Minute.
Mehr konnte dieses Endspiel nicht bieten.
Vollendet hatte sich somit auch das Lebenswerk von Uli Hoeneß beim FC Bayern München. Er war Europacupsieger als Spieler, als Manager und nun auch noch als Präsident, dessen jahrelange Strategie aufgegangen war.

Hoeneß sprang auf, er jubelte, doch über jeder Szene von Glück lag ein Vorbehalt, und Hoeneß war umflort von Melancholie.
Die Spieler drängten ihn, den Pokal in die Hand zu nehmen, auf dem Clubbankett bat ihn Finanzvorstand Jan-Christian Dreesen auf die Bühne, animierte den Saal, ein Lied für den Uli anzustimmen. Hoeneß fügte sich widerwillig.
Fußball schien für ihn in diesen Augenblicken nur eine Flucht zu sein. Er hatte erfahren müssen, dass man nicht ganz im Fußball aufgehen kann, dass neben ihm noch verdammt viel Leben übrig ist. Und dieses hatte für ihn am 20. April 2013 eine Wendung genommen.

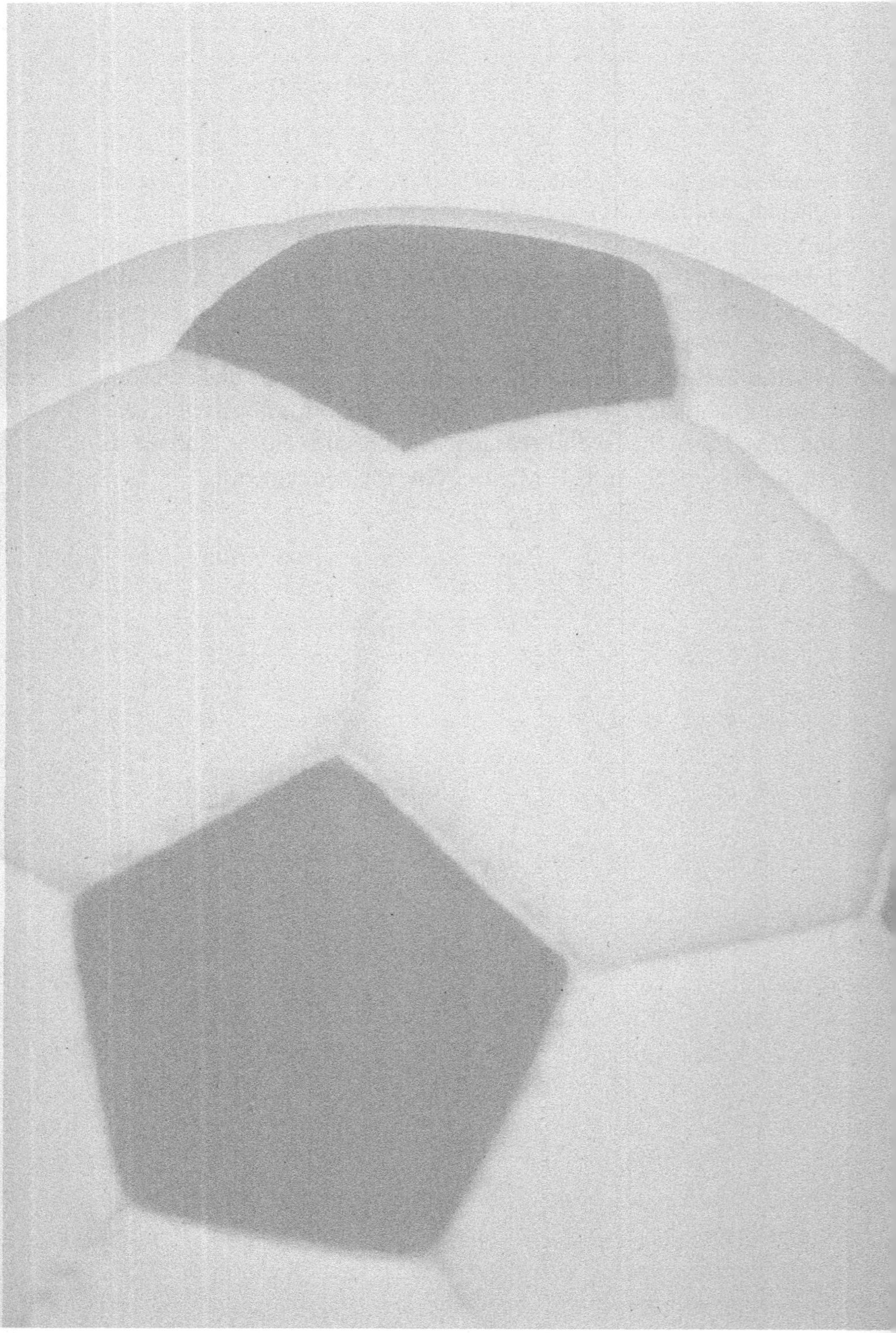

13.

Der Fall Hoeneß

Der 20. April 2013. Matchday in der Bundesliga. Die Bayern müssen an diesem Samstag nach Hannover. Sie haben seit fünf Monaten kein Punktspiel mehr verloren. Dass sie nach 2010 endlich wieder Deutscher Meister werden, ist reine Formsache.

Samstag ist auch der Tag, an dem die Nachrichtenmagazine, die am Montag erscheinen, ihre heißesten Geschichten mit einer Vorabmeldung anreißen. Man bringt sich für die Kaufentscheidung an den Kiosken in Stellung. Diesmal gewinnt nicht wie sonst der »Spiegel« das Wettrennen um Aufmerksamkeit, sondern dessen konservativer Konkurrent aus München, der »Focus«.

Der »Focus« meldet: Uli Hoeneß hat Steuern hinterzogen. Und es ist nicht nur ein Verdacht, es ist eine bestätigte Tatsache. Hoeneß hat sich beim Finanzamt Miesbach, das für ihn zuständig ist, weil er in Bad Wiessee am Tegernsee wohnt, selbst angezeigt.

Viele wollen das zunächst gar nicht glauben. Hoeneß, der Samariter, der Mann mit der sozialen Ader? Hoeneß, der erhobene Zeigefinger der Nation, die moralische Instanz, die in Talkshows und Interviews den ungezügelten Kapitalismus und Börsenauswüchse wie die Spekulation mit Nahrungsmitteln anprangerte? Hoeneß, der für Fleiß, Ehrlichkeit, Gerechtigkeit steht? Er hatte doch gesagt: »Ich habe nie ein Steuersparmodell gehabt. Wenn ich meine, ich müsste mehr verdienen, muss ich mehr arbeiten.«

Die Deutschen standen noch unter dem Eindruck der gescheiterten Bundespräsidentschaft von Christian Wulff, der sich als anfällig erwiesen hatte für den Reiz, den die Welt der Reichen und Schönen ausstrahlt. Als die Republik überschlug, ob es Persönlichkeiten gebe, die nicht aus der Berufspolitiker-Kaste kommen und die Unabhängigkeit und moralische Integrität verkörpern, fiel auch der Name Uli Hoeneß. Erfolgreich in seinen Metiers Fußball und Wurstwaren, finanziell nicht verführbar, einer, der im Vorstand der »Stiftung für Immigration« regelmäßig die Bundeskanzlerin trifft, an Weihnachten gerne die Sissi-

Filme anschaut und über die alten Schwarz-Weiß-Komödien mit Hans Moser lacht. Uli Hoeneß for President? Warum nicht? Der frühere WDR-Intendant Fritz Pleitgen hatte einmal angeregt, darüber nachzudenken.
Am 20. April 2013 veränderte sich dieses Bild von Uli Hoeneß in der Öffentlichkeit mit einem Schlag. Ab Sonntag, dem 21. April 2013, tagten die Fernsehgerichte. Hoeneß war Thema bei Günther Jauch, wo Hans Leyendecker, Enthüllungsjournalist früher des »Spiegel« und nun der »Süddeutschen Zeitung«, erzählte, Hoeneß habe seit vielen Jahren an der Börse mit Millionen gezockt. Geliehen von einem früheren Adidas-Manager, dem mittlerweile, 2009, verstorbenen Franzosen Robert Louis-Dreyfus. Am Montag, dem 22. April, ging es weiter: Bei Frank Plasbergs »Hart aber fair« wurde über Hoeneß debattiert, ehe auch das »ZDF« mit Markus Lanz und Maybrit Illner zum Zug kam. Der CDU-Politiker Wolfgang Bosbach sagte bei Illner: »Die Saureichen müssen einsehen, dass sie immer noch reich sind, auch wenn sie Steuern zahlen. Man kann immer nur hinter einem Boot Wasserski fahren.« Teils schon skurril war es, wer sich in einem TV-Studio so alles zum Fall des Bayern-Präsidenten äußerte: der Schauspieler Charles M. Huber, die Europapolitikerin und Strauß-Tochter Monika Hohlmeier, der Comedian Oliver Pocher. Turbulent ging es auch auf dem Print-Markt zu. Der »Stern« titelte: »Im Abseits. Vom Vorbild zum Scheinheiligen« und sah Uli Hoeneß »am Abgrund«. In allen Medien erschienen Fotos von Hoeneß. Hat er nicht auch etwas Verschlagenes im Blick?
Uli Hoeneß hatte gehofft, dass all diese Szenarien nicht eintreten würden; er klagte später, »dass meine Selbstanzeige die einzige war, die öffentlich wurde«, und erstattete Strafanzeige gegen unbekannt. Im Finanzamt Miesbach musste es eine undichte Stelle gegeben haben. Die Staatsanwaltschaft sprach im offiziellen Briefverkehr immer nur von »Ulrich H.«. Jeder wusste, wer gemeint war.

Ende 2012 war der Fall Hoeneß in Gang gekommen. Zwischen der Schweiz und Deutschland wurde seit geraumer Zeit über ein Steuerabkommen verhandelt. Die Idee des CDU-Finanzministers Wolfgang Schäuble war: Wer unversteuertes Geld in der Schweiz hatte, sollte die Möglichkeit haben, es nachträglich mit einer pauschalen Einmalzahlung zu versteuern, im Schutz der Anonymität. Die Regierung versprach sich davon Milliardeneinnahmen. Doch die rot-grüne Mehrheit im Bundesrat ließ das Gesetz nicht durchgehen. Dieser Weg war Hoeneß also versperrt. Musste er damit rechnen, dass sein Name auf einer der CDs stehen würde, die das nordrhein-westfälische Finanzministerium aufkaufte? Er hatte ein Konto bei der Vontobel-Bank in Zürich. Es wurde eng.

Er entschied sich zur sogenannten strafbefreienden Selbstanzeige. Ein Steuerhinterzieher, der noch nicht entdeckt ist, kann damit reinen Tisch machen. Die hinterzogenen Steuern zahlt er nach, pro Jahr kommen sechs Prozent Zinsen als Aufschlag dazu, außerdem Strafzinsen von fünf Prozent, falls der Betrag über 50 000 Euro liegt. Zehn Jahre rückwirkend.

Hoeneß musste schnell handeln, am 17. Januar 2013 reichte er die Selbstanzeige ein. Erstellt hatten sie in seinem Auftrag ein Steuerberater, ein Steuerfachmann und ein Wirtschaftsanwalt. Doch die Staatsanwaltschaft stellte fest, dass die Anzeige nicht alle geforderten Vorgaben erfüllte. Hoeneß' Berater hatten nur die Jahresendstände auf dem Vontobel-Konto 4028BEA angegeben, nicht aber, wie Paragraph 371 der Abgabenordnung es verlangt, alle steuerlich relevanten Kontobewegungen dokumentiert. Daher rückte am 20. März die Steuerfahndung an – gleichzeitig in den Büroräumen von Uli Hoeneß beim FC Bayern in der Säbener Straße in München und in seinem privaten Anwesen über dem Tegernsee. Die Beamten kamen am Morgen, Uli Hoeneß trug noch seinen Bademantel. Delikat ist, dass er am Vorabend noch in der Münchner Ludwig-Maximilians-Universität über die Auswüchse des Kapitalismus gesprochen hatte.

Er konnte von diesem Tag an kaum noch hoffen, dass man seine Selbstanzeige als strafbefreiend bewerten würde – und dass die Öffentlichkeit nie etwas von seinem Fall erführe. Es ging ja auch um die gesamte Familie – und um den FC Bayern, der vielleicht auf dem Weg zum größten Erfolg seiner Geschichte war und durch nichts gestört werden sollte. Doch zunächst nahm man ihn mit, ins Justizgebäude nach München. Er musste ein paar Sachen zusammenpacken. Uli Hoeneß war verhaftet worden. Die Begründung: Es könnte Fluchtgefahr bestehen. Gegen die Zahlung einer Kaution in Höhe von fünf Millionen Euro durfte er wieder nach Hause. Es war eine Szenerie wie in einem Justiz-Spielfilm nach einem John-Grisham-Roman.
Doch diejenigen in der Bayern-Familie, die von den Ermittlungen Wind bekommen hatten, hielten dicht. Einen Monat lang war Hoeneß für die Öffentlichkeit der Hoeneß, den man kannte, schätzte, verehrte. Als die »Focus«-Nachricht auf dem Markt war, bemühte sich Hoeneß sofort um Schadensbegrenzung. Man konnte ihm ein Fax schicken, er rief zurück. Am Samstagabend beantwortete er einen Fragenkatalog des »Stern«, am Sonntag sprach er mit den Münchner Medien. Er könne sich nicht zu Details äußern, sagte Hoeneß, »aber gegen die Exzesse in einigen Berichterstattungen werde ich mich anwaltschaftlich zur Wehr setzen«. Es wurde spekuliert, dass auf seinem Schweizer Konto zeitweise Hunderte Millionen Euro gelegen hätten. Gegenüber dem »Stern« korrigierte Hoeneß: Der Höchststand habe 15 bis 20 Millionen Euro betragen.

Von dem Haftbefehl, der gegen Hoeneß bestand, wusste man zu diesem Zeitpunkt noch nichts, doch ein paar Tage später war auch dieser Fakt bekannt. Hoeneß fuhr gerade in die Allianz Arena, wo am Abend das Champions-League-Halbfinale gegen den FC Barcelona stattfinden würde, und konnte im Radio in den 17-Uhr-Nachrichten hören, was man weiter über ihn herausgefunden hatte. Es war sein erster Auftritt in der Öffentlichkeit als bundesweit bekannter Steuersünder. Er

stellte sich an diesem Tag und auch in der Woche darauf, als es zum Rückspiel nach Barcelona ging.
Ja, er durfte reisen, das Land verlassen. Auch diese Frage war erörtert worden: Welchen Meldeauflagen unterliegt einer wie er? Die Staatsanwaltschaft hatte sich überzeugen lassen, dass im Fall des Super-Promis Ulrich Hoeneß von Fluchtgefahr nicht auszugehen sei.
Doch überall, wo er sich zeigte, entstand ein großer Auflauf, zum Beispiel, als er im Flughafen München nach Barcelona eincheckte. Die Bilder, die Hoeneß mit Rollkoffer zeigten, hatten »Tagesschau«-Gehalt.
Die Bayern hatten den FC Barcelona im Hinspiel in München entzaubert: 4:0. Im Rückspiel sah das große, als Vorbild angesehene Barca sogar davon ab, den angeschlagenen Megastar Lionel Messi einzusetzen. Aussichtslose Sache, der Argentinier sollte besser für den Liga-Endspurt in Spanien gesund werden. Die Bayern gewannen wie selbstverständlich 3:0. Und wenn sich auch Borussia Dortmund im anderen Halbfinale gegen Real Madrid durchsetzte, war offensichtlich: Es gibt keine bessere Mannschaft in Europa, auf der Welt als diesen FC Bayern. Und das war die Tragik: Als der sportliche und berufliche Masterplan von Uli Hoeneß sich erfüllte, ging es dem Menschen Hoeneß schlechter denn je.
Er hat sich dann durchgerungen, ein Interview zu geben. Als Plattform wählte er »Die Zeit«, ein bildungsbürgerlich-liberales Meinungsblatt mit anspruchsvoller Leserschaft, dessen Auflage auch in Zeiten der Zeitungskrise stetig steigt. Die Hoeneß-Beichte war natürlich der Aufmacher. Man titelte: »Ich gehöre nicht mehr dazu.« Damit verbuchte »Die Zeit« einen Rekordverkauf.
Es gibt keine belanglosen Interviews mit Uli Hoeneß. Wenn er einem Gespräch zustimmt, weiß er, dass er etwas zu bieten hat. So packte er auch vor der dreiköpfigen »Zeit«-Delegation aus, die er in ein Münchner Restaurant bat.

Über seine aktuelle Befindlichkeit: »Es ist eine Situation, die kaum auszuhalten ist. Ich schlafe sehr schlecht, ich schwitze sehr viel in der Nacht … Ich wälze mich und wälze mich. Und dann wälze ich mich noch mal. Ich bin morgens auch manchmal schon eine Stunde nach dem Aufstehen völlig fertig … Ich erlebe, wie manche Freunde zu Verrätern werden.«
Über sein Konto in der Schweiz und die Geldflüsse: »Ich habe ja schon seit über 30 Jahren eine Wohnung in der Schweiz, und damals habe ich auch dieses Konto eröffnet. Es lag viele Jahre brach, war ein ganz normales Girokonto.« Dann die Börsengeschäfte, die Gewinne: »Ich hatte all die Jahre ein schlechtes Gewissen wegen dieses Kontos in der Schweiz. Immer hatte ich im Hinterkopf: Du musst das lösen, du musst das bereinigen.«
Im Jahr 2001 zahlte Robert Louis-Dreyfus, ehemaliger Adidas-Chef, 20 Millionen D-Mark auf das Hoeneß-Konto bei der Zürcher Vontobel-Bank ein. Fünf Millionen waren geliehen, 15 Millionen die Bürgschaft für einen Kredit. Hoeneß agierte so erfolgreich, dass er das Geld bald zurückzahlen und den Kredit ablösen konnte. Nun war es sein Vermögen. Begonnen hatte Hoeneß mit Börsenspekulationen schon weitaus früher: »Aber nie höher als 50 000 Dollar, das war es. Das wurde heftiger, als alle an der Börse spielten, zur Zeit der großen Internet-Blase. Als diese Blase dann platzte, fuhr ich schwere Verluste ein, da war ich richtig klamm. Das war der Moment, als Dreyfus mir anbot, lass uns was zusammen machen, er würde es finanzieren. So kamen die Millionen aufs Konto, es war immer klar, das war das Konto zum Zocken, für nichts anderes.«
Hoeneß führte aus, wie Zocken ging: »Ich habe teilweise Tag und Nacht gehandelt, das waren Summen, die für mich heute auch schwer zu begreifen sind, diese Beträge waren schon teilweise extrem. Das war der Kick, das pure Adrenalin … Ich habe einen kleinen Börsenpager, den habe ich immer dabei, auf dem kann ich die Kurse kontrol-

lieren. Manchmal war es sogar im Fußballstadion so, wenn das Spiel ein bisschen langweiliger war, habe ich heimlich auf meinen Pager geschielt.« Die Bank sei rund um die Uhr besetzt gewesen, um auf jede Börsenregung weltweit reagieren zu können – und auch der Kunde Uli Hoeneß war fast immer betriebsbereit.

War Uli Hoeneß also spielsüchtig? Dazu äußerte sich im »Münchner Merkur« Professor Gerhard Meyer von der Universität Bremen, Forensischer Psychologe und Experte für Leute, die an der Börse spielen. Manche Geschäfte dort, sagte er, »haben das Merkmal der schnellen Abfolge. Es dauert höchstens einen Tag, bis man ein Ergebnis hat, bis man weiß, gewonnen oder verloren. Darin liegt Suchtpotenzial.« Der Wissenschaftler schloss nicht aus, dass das Spiel mit dem Risiko Hoeneß auch veranlasst habe, die Selbstanzeige aufzuschieben. Allerdings sah er das zentrale Suchtmerkmal beim Bayern-Präsidenten nicht erfüllt: »Dass das gesamte Leben vom Spiel eingenommen ist, scheint bei ihm nicht der Fall zu sein.« Hoeneß habe wohl ganz gut trennen können zwischen seiner eigenen Risikofreude und der sicheren Anlagestrategie, die er vor allem den Jungprofis des FC Bayern immer wieder und mit Nachdruck empfahl. Zusammen mit dem Partner Allianz wollte Hoeneß für die Spieler sogar einmal einen Leitfaden zur Vermögensverwaltung erstellen.

Im »Zeit«-Interview erklärte er, dass es »zwei, eigentlich drei« Uli Hoeneß gebe: »Einer ist der seriöse, konservative Geschäftsmann beim FC Bayern, bei unserer Wurstfabrik. Der zweite Uli Hoeneß ist auch privat sehr konservativ, nur klassische Geldanlagen; wenn Aktien, dann halte ich sie mindestens drei bis zehn Jahre. Dieser Uli Hoeneß ist wie Warren Buffett, er denkt langfristig und strategisch. Und dann gibt es den dritten Uli Hoeneß, der dem Kick nachgejagt ist, der ins große Risiko ging. Vielleicht steckt dahinter auch die Sehnsucht, die Wirklichkeit zu vergessen, auszubrechen. Das geht an der Börse gut.«

Hoeneß sagte, er habe bis 2006 schwer gezockt, danach nicht mehr so sehr. 2008 kam die Pleite der Lehman Brothers in New York, der weltweite Finanzmarkt erlitt heftige Einbußen. Da habe er seine Aktivitäten reduziert. »Ich habe kein Bedürfnis mehr, jeden zweiten Tag ein Geschäft zu machen. Ich halte mich nicht für krank, zumindest heute nicht mehr … Ein paar Jahre war ich wohl nah dran. Aber inzwischen halte ich mich für kuriert.« Sohn Florian Hoeneß, beim »Zeit«-Interview mit am Tisch, schaltete sich ein: »Ich darf sagen, dass die Familie das ein bisschen anders sieht.« Uli Hoeneß räumte ein, dass seine Zocksucht seine Angehörigen beschäftigt und belastet habe: »Die waren immer dagegen, alle, vor allem meine Frau. Die hasst es, wenn ich zocke. Sie ist da bis heute meine schärfste Gegnerin.«

Robert Louis-Dreyfus, der Mann aus der Wirtschaft, der Hoeneß mit dem Grundkapital für die Börsengeschäfte ausgestattet hatte, wäre im Prozess der interessanteste Zeuge gewesen. Doch er starb 2009 an Leukämie. Stand seine private Zahlung an Hoeneß im Jahr 2001 in einem Zusammenhang mit dem Einstieg der Adidas AG beim FC Bayern, der im gleichen Jahr auf den Weg gebracht wurde? Auch der Konkurrent Nike hatte ja Interesse gezeigt und sogar ein höheres Angebot vorgelegt. Dazu Hoeneß: »Robert Dreyfus war in keiner Weise an den Verhandlungen mit dem FC Bayern beteiligt, denn er hatte schon 1999 die operativen Geschäfte auch wegen seiner Erkrankung an Herbert Hainer übergeben.« Ein halbes Jahr vor dem Abschluss mit dem FC Bayern sei Hainer dann auch offiziell Vorstandsvorsitzender von Adidas geworden. Für die Herzogenauracher als Partner habe man sich, so Hoeneß, entschieden, »weil es ein deutsches Unternehmen ist«. Da sei es auch um Arbeitsplätze gegangen.

Geschäftliche Verbindungen, die ins Private gehen, können heikel sein. In der Wirtschaft achtet man darauf, dass einem da nichts anzuhängen ist. In großen Firmen geht es nicht immer sauber zu. Ein großer Fall war der von Siemens. Der Multikonzern, weltweit agierend, hatte sich in mehreren Ländern Aufträge durch private Zuwendungen erkauft. Als enthüllt war, dass es sich bei dem, was als Sonderausgaben in der Bilanz stand, um nichts anderes als Schmiergeld handelte, stürzte Siemens in eine schwere Krise. Vor allem, wenn ein Unternehmen auch an der Wall Street notiert ist, muss es achtgeben – es droht der Verstoß vom US-Börsenparkett. Siemens wechselte die Führung aus und rief eine Compliance-Abteilung ins Leben.

Compliance ist auch ein Fußballthema. Spätestens seit sich im Vorfeld der Weltmeisterschaft 2006 in Deutschland erstmals die Frage gestellt hatte: Darf man eine VIP-Einladung ins Stadion ohne Weiteres annehmen? Wird sich, wer ein begehrtes Ticket für ein Spiel – in der Regel mit exquisiter Verpflegung – geschenkt bekommt, zu einer Gegenleistung verpflichtet fühlen? Die Stadionbetreiber diskutieren auf ihren jährlichen Kongressen immer über Compliance, die Deutsche Fußball-Liga (DFL) hat für die Proficlubs einen Leitfaden erarbeitet. Compliance bedeutet: Man hält sich an Regeln und Richtlinien. Auch an moralische Maßstäbe, die man an sich selbst anlegt.

Uli Hoeneß sah sich neben der bereits eingetretenen gesellschaftlichen Ächtung einem Berg von Problemen gegenüber: Dürfte er Präsident des FC Bayern bleiben – oder würde dies seinen Verein unerträglich belasten? Und könnte er die Kontrollposition als Vorsitzender des Aufsichtsrats guten Gewissens weiterhin besetzen? Als Vereinspräsident hatte er ein Recht auf einen Sitz im Aufsichtsrat. Dass der Präsident auch den Vorsitz übernimmt, ist kein Automatismus. Aber Hoeneß war gewählt worden.

In den ersten Tagen nach dem 20. April herrschte Schreckstarre in der Bayern-Familie. Auch die Hoeneß-Befürworter waren überrumpelt, schockiert. »Nein, da ist jetzt nichts geplant«, sagte der TV-Produzent Gil Bachrach, der zwei Jahre davor im Stadion eine Pro-Hoeneß-Kampagne initiiert hatte. Auf der Pressekonferenz zum ersten Champions-League-Halbfinale gegen Barcelona waren Fragen zum Fall Hoeneß verboten, der FC Bayern und die UEFA drohten mit Abbruch beim ersten Verstoß. In der Allianz Arena gab es keine Anzeichen für eine Pro-Hoeneß-Demonstration, keine Uli-Plakate. Als der FC Bayern mit einer spielerischen Gala einem klaren Sieg entgegenstrebte und es 2 : 0 stand, ertönten plötzlich Fan-Chöre: »Uli Hoeneß, du bist der beste Mann!« Dann fiel auch noch das Tor zum 3 : 0. Für Hoeneß war aber gewiss das Wichtigste: Es gibt noch Menschen, die zu ihm stehen, und nicht nur welche, die ihn in Talkshows aburteilen.

Da auch absehbar war, dass die Justiz einige Monate benötigen würde, um überhaupt zu entscheiden, ob die Selbstanzeige wirksam war oder Klage erhoben werden musste, konnte sich Uli Hoeneß sicher sein: Das voraussichtlich prachtvolle Ende dieser Saison 2012/13 würde er als Präsident des FC Bayern miterleben. Eine Hürde war noch die turnusgemäße Aufsichtsratssitzung. Turnusgemäß – doch sie fiel in die Zeit der erregtesten Diskussionen um den Sünder Hoeneß. Das Fernsehen zeigte live, wie die Limousinen der Wirtschaftsbosse vorfuhren, die diesem Gremium angehören. Große Spannung: Würden Adidas, Audi, die UniCredit, Volkswagen und der ehemalige bayerische Ministerpräsident Edmund Stoiber Hoeneß seine Steuerhinterziehung durchgehen lassen? Der Aufsichtsrat sprach mit einer Stimme: Uli Hoeneß wird im Amt bleiben.

Die Reaktionen: mehrheitlich Zustimmung bei den Bayern-Sympathisanten, mehrheitlich Ablehnung aus der Wirtschaft. Es wurde die Frage gestellt: Dürften Adidas, Audi, UniCredit und Volkswagen das, was Hoeneß getan hatte, bei einem ihrer eigenen Spitzenmanager ungestraft durchgehen lassen?

Offensichtlich hatten die Aufsichtsräte Sorge, mit der Entscheidung, Hoeneß vom Hof zu jagen, die Bayern- und Hoeneß-Anhängerschaft gegen sich aufzubringen, die ja auch ein viele Millionen starkes Heer von Verbrauchern stellte. Was, wenn man Hoeneß ablöste und die Mannschaft die Champions League nicht gewänne – würde in der Öf-

fentlichkeit nicht ein Zusammenhang konstruiert? Würden letztlich die wertvollen Marken beschädigt? In der FC Bayern AG wurde darum eben nicht wie in einem Unternehmen gehandelt, sondern wie in einem Sportverein: Man hielt zusammen. Über alle Zweifel hinweg. Wichtiger war das nächste Spiel.
Auf der Jahreshauptversammlung im November 2013 sagte Hoeneß, seinen Rücktritt habe eigentlich nur das »Handelsblatt« gefordert. Aus dem Verein sei solch ein Ansinnen nie an ihn herangetragen worden. Während nun bei Auswärtsspielen die gegnerischen Fans ihr »Hoeneß in den Knast« anstimmten und in Stuttgart den Bayern auf einem Transparent zum Triple aus »Steuerhinterziehung, Brandstiftung, Sex mit Minderjährigen« gratuliert wurde – Anspielungen auch auf den Brasilianer Breno und den in Frankreich in einen Sexskandal verwickelten Ribéry –, fand der Präsident immer mehr Zuflucht in seinem Verein. Die Argumentation, Hoeneß habe wohl mehr gespendet als hinterzogen, wurde hoffähig. Hoeneß selbst sagte schon im »Zeit«-Interview (mit der Einschränkung, es sei natürlich keine Rechtfertigung): »Ich habe verdammt viel Steuern gezahlt. 50 Millionen Euro mindestens.« Er habe, führte er später aus, auch nie Schwarzgeld ins Ausland geschafft. Sein Geld im Ausland habe gearbeitet, den Nutzen daraus habe er verschwiegen. »Ich habe einen großen Fehler gemacht«, sagte er, wenn er – vor den Mitgliedern oder beim Jahresbesuch eines Fanclubs – über seine Person sprach.
Und die Hoeneß-Freunde stießen auf ein weiteres Argument, warum man ihn mit Nachsicht behandeln sollte. In Deutschland stieg die Zahl der Selbstanzeigen von 8100 im Jahr 2012 auf 25 000 im Hoeneß-Jahr 2013. Wenn das ein Hoeneß-Effekt war, dann hat der Sünder vom Tegernsee dem Staat viel Geld eingespielt.
Uli Hoeneß hat sich öffentlich zurückgenommen. Er ging zum Fußball, zum Basketball, er gab auch wieder Interviews, aber alles war beschränkt aufs Sportliche. Er setzte sich aufs Podium, als man Triple-

Trainer Jupp Heynckes vor der Presse verabschiedete, und er saß da, als man Pep Guardiola, den neuen Heilsbringer, vorstellte. Hoeneß duckte sich nicht weg, und er drängte nicht nach vorne, er bemühte sich um unspektakuläre Normalität. Es gab Phasen, in denen er hoffte, ein Prozess würde ihm erspart bleiben, weil man seine Selbstanzeige anerkennen würde – und dann kam doch Anfang November 2013 das Schreiben des Landgerichts München I: Der Steuerhinterziehungsfall Ulrich H. wird vor der Wirtschaftsstrafkammer des Landgerichts öffentlich verhandelt.

»Die schlimmste Phase meines Lebens«, nennt Uli Hoeneß das, was er seit April 2013 erlebt hat.

Am Donnerstag, den 13. März 2014, war der Punkt erreicht, an dem Uli Hoeneß nicht mehr tiefer sinken konnte. Der Prozess endete für ihn mit einem Desaster. Das Urteil: drei Jahre und sechs Monate Freiheitsentzug. Nicht auf Bewährung, das ist bei Haftstrafen ab zwei Jahren nicht mehr möglich. Die Realität, der Hoeneß entgegenblickte, lautete: Gefängnis, eingesperrt sein, stigmatisiert sein für den Rest des Lebens. Hoeneß, der Knacki. Seine Anwälte kündigten in einem Reflex noch vor dem Gerichtssaal Revision gegen den Urteilsspruch von Richter Rupert Heindl an, doch ihr Mandant selbst entschied am nächsten Vormittag, dass er ihn anerkennt. Ein moralisches Urteil über ihn war ohnehin gefällt. In den drei Tagen vor dem 13. März war zu viel über ihn bekannt geworden, was auch einen beträchtlichen Teil seiner loyalen Anhänger enttäuschte.

Am Montag, dem 10. März, begann in München in der Nähe des belebten Stachus der Ausnahmezustand. Vor dem altehrwürdigen Justizpalast standen die Übertragungswagen der wichtigsten TV-Sender. Es herrschte aufgeregte Erwartung wie vor dem Stadion, wenn ein Champions-League-Spiel ansteht. Auch das typische Fußballpublikum erschien: Fans mit Bannern, auf denen das Wortspiel »Sulidarität« stand;

einer hielt ein Schild mit der Aufschrift »Milde für Uli Hoeneß – er tut so viel Gutes« hoch.

Doch schon am Vormittag des ersten Prozesstages wurde klar: Für Milde würde es keinen Spielraum geben. Zu deutlich, zu erschütternd waren die Zahlen, die präsentiert wurden. Die Staatsanwaltschaft verlas ihre Anklage: Uli Hoeneß hätte Einnahmen über seine beiden Schweizer Spekulationskonten in Höhe von 33,5 Millionen Euro verschwiegen. Auf die Hinterziehung von Steuern in sieben Fällen und über 3,5 Millionen Euro belief sich die Anklageschrift. Zudem sollte Hoeneß 5,5 Millionen Euro Steuervorteile erhalten haben, indem er zu Unrecht in den Steuererklärungen von 2003 bis 2009 Verluste angegeben hatte. Die Steuerschuld lag also deutlich über der einen Million, die die Justiz als Trennlinie etabliert hat: Wer darunter bleibt, kann mit einer Bewährungsstrafe davonkommen, wer darüber kommt, muss sich auf Gefängnis einstellen.

Es war Uli Hoeneß selbst, der einen draufsetzte: Es seien mehr als 3,5 Millionen, die er dem Fiskus vorenthalten habe. Hoeneß gestand: Es sind »mindestens 18,5 Millionen Euro«. Die Zahl stieg noch weiter an: Am Ende des Tages lautete sie 27,2 Millionen, in den Schlussplädoyers an Prozesstag vier hatte man 28,5 Millionen Euro als hinterzogene Summe festgelegt. Deutschland war sprachlos, als der Angeklagte Hoeneß mit der Sprache herausrückte.

»Die mir in der Anklage zur Last gelegten Steuerstraftaten habe ich begangen. Mit anderen Worten: Ich habe Steuern hinterzogen«, erklärte Hoeneß. »Ich habe gezockt und war verrückt. Das war der Kick, pures Adrenalin.« Er gewährte Einblicke in sein der Öffentlichkeit lange verborgen gebliebenes Leben als Spieler an der Börse: In den acht Jahren von 2002 bis 2010 hatte er 50 000 Transaktionen getätigt; am schlimmsten Tag, als die Aktienmärkte abstürzten, verlor er 18 Millionen Euro. Auch mit Währungen spekulierte er wild: Schweizer Franken, Dollar, Euro.

»Ich bin froh, dass jetzt alles auf dem Tisch liegt. Ich werde alles dafür tun, dass dieses für mich bedrückende Ereignis abgeschlossen wird«, sagte Hoeneß, spürte da aber schon: »Mir ist bewusst, dass daran auch die Selbstanzeige nichts ändert. Ich habe aber gehofft, mit meiner Selbstanzeige einer strafrechtlichen Verfolgung zu entgehen.« Was könnte ihm noch helfen? Allenfalls eine Beurteilung seiner Gesamtlebensleistung: »Ich bin kein Sozialschmarotzer, ich habe fünf Millionen Euro an soziale Einrichtungen gegeben, 50 Millionen Euro Steuern gezahlt. Ich will damit nicht angeben, ich will nur reinen Tisch machen.« Doch er hatte – entgegen vorherigen Beteuerungen – weniger gespendet als der Allgemeinheit vorenthalten.

Als »überschießendes Geständnis« bewerteten Juristen die Äußerungen von Uli Hoeneß. War das die Taktik der Verteidigung? Auf den letzten Drücker offensiv zur Aufklärung beizutragen, strafmildernd mitzuarbeiten? Zwei Wochen vor Prozessbeginn hatte sie dem Gericht weitere Dokumente übergeben: 70 000 Seiten mit Kontobewegungen des Anlegers Ulrich Hoeneß bei der Züricher Vontobel-Bank.

Oder hatte Hoeneß sich gegen seine Anwälte durchgesetzt, ihren Rat ignoriert? Wollte er ein letztes großes Spiel als Stürmer spielen? Wie früher für seine Bayern, wenn sie mit dem Rücken zur Wand standen und bei der nächsten Niederlage in den Abgrund gestürzt wären? Sie hatten dann immer gewonnen und sprachen stolz davon, eben das »Bayern-Gen« zu haben.

Das Team Hoeneß wirkte vor Gericht uneins. Sein eigener Strafverteidiger, der Frankfurter Prominenten- und Staranwalt Hanns Feigen fuhr Hoeneß am ersten Verhandlungstag an: »Erzählen Sie doch keinen vom Gaul!«

Sie waren in einer Frage aneinandergeraten: Hatte Uli Hoeneß die Selbstanzeige in der Nacht vom 16. auf den 17. Januar 2013 in aller Eile und entsprechend unvollständig erstellt und von seinem Sohn Florian gleich am Morgen zum Finanzamt bringen lassen, weil er eine baldige Enthüllung durch das Magazin »Stern« fürchtete? Hoeneß sagte Nein. Sein Anwalt meinte: wohl schon.

Das sollte eine der zentralen Fragen werden: Hatte Uli Hoeneß die Selbstanzeige vor der Entdeckung seines Vergehens eingereicht? Die Selbstanzeige von Hoeneß trug den Finanzamt-Eingangsstempel »17. Januar 2013, 8.15 Uhr«. Am gleichen Tag leistete Hoeneß eine Abschlagszahlung von 10 Millionen Euro. Im Finanzamt München fiel der Name Hoeneß allerdings erstmals am Nachmittag des 17. Januar 2013 – und ohne dass ein konkreter Verdacht bestanden hätte.

Nun stellte sich heraus: Uli Hoeneß wäre ohne seine Selbstanzeige wohl nicht aufgeflogen. Der »Stern«-Reporter Johannes Röhrig hatte zwar das dubiose Konto bei der Vontobel-Bank ausfindig gemacht und verfügte über die Information, dass es einer hochgestellten Persönlichkeit aus der Fußballbranche zuzurechnen war, doch er kam in seinen Recherchen von da an nicht weiter. Sein Verdacht: War es ein Schwarzgeldkonto des FC Bayern München?

Die Spürnase Röhrig stand in Kontakt mit einem Stuttgarter Steuerbeamten, der im Hoeneß-Prozess als Zeuge gehört wurde und aussagte: »Der Name Hoeneß, das kann ich definitiv sagen, ist zu keinem Zeitpunkt gefallen.« Er hatte sich an einen Münchner Kollegen gewandt, ihm die Verdachtsmomente des »Stern«-Reporters mitgeteilt. Erstmals wurde dabei über Hoeneß gesprochen – doch nur, weil er eben die Person war, die für das Gebilde FC Bayern stand. Es wäre niemand auf die Idee gekommen, dem Präsidenten und Aufsichtsratsvorsitzenden eine Unregelmäßigkeit zu unterstellen. Schließlich stand Hoeneß für das Gute und Edle im Profifußball.

Es machte den Fall Hoeneß noch dramatischer: Der leidenschaftliche Spieler verzockte sich. Er hätte gute Chancen gehabt, unentdeckt zu bleiben. Sein Anwalt Hanns Feigen wies schon zu Beginn dieses Prozesses auf diesen besonderen Aspekt hin: »Wir sitzen alle hier, weil Uli Hoeneß eine Selbstanzeige eingereicht hat.«

Es war eine miserabel vorbereitete Selbstanzeige, wie sich am zweiten Verhandlungstag im Münchner Justizpalast herausstellte. Auftritt der dritten Zeugin im Prozessverlauf, einer Rosenheimer Steuerfahnderin: Sie führte die von Hoeneß übergebenen Belege in einem roten Wäschekorb mit sich, verteilt auf vier Aktenordner. »Ein großer Schuhkarton voller Unterlagen«, lästerte Richter Heindl in Richtung Hoeneß. »Schuhkarton« gilt in solchen Prozessen als Synonym für Schlampigkeit.

Uli Hoeneß hatte nun neue Gegenspieler. Nicht mehr ein aufmüpfiger Trainer wie Christoph Daum oder ein schlagfertiger Vereinsfunktionär wie Willi Lemke setzten ihm zu, sondern eine Beamtin, die aus Gründen des Persönlichkeitsschutzes in der Berichterstattung nicht mit Namen genannt und auch nicht fotografiert und gefilmt werden durfte. Oder Andrea Titz, die Sprecherin des Gerichts, die, wenn es Neuigkeiten zu vermelden gab, den Sitzungssaal verließ und auf High Heels die geschwungenen Treppen des Justizpalastes zu den wartenden Medienvertretern hinabstöckelte. Dazu Staatsanwalt Achim von Engel und Richter Rupert Heindl, dem der Ruf vorauseilte, streng zu urteilen und sich auf keine Deals einzulassen.

Für Uli Hoeneß ein neues Spielfeld. Er fühlte sich fremd. Man sah es ihm an, wenn er den Saal betrat: verlegen, um eine optimistische Ausstrahlung ringend, ein Malzbonbon durch den Mundraum schiebend. Bevor sich die Türen schlossen und nur noch die 100 Personen im Saal – Angehörige, Zuschauer, akkreditierte Journalisten – die Verhandlung verfolgen konnten, wurden die Bilder gemacht, die den ganzen Tag auf allen Kanälen zu sehen waren.

Hoeneß hat in der Verhandlungswoche noch andere Bilder geliefert: aus seinem bisherigen Leben, das ihm so vertraut war. Am zweiten Tag stand abends das Champions-League-Spiel gegen den FC Arsenal aus London an. Er war ja noch immer der Präsident des FC Bayern und ging in sein Stadion, in die Ehrenloge, wo die Granden des Vereins sitzen. Er hatte den dunklen Anzug gegen eine Freizeitjacke eingetauscht, dazu trug er einen seiner Bayern-Schals und Handschuhe in den Farben des Clubs. Es stand nicht zu befürchten, dass sein Verein ausscheiden könnte, das Achtelfinal-Hinspiel in England hatte der FC Bayern souverän 2:0 gewonnen. Doch als nun im Rückspiel Bastian Schweinsteiger, einer seiner Lieblingsspieler, in der zweiten Halbzeit das 1:0 erzielte, schnellte Uli Hoeneß hoch, als gäbe es kein Morgen mehr. Alle Zeitungen hatten am nächsten Tag das Bild auf ihrer Titelseite und stellten die Frage: War es klug, so demonstrativ zu jubeln? Oder war es ein verzweifeltes Festhalten an alten Ritualen und an allem, was bis dahin sein Leben war? Sah man bereits den Schlussjubel eines gefallenen Idols?

Um die dunkle Seite von Uli Hoeneß ging es dann weiter im Münchner Justizpalast. Die Steuerfahnderin aus Rosenheim gab über Stunden detailliert Auskunft über die Bewegungen auf den beiden Spekulationskonten des Angeklagten Hoeneß bei der Vontobel-Bank. Als »Höchstbetragsergebnis« nannte die Beamtin 155 Millionen Euro. So viel waren Hoeneß' Konten im Jahr 2005 wert. Die Wirtschaft brummte, sie hatte sich erholt vom Crash am Neuen Markt zu Beginn des Jahrhunderts, es waren nun wieder gute Börsenjahre. 2008 folgte der Kollaps einiger US-Banken und Versicherungen. Die Pleite der Lehman Brothers traf auch Hoeneß. Vor Gericht bilanzierte er: »Ich musste leider feststellen, dass sich die Spekulationen unter dem Strich nicht gelohnt haben.« Er bekannte auch, dass er gar nicht der Finanzguru war, für den ihn alle hielten: Manche der Anlageformen, die seine Bank ihm empfohlen hatte, habe er schlicht nicht verstanden. Er habe den Beratern in der Schweiz blind vertraut.

Das Bild von Uli Hoeneß zerbröselte jeden Tag ein Stück mehr. Der 13. März 2014 endete dann mit grobkörnigen Paparazzi-Fotos: wie er weggefahren wurde von dem Gebäude, in dem er zu einer Freiheitsstrafe von drei Jahren und sechs Monaten verurteilt worden war. Er saß

neben seiner Frau auf dem Rücksitz einer Limousine, Schweiß lief ihm übers fleckige Gesicht, er war schmallippig, der Blick ging ins Leere. Nur einmal hatte man Uli Hoeneß so konsterniert erlebt: Als der FC Bayern im Mai 2012 das Finale der Champions League gegen den FC Chelsea in der Allianz Arena verloren hatte. Er hing damals in seinem Stadionsitz, als wäre jegliches Leben aus ihm gewichen.
Aber damals war nur ein Spiel verloren worden, Uli Hoeneß war ein schwer enttäuschter Fan. Nun hatte er im wirklichen Leben verloren. Nicht nur Geld – die Begleichung der Steuerschuld wird sich inklusive Zins und Solidaritätszuschlag auf rund 50 Millionen Euro belaufen –, sondern vor allem Reputation, Sympathie, gesellschaftlichen Status. Uli Hoeneß wurde am 13. März 2014 endgültig zum Idol a. D.
Die Staatsanwaltschaft hatte in ihrem Schlussplädoyer fünf Jahre und sechs Monate Haft gefordert, die Verteidigung meinte, man solle das Verfahren einstellen, und wenn nicht, sei eine Bewährungsstrafe ausreichend. Hanns Feigen berichtete gar von »Morddrohungen, die Idioten an Herrn Hoeneß geschrieben haben«. Hoeneß selbst verzichtete auf einen letzten Appell ans Gericht, er schloss sich den Worten seines Anwalts Hanns Feigen an. Es folgte eine letzte Mittagspause: Hoeneß fuhr in sein Münchner Lieblingsrestaurant, den »Bogenhausener Hof«, wo das Tagesmenü 87 Euro kostete. »Bild« zitierte aus der Speisekarte (»Champagnersuppe mit Jakobsmuschel«) und stellte dem gegenüber, was in der Justizvollzugsanstalt Landsberg am Lech an diesem Tag auf den Tisch kam: »Linsengemüse, Rindsbrühwurst, Salzkartoffeln, Trinkmilch«.
Für 14 Uhr war die Verkündung des Urteils angesetzt. Richter Rupert Heindl befand: Uli Hoeneß ist der Steuerhinterziehung in einer Höhe von 28,5 Millionen Euro überführt, dafür muss er für drei Jahre und sechs Monate ins Gefängnis. Um 14.06 Uhr erfuhr es die Republik, Gerichtssprecherin Andrea Titz trat mit der Information über das Strafmaß vor die Kameras und Mikrofone. Derweil begründete Richter Heindl im Saal das Urteil.

Die Selbstanzeige, die Uli Hoeneß am 17. Januar 2013 eingereicht hatte, war »nicht nur missglückt, sondern erkennbar unzureichend«. Es habe mehr gefehlt als »irgendein Vermerk des Steuerberaters«. Die Verantwortung trage schon Hoeneß selbst. »Der Ball liegt in Ihrem Feld«, bemühte Heindl ein Fußballbild. Dass nur die Bank die Geschäfte getätigt haben solle, nahm die Wirtschaftsstrafkammer des Landgerichts München II Hoeneß nicht ab. Und der Vorsitzende Richter Heindl glaubte auch: »Sie waren getrieben aus Angst vor der Entdeckung, Herr Hoeneß.« Gelegenheit, reinen Tisch zu machen, habe lange genug bestanden. »Sie haben auf Zeit gespielt.«

Dennoch blieb das Gericht mit der Strafbemessung zwei Jahre unter dem Antrag der Staatsanwaltschaft. Damit würdigte es, dass Hoeneß »sich selbst ans Messer geliefert« hatte, dass er am Ende kooperativ war. Und es wurde berücksichtigt, dass der Angeklagte durch eine Indiskretion seitens der Behörden zu leiden hatte. Fast ein Jahr lang war er zur öffentlichen Vorabverurteilung freigegeben gewesen.

Das Thema Hoeneß-Urteil drückte am 13. März 2014 jede andere Nachricht weg – sogar die vom Konflikt um die Halbinsel Krim zwischen Russland und der Ukraine, der weltpolitische Bedeutung hatte. Deutschland beschäftigte sich mit der Biografie eines Mannes aus dem Fußball, der zur gesellschaftlichen und moralischen Größe aufgestiegen und in die Kriminalität abgestürzt war. Das Urteil fiel auf einen Donnerstag. Das ist der Tag mit den meisten Talkshows im Fernsehen. Im »ZDF« sprachen am Abend nacheinander Maybrit Illner und Markus Lanz über Hoeneß, in der »ARD« Reinhold Beckmann. Keine Nachrichtensendung kam ohne Hoeneß-Block aus – und ohne die Stimmen von Politikern, die dem Sünder nie persönlich begegnet waren, ihm nun aber die Leviten lasen. Nach dem richtigen tagte auch noch das Fernsehgericht.

Uli Hoeneß hatte in den Tagen vor Gericht versucht, sich stets gefasst zu geben. Das gelang nicht immer. Es gab Momente, in denen er die

Hände vor dem Gesicht faltete oder rot anlief. Als das Urteil gesprochen war, galt für ihn: nichts wie weg. Er fuhr nach Hause an den Tegernsee. Und Deutschland wartete auf eine Botschaft von Hoeneß oder dem FC Bayern, wie es weitergehen würde. Am Abend des 13. März 2014 erschien wahrscheinlich, dass Hoeneß seine Anwälte beauftragen würde, eine Revision zu beantragen. Doch könnte er Präsident bleiben, nachdem die Dimension seiner Steuerhinterziehung bekannt geworden war? Dürften die Mitglieder des Aufsichtsrats im Interesse der Konzerne, die sie vertreten, diese Maßlosigkeit von Hoeneß einfach hinnehmen?

Der 14. März brachte Klarheit. Er wurde zum letzten Tag des Präsidenten und Aufsichtsratsvorsitzenden Uli Hoeneß.

Hoeneß verließ sein Domizil am Tegernsee an diesem Tag nicht. Er nutzte den frühsommerlichen Tag, um auf der Terrasse in der Sonne zu sitzen, zu Mittag zu essen und seinen Hund Kuno zu liebkosen. Um sein Anwesen scharten sich die Fotografen und Übertragungswagen. Hoeneß ließ von seiner Haushälterin Wurstsemmeln servieren – nachdem er schriftlich über den FC Bayern hatte mitteilen lassen, dass er einen Entschluss gefasst habe, wie sein Leben verlaufen solle.

Im Wortlaut: »Nach Gesprächen mit meiner Familie habe ich mich entschlossen, das Urteil des Landgerichts München II in meiner Steuerangelegenheit anzunehmen. Ich habe meine Anwälte beauftragt, nicht dagegen in Revision zu gehen. Das entspricht meinem Verständnis von Anstand, Haltung und persönlicher Verantwortung. Steuerhinterziehung war der Fehler meines Lebens. Den Konsequenzen dieses Fehlers stelle ich mich. Außerdem lege ich mit sofortiger Wirkung die Ämter des Präsidenten des FC Bayern München e. V. und des Aufsichtsratsvorsitzenden der FC Bayern München AG nieder. Ich möchte damit Schaden von meinem Verein abwenden. Der FC Bayern München ist mein Lebenswerk und er wird es immer bleiben. Ich werde diesem großartigen Verein und seinen Menschen auf andere Weise verbunden bleiben, solange ich lebe. Meinen persönlichen Freunden und den Anhängern des FC Bayern München danke ich von Herzen für ihre Unterstützung. Uli Hoeneß.«

Da war er wieder: Hoeneß, wie man ihn kennt. Er folgte dem Bayern-Motto »Do the unexpected« – »Tue das Unerwartete«. Man hatte damit gerechnet, dass Hoeneß an seinen Ämtern hängen und mit allen juristischen Mitteln um seine Freiheit kämpfen würde. Über Nacht musste er zu dem Schluss gekommen sein, dass er das nicht durchstehen würde: noch einmal einen Prozess vorbereiten, mit ständiger Verfolgung durch Paparazzi rechnen, sich in der Öffentlichkeit wegducken müssen. Seine Familie würde er weiteren Leiden aussetzen – und seinen Verein einer dauerhaften Belastung. Außerdem hatten juristische Experten davor gewarnt, in Revision zu gehen – das Urteil könnte auch zu Ungunsten von Hoeneß abgeändert, die Haftstrafe noch verlängert werden. Dann lieber Augen zu und durch. Es hatte sich abgezeichnet, dass er nicht in einen Schwerverbrecher-Knast kommen würde, wie man ihn aus Fernsehserien zu kennen glaubt. Für den Vollzug hatte das Landgericht München den Standort Landsberg am Lech ausgewählt. Wirtschaftsstraftäter und Ersttäter kommen bevorzugt dorthin. Auch offener Vollzug ist in diesem Gefängnis möglich.

Nicht alle seine früheren Unterstützer konnte Uli Hoeneß mit diesem Schritt zurückgewinnen. Bei manchen blieb die Skepsis: Will Hoeneß eine weitere Aufarbeitung durch eine andere Gerichtsinstanz verhindern, weil er noch mehr zu verbergen hat? Und ist es nicht selbstverständlich und überhaupt kein Zeichen von Anstand, ein Urteil im Namen des Volkes zu akzeptieren? Der »Spiegel«, Hoeneß' bevorzugte politische Lektüre neben dem Debattenmagazin »Cicero«, erkannte in seinem Verhalten »Größenwahn. Er stellt sich über seine Richter, indem er ihnen das Urteil gewissermaßen verzeiht.«

Doch überwiegend erntete Uli Hoeneß Zustimmung. Sogar Bundeskanzlerin Angela Merkel, die fast ein Jahr lang Statements zu Hoeneß vermieden und bei Bekanntwerden der Selbstanzeige ihren Sprecher Steffen Seibert vorgeschickt hatte, bekundete ihren »hohen Respekt für diesen Schritt«. Bayerns Ministerpräsident Horst Seehofer lobte Hoeneß als einen »Menschen mit Format«.

Uli Hoeneß hatte, als er 2009 vom Managerjob auf den Präsidentenstuhl gewechselt war, die Vision gehabt, eines Tages nur noch als Fan ins Stadion zu gehen. Auf einen konkreten Zeitpunkt hatte er sich nicht festlegen lassen. Er hatte aber immer den Eindruck erweckt, er sehe den Verein noch nicht so weit, dass er ihn sich selbst überlassen könne. Uli Hoeneß war nicht bereit loszulassen – doch er musste es tun, ganz plötzlich. Bereits am Tag von Hoeneß' Rückzug regelten die Gremien des FC Bayern den Übergang. Der Adidas-Chef Herbert Hainer übernahm den Vorsitz im Aufsichtsrat, der bisherige Vizepräsident Karl Hopfner erklärte sich bereit, den Verein, zu dem auch Abteilungen wie Schach, Kegeln oder Turnen gehören, vorübergehend zu leiten.

Für Uli Hoeneß wird keine tragende Rolle mehr bleiben, wenn er nach Verbüßung seiner Strafe zurückkehrt. Er geht jedoch nicht als Geächteter. Unter den Mitgliedern und Anhängern des FC Bayern genießt er eine solide Sympathie-Mehrheit, das hat sich bei den ersten Umfragen nach dem Urteil gezeigt. Der Verein wird sich verändern, aber auf der gesunden Basis, die Hoeneß gelegt hat. Dieser Teil der Lebensleistung bleibt. Darum wird im Stadion weiter gesungen: »Uli Hoeneß, du bist der beste Mann.«

Zwei Tage nach dem Urteil und einen Tag nach Hoeneß' Entschluss, seine Strafe anzunehmen, spielte der FC Bayern gegen Bayer Leverkusen, es ist für die Münchner in jeder Saison eines der forderndsten Spiele. Für jemanden, der die Liebe zu seinem Verein lebt, ein Pflichttermin.

Der Platz von Uli Hoeneß blieb leer.

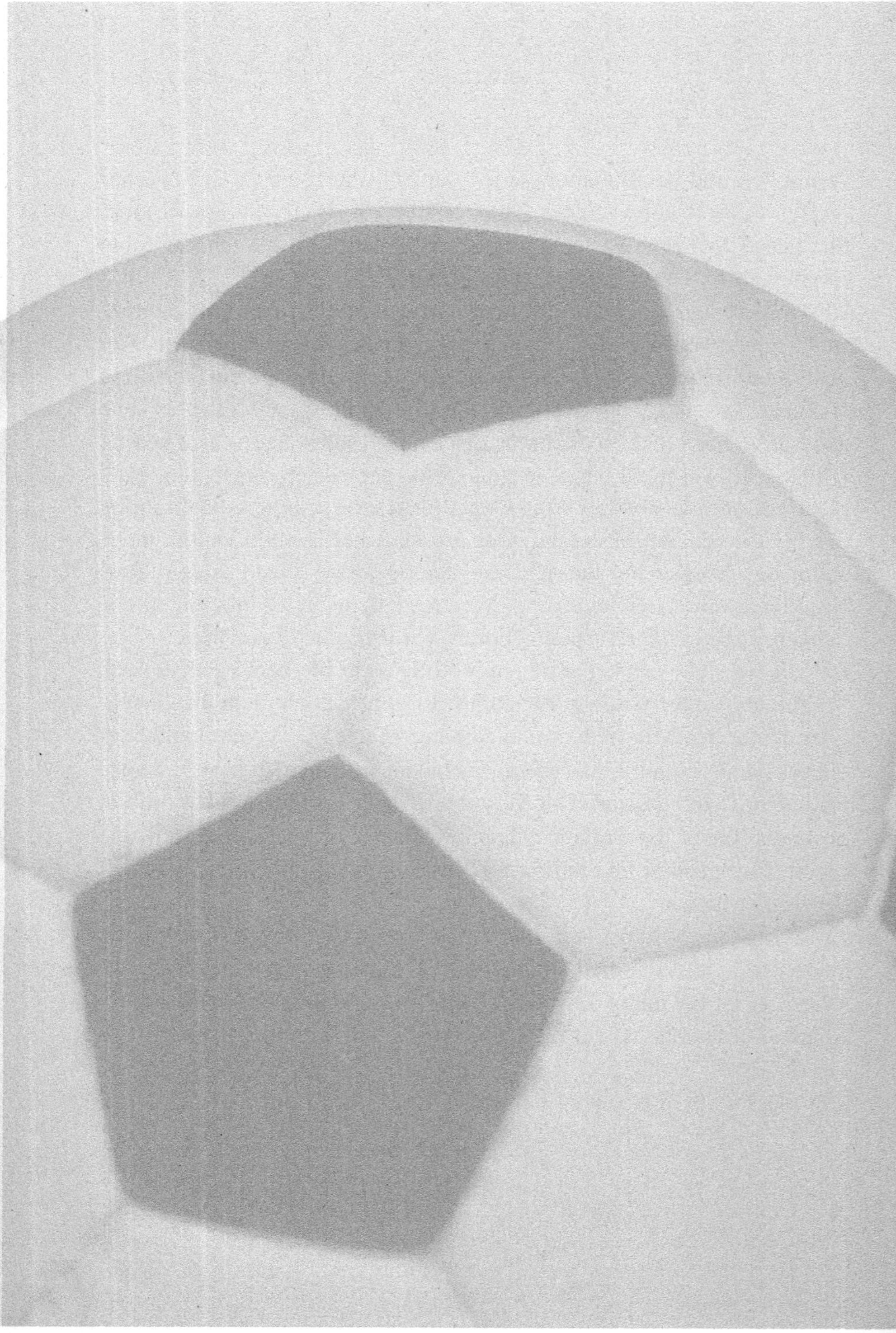

14.

Die Monate ohne Freiheit

Die Redaktionen von Zeitungen, Fernsehsendern und Rundfunkanstalten wunderten sich über das Fax, das wenige Tage nach dem Urteil gegen Uli Hoeneß bei ihnen einging. Das Bayerische Justizministerium und die Justizvollzugsanstalt Landsberg am Lech luden zu einer Informationsveranstaltung ein – Thema: Justizvollzug in Bayern. Der Kontext war offensichtlich: Es lag nahe, dass Hoeneß seine Strafe in Landsberg verbüßen würde: kein Schwerverbrecherknast wie die JVA Straubing. Zwar sitzen auch in Landsberg Sexualstraftäter und einige Lebenslängliche ein, vor allem jedoch Ersttäter, häufig aus dem Bereich der Wirtschaftskriminalität. »Knast light« mit zwei Freigängerhäusern und einer Außenstelle nahe dem Touristenmagneten Kloster Andechs. Der Konzertmanager Marcel Avram war in Landsberg inhaftiert, ebenso der Klatschkolumnist Michael Graeter sowie der ehemalige Vorstand der BayernLB, Gerhard Gribkowsky. Und jemand, mit dem Hoeneß zu tun gehabt hatte: Karl-Heinz Wildmoser junior, Sohn des vormaligen 1860-München-Präsidenten; er hatte sich am Bau der Allianz Arena bereichert.

»Fragen, die sich auf individuelle Gefangene beziehen, können nicht beantwortet werden«, hieß es unter anderem in der Einladung an die Redaktionen, und weder Monika Groß, die Chefin der JVA Landsberg, noch ihr Stellvertreter Harald Eichinger und Ministerialdirektor Prof. Dr. Frank Arloth vom Bayerischen Staatsministerium der Justiz nannten wörtlich den Namen Hoeneß: nicht bei den Rundgängen, nicht bei der abschließenden Pressekonferenz in der Turnhalle, wo Semmeln mit Wurst aus der anstaltseigenen Metzgerei gereicht wurden.

Es war ein skurriler Termin. 157 Medienvertreter waren nach Landsberg gekommen, sie wurden in zwei Besichtigungsgruppen aufgeteilt und tourten übers Gelände. Draußen: ein längst sich selbst überlassenes Schwimmbecken, in dem das Wasser braun geworden war, aber ein halbwegs gepflegter Fußballplatz, eine Laufbahn drum herum. »Außenfußball haben wir von Frühjahr bis Herbst«, erzählte der für das

Sportprogramm zuständige Vollzugsdienstleiter Franz Röck. Es gebe mehrere Mannschaften, man könne sich für sie bewerben, eventuell müsse man, wenn die Teams gerade komplett sind, auf die Warteliste. Auch ein Weltmeister? Ja, auch der. »Wir bevorzugen niemanden«, erklärte Monika Groß.

Drinnen dann konnte man Zellen besichtigen, acht Quadratmeter groß, mit Pritsche, Regal, Schrank, Tisch, Stuhl, Waschbecken und Toilette. Eine, die für Aufnahmen zur Verfügung stand, war die eines bekennenden BVB-Fans. In einer Vitrine auf dem Flur waren Sportartikel ausgestellt: Trainingsanzüge, Fußballschuhe, das Spitzenmodell des »Kaiser 5 Teams« von Adidas für 80 Euro. Ein Glaskasten mit dem Angebot der Gefängnisbücherei, die Kantine mit dem Essensplan für die Woche und dem Hinweis: »Es ist nicht gestattet, mehrfach an der Kostausgabe teilzunehmen!!! Nichtbeachtung wird disziplinarisch geahndet!!!« Ein RTL-Reporter mit Seidenschal kriegte sich gar nicht mehr ein vor lauter Freude über das, was ihm Justizministerium und JVA-Leitung an Motiven servierten. Er stand im Zellengang wie in einem Fernsehstudio und sprach erregt seine Aufsager ein, die am Abend gesendet werden würden. Für ein Publikum, das natürlich nicht am Strafvollzug in Bayern, sondern am Strafvollzug von Uli Hoeneß in den kommenden Monaten interessiert war. Dass er um 5.50 Uhr geweckt werden wird, dass um 6.10 Uhr Aufschluss der Zellen ist und um 19 Uhr Generalabschluss.

Es wurden weitere Regularien erläutert. Dass Arbeitspflicht herrscht – die JVA hat 17 eigene Betriebe, sogar eine Kfz-Meisterwerkstatt – und ein Gefangener am Tag 11,94 Euro erwirtschaften und monatlich 102,06 Euro in Einkäufe investieren kann; in Lebensmittel etwa (»Ananas 1,99; Eisbergsalat 0,99«) oder in die Miete eines Fernsehers. Würde Uli Hoeneß, pardon: Würde ein Strafgefangener die Möglichkeit haben, die Fußballweltmeisterschaft in Brasilien im Sommer in Landsberg zu verfolgen?

Und wie ist es mit Besuch? Kann man ihn bekommen? Zweimal im Monat für zwei Stunden möglich, bis zu drei Personen dürfen empfangen werden, Körperkontakt erlaubt. »Aber es werden Stichproben erhoben«, so der stellvertretende Anstaltsleiter Harald Eichinger, »ob den Insassen etwas zugesteckt wurde.«

Schließlich wurden auch noch die Gefängniskapelle gezeigt – der Gefangenenchor freut sich über neue Mitglieder – und die Arbeitskleidung vorgestellt, die hier jeder tragen muss. Nicht schwarz-weiß gestreift, wie aus Comics oder Gefängnissketchen zu erwarten gewesen wäre, sondern dunkel- und hellblaue Arbeitshosen und -hemden. Auch das noch: der Bayern-Rote im Sechziger-Blau.

Über drei Stunden hatte sich die Justizvollzugsanstalt Landsberg für die Medien des Landes an diesem Montag, dem 31. März, geöffnet. Von den 565 Insassen war nichts zu sehen, sie hatte man offensichtlich in einem Trakt zusammengefasst. Es war absehbar, dass dieses Hinter-Gittern-Reality-TV nicht ohne Nachspiel bleiben würde.

Der FC Bayern war empört über den »Tag der offenen Tür«. Karl Hopfner, der nach dem Rücktritt von Uli Hoeneß die Präsidentschaft übernommen hatte, reklamierte, hier würde vorab in die Privatsphäre eines Menschen eingedrungen und dieser ins Lächerliche gezogen. Der Verein nutzte seinen kurzen politischen Draht zu Ministerpräsident Horst Seehofer, der seinen Justizminister Winfried Bausback einbestellte. Der rechtfertigte das Knast-Sightseeing mit der Vielzahl an Besichtigungsanfragen und dem Informationsanspruch der Öffentlichkeit. Der FC Bayern forderte, Hoeneß nicht in Landsberg unterzubringen, sondern in einer anderen bayerischen Vollzugsanstalt. Doch der Staat ließ nicht mit sich handeln.

Es war auch so, dass Landsberg mit seiner Vielzahl an Freigängerplätzen (124) passend war für die Art Vollzug, die Uli Hoeneß erwarten würde. Denn die volle Strafe würde er nicht absitzen müssen und nach

einigen Monaten im geschlossenen Vollzug an einer Wiedereingliederungsmaßnahme außerhalb der JVA-Mauern teilnehmen.
Eine Farce nannte ein ehemaliger CSU-Landtagsabgeordneter, der sich beim *Münchner Merkur* meldete, den öffentlichkeitswirksamen Termin in Landsberg. Der Mann, in seiner politischen Laufbahn nahe dran gewesen am Justizvollzugswesen, hielt es für ein Ablenkungsmanöver, das die Landsberger inszeniert hätten: »Hat Frau Groß den Medien denn von der Außenstelle Rothenfeld erzählt?« Hatte sie nicht. Der Ex-Politiker prognostizierte: Ein normaler Strafvollzug dauerhaft in Landsberg sei im Fall von Uli Hoeneß nicht möglich, dafür sei er viel zu bekannt. Er werde daher bald nach Rothenfeld verlegt werden. Rothenfeld gilt als »Gefängnis mit Aussicht«. Es war früher der Sommersitz der Herren vom Kloster Andechs, das bekannt ist für sein Bier. Später wurde Rothenfeld als Hof für die Pferde- und Champignonzucht genutzt, war Knabenerziehungsanstalt und Ordenshochschule. Und seit 1939 Gefängnis mit eigener Landwirtschaft. Zuletzt wurde ein Hofladen eingerichtet, in dem Nudeln, Kartoffeln, Wurst und Eier verkauft werden. »Idyllischer Gutshof«, »Herrschaftliches Gebäude«, das waren die Bewertungen in einer Reportage im *Münchner Merkur* im Februar 2013. Bevor es einen Fall Uli Hoeneß gab.
Wie der Strafvollzug für Uli Hoeneß ausfiele, ob er Übergriffen ausgesetzt sein würde, wie man das aus einschlägigen Knastserien kannte, war die eine Seite der Geschichte. Die Angst vor dem Ungewissen beschäftigte ihn zwischen Urteil und Haftantritt, der nicht sofort erfolgte, sondern fast drei Monate später. Worunter Uli Hoeneß zunächst litt, das war die gesellschaftliche Ächtung. Als wäre es ihm auf die Stirn tätowiert: vorbestraft. Und er fürchtete die Jagd auf seine Familie.
Als er am 13. März 2014 als verurteilter Steuerhinterzieher vom Gericht wegfuhr – er hatte einen Fahrer, seine Frau und er saßen im Fond –, folgte ihm ein Fotograf auf einem Motorrad bis zu Hoeneß'

Stadtwohnung im Münchner Viertel Maxvorstadt. Jedes Mal, wenn das Auto an einer Ampel halten musste, kam auch der Paparazzo daneben zum Stehen, hielt seine Kamera gegen die seitliche Windschutzscheibe und drückte ab. Hoeneß wollte die nächsten Wochen kein Motiv mehr abgeben, er hielt sich mit öffentlichen Auftritten zurück, mied meist sogar die Allianz Arena. Er wollte auch keine Reporter vor dem Haus in Bad Wiessee hoch überm Tegernsee herumlungern haben, auch nicht nebenan im Freihaus Brenner, wohin er oft auf einen Kaffee ging. Uli Hoeneß wollte, dass alles so schnell vorübergeht wie möglich.

Er rückte in Landsberg ein, als die Deutschen sich gedanklich in Richtung der anstehenden Fußballweltmeisterschaft orientierten und die Nationalmannschaft gerade die letzte Phase ihrer Saisonvorbereitung hinter sich gebracht hatte. Als »Selbst-Steller« bekam Hoeneß von den Behörden einen Zeitraum von zwei Wochen mitgeteilt, in dem er sich in Landsberg zum Strafvollzug melden musste. Am 2. Juni 2014, einem Montag, ließ er sich von seinem Fahrer bringen, durch einen Seiteneingang. An der Pforte warteten Fotografen und Schaulustige vergebens. Das Bild von Uli Hoeneß, wie er sich zum Strafantritt meldet, gab es nicht.

Erst in der *Bild am Sonntag* vom 21. September 2014 bekam man Hoeneß wieder zu sehen. Am Samstag hatte er für acht Stunden erstmals Ausgang bekommen. Frau und Sohn holten ihn in Landsberg ab, fuhren mit ihm heim an den Tegernsee. Die Bilder, die die BamS veröffentlichte, zeigten einen Mann, der in knapp vier Monaten um Jahre gealtert schien. Die Augen lagen in tiefen Höhlen, den Kopf hielt der sonst so raumgreifend auftretende Patriarch gesenkt, als wolle er sich der Wahrnehmung durch seine Umwelt entziehen. Aber er hatte auch sichtbar abgenommen. In den kommenden Monaten im Vollzug berichteten Freunde, die ihn besuchten, immer wieder vom Gewichtsverlust. Die Angaben variierten: 15, 18, gar über 20 Kilogramm. Franz

Beckenbauer witzelte über die »Gefängnisdiät«, und es klang so, als habe sich Hoeneß freiwillig auf eine Ayurvedakur nach Indien begeben.

Uli Hoeneß war angeklagt, verurteilt und inhaftiert worden. Nach seiner Haftentlassung beklagte er, der Einzige in Deutschland gewesen zu sein, der trotz eigentlich strafbefreiender Selbstanzeige wegen eines Steuerdelikts ins Gefängnis musste. Aus seiner Sicht eine große Ungerechtigkeit. Dennoch ging in der Zeit, die der gefallene Unternehmer und Fußballfunktionär in der JVA Landsberg verbrachte, die Diskussion weiter: War er nicht viel zu gut weggekommen mit den dreieinhalb Jahren auf Bewährung? Und erhält er nicht doch eine Vorzugsbehandlung in den Gemäuern der Anstalt, in der einst Adolf Hitler sein Pamphlet *Mein Kampf* geschrieben hatte?

Erst gegen Ende Oktober 2014 machte das Oberlandesgericht München das vollumfängliche Urteil gegen Uli Hoeneß der Öffentlichkeit zugänglich. Der Strafrechtswissenschaftler Walter Grasnick, der vermutet hatte, dass es »zwischen den Beteiligten eine Absprache« gegeben habe, und die *Frankfurter Allgemeine Zeitung* hatten Druck gemacht, dass die Urteilsbegründung offengelegt werden müsste. Die *FAZ* schrieb: »Die letzten Urteile, die Gerichte unter Verschluss gehalten hatten, stammten aus den RAF-Prozessen. Es ist fatal, wie sich das Münchner Gericht nun in diese Tradition einreiht.«

Das OLG stellte dann die 50-seitige Urteilsbegründung ins Netz, in anonymisierter Form. Nun konnte man aber zumindest sehen, dass, die sieben Anklagejahre 2003 bis 2009 zusammengerechnet, die Freiheitsstrafe für Uli Hoeneß neun Jahre und zwei Monate hätte betragen müssen. Das Gericht bewertete jedoch die »außerordentlichen Umstände des Einzelfalls. Der Angeklagte hat sich mit seiner – überstürzten – Selbstanzeige steuerstrafrechtlichen Ermittlungen ausgeliefert … Die Ermittlungen wären voraussichtlich nicht mit einem vergleichbaren Erfolg geführt worden, wenn sich der Angeklagte durch seine – insbesondere zuletzt – rückhaltlose Kooperation nicht gerade ›ans Messer geliefert‹ hätte.« Das OLG räumte allerdings auch ein, dass es nicht mehr alle Geldflüsse nachverfolgen konnte, es schreibt von möglichen »Fremdmitteln in erheblicher Höhe«, unklar, ob diese Werte »lediglich existierende Eigenmittel des Angeklagten widerspiegelten«.

Was die breite Öffentlichkeit aber stärker interessierte, war der Alltag von Hoeneß in Landsberg. Das Erste, was man hörte: Es herrsche Verstimmung unter den Gefangenen, weil der neue Mitinsasse Privilegien genieße. Er hatte wohl Atteste seines Leib- und des FC-Bayern-Vereinsarztes Dr. Hans-Wilhelm Müller-Wohlfahrt mitgebracht, deren Vorlage zu einer umgehenden Krankschreibung und Einweisung ins knasteigene Spital (21 Plätze) führte. Die Zimmer sind nicht acht, sondern dreißig Quadratmeter groß, können mit bis zu vier Personen belegt werden, müssen es aber nicht.

Die ersten Tage verbrachte Uli Hoeneß mit einem Mann, dessen Fall ebenfalls Schlagzeilen produziert hatte. Christian K., ein sechs Jahre älterer früherer Frauenarzt aus München, der mit einem Videokugelschreiber seine Patientinnen zwischen den Beinen gefilmt hatte. In seinem Keller lagerte ein Arsenal an Schusswaffen, weswegen ihm die Boulevardpresse den Spitznamen »Dr. Kalaschnikow« gegeben hatte. Dass ein neuer Gefängnisinsasse nicht gleich in eine Einzelzelle kommt, ist von der JVA-Leitung so beabsichtigt. Es soll keiner allein sein in dieser schwierigen Anfangszeit, die einen gravierenden Einschnitt im Leben bedeutet. Man passt aufeinander auf. In den ersten beiden Wochen finden auch die »Zugangskonferenzen« statt: Gespräche des Gefangenen mit dem Anstaltspsychologen, dem Arzt, auch einem Seelsorger, wenn er das wünscht.

Für Irritationen sorgte, dass bereits Mitte Juli, sechs Wochen nach Haftantritt, Hoeneß die Haftanstalt verlassen durfte – allerdings im Krankenwagen. Es wurde ein Eingriff am Herzen vorgenommen, und zwar in der Schön-Privatklinik in Kempfenhausen am Starnberger See.

Warum wurde kein Krankenhaus mit öffentlich-rechtlicher Trägerschaft gewählt? Sofort geriet die Diskussion über einen Promi-Bonus für Hoeneß in Gang. Der bayerische Landtagsabgeordnete der Grünen, Sepp Dürr, im Grunde ein Hoeneß-Freund – man schätzt sich gegenseitig für die intellektuelle Schärfe, Hoeneß war auch schon Gast auf einer Podiumsdiskussion von Dürr –, sprach von »Doppelstandards« und »Gefangenen erster und zweiter Klasse«. Das Justizministerium ordnete daraufhin an, dass Hoeneß nach erfolgter Operation umgehend nach Landsberg zurückzuverlegen sei. In der Schön-Klinik war er letztlich nur knapp drei Tage, begleitet von einem Vollzugsbeamten; nach dem Erwachen aus der Narkose war seine Auszeit vorbei.

Es war klar, dass Uli Hoeneß nicht lange im geschlossenen Vollzug bleiben und auch nicht die vollen dreieinhalb Jahre würde absitzen müssen. Schon zu Weihnachten und Silvester 2014 bekam er Urlaub, ab 2. Januar 2015 war er Freigänger. Ungewöhnlich früh, doch die wesentlichen Voraussetzungen für seinen neuen Status hatte er erfüllt. Es bestand keine Fluchtgefahr, er war keine Gefahr für andere und konnte eine Arbeitsstelle nachweisen. Der FC Bayern gab seinem Ex-Präsidenten einen Job als »Assistent der Abteilung Junior Team«. Es war Hoeneß' Idee gewesen: Die Nachwuchsabteilung hatte seit der Saison 2009/10 mit den Entdeckungen Thomas Müller, Holger Badstuber und David Alaba keine nennenswerten Talente mehr hervorgebracht. Hoeneß wollte sich ohnehin mehr um die Jugend kümmern, um in Zeiten des Ablösewahnsinns seinem Verein einen anderen Weg zu eröffnen.

Einen großen Teil seines alten Lebens hatte Uli Hoeneß schnell zurück, er konnte sich tagsüber wieder an der Säbener Straße aufhalten. Kontakte mit den Fans vermied er weitgehend, über das Gelände ging er fast verhuscht. Übernachten musste er weiterhin im Gefängnis, nun aber in der Freigänger-Außenstelle Rothenfeld. Unpünktlichkeit bei der täglichen Rückkehr hätte seine Privilegien gefährdet, er baute bei seinen Planungen stets einen Zeitpuffer ein, lenkte auch nicht mehr selbst seinen Wagen, sondern überließ das einem Fahrer. Nicht mal eine Geschwindigkeitsübertretung wollte Hoeneß sich leisten. Und war es erforderlich, dass er ein Nachwuchsfußballspiel außerhalb Bayerns anschaute, stellte er einen Antrag, das Bundesland vorübergehend verlassen zu dürfen. Er wollte der perfekte Gefangene sein.

Weil er sich nichts zuschulden kommen ließ und eine günstige Sozialprognose hatte, konnte er die Halbstrafenregelung in Anspruch nehmen. Nach 21 Monaten, Ende Februar 2016, war Uli Hoeneß frei. Die Bewährungsfrist galt weiterhin. Drei Jahre später lief sie ab, ohne Beanstandungen. Die Strafvollstreckungskammer des Landgerichts Augsburg mit Sitz in Landsberg erließ daraufhin die Reststrafe. Hoeneß konnte dieses Kapitel seines Lebens schließen. Und die über 20 Kilogramm, die er abgenommen hatte, holte er sich zurück.

Über die wenigen Monate, die er tatsächlich im klassischen Vollzug verbracht hatte, spricht Uli Hoeneß nicht gern. Äußern musste er sich als Zeuge im Rahmen eines Prozesses im Oktober 2018 im Augsburger Strafjustizzentrum vor der 4. Strafkammer des Landgerichts. Angeklagt war ein 49-Jähriger, der mit Hoeneß in Landsberg gewesen war und heimlich Fotos gemacht und versucht hatte, sie an die Medien zu verkaufen. Hoeneß hatte Strafantrag gestellt, obwohl, wie er sagte, »ich kein Interesse habe, dass der Angeklagte verurteilt wird«. Er sagte: »Die dahinter stehen, sollen bestraft werden.« Er bezog sich auf Reporter des *stern*, die Gefangenen Geld geboten hätten für Bildmaterial des Gefangenen Uli Hoeneß.

Trotz seines Platzes auf der Krankenstation hatte Hoeneß Kontakt zu anderen Insassen der JVA Landsberg. Er stand in aller Herrgottsfrühe auf, bisweilen schon um 4 Uhr, um Sport zu treiben in der Turnhalle (»Radfahren, auch etwas Hanteltraining«). Sein Arbeitsplatz für einige Wochen war für einen Stundenlohn von 1,50 Euro die Kleiderkammer, täglich von 9 bis 15.30 Uhr. »Den Job habe ich genutzt, um den Insassen möglichst neue Kleidung zu geben, wenn die alte abgenutzt war.« Es sei um Würde gegangen. Auch sei man mit Anliegen zu ihm gekommen, »ich habe versucht, zu helfen«. Hoeneß bekam ins Gefängnis 5500 Briefe geschickt (»Nur fünf schlechte. Und auch Dortmund- und Schalke-Fans haben mir geschrieben«), er las sie an den Wochenenden, »an denen man 40 Stunden nicht aus der Zelle kam. Ich habe geheult wie ein Schlosshund.« Er antwortete aber nicht auf die Briefe, weil sowieso alles von der Gefängnisverwaltung hätte gelesen werden müssen, bevor es auf den Postweg ging. Es waren auch einige Besucher aus dem Fußball da: Jupp Heynckes, Pep Guardiola, Franck Ribéry, Günter Netzer, Herbert Hainer.

Neue Freundschaften schloss Hoeneß im Knast nicht. Auch wenn er mit einigen seiner Kollegen auf Zeit in Schafkopfrunden zusammensaß, fasste er zu keinem richtiges Vertrauen. Er bekam mit, dass es Versuche gab, ihn zu fotografieren. Mit Handys, deren Besitz in der Haftanstalt zwar verboten war, die aber eingeschmuggelt wurden. Oder mit einer Digitalkamera, die in einem Kugelschreiber integriert war. »Meine größte Sorge war«, so sagte Hoeneß im Prozess 2018 in Augsburg, »dass Fotos von unter der Dusche, wo ich nackt war, im Internet auftauchen. Meine Privatsphäre wurde extremst verletzt, das habe ich bis heute nicht verarbeitet.« Hoeneß resümierte: »Im Gefängnis hat mich meine eigentlich gute Menschenkenntnis manchmal verlassen. Einige sind auch gute Schauspieler.«

Wenn er heute über diese einschneidende Zeit seines Lebens spricht, ist Hoeneß mit ihr im Reinen. Er sagt, er selbst habe sich in der Haft nicht verändert. Allenfalls habe er sich darin eingeschränkt, dominant aufzutreten, wie er es aus seinem Berufsleben gewohnt war. »Sonst hätte ich es im Gefängnis nicht so leicht gehabt.« Am Ende hätten alle, die mit ihm zu tun hatten, »mich sehr geschätzt«. Einer der Vollzugsbeamten habe zu ihm gesagt: »Sie werden der Erste sein, der zwei Fanclubs hat, wenn er das Haus verlässt.« Einen Wärter- und einen Knacki-Fanclub.

Hoeneß wollte Landsberg auf Hoeneß-Art verlassen: spendabel. Er schlug ein Catering durch McDonald's vor, das einmal sein Werbepartner gewesen war, oder ein Weihnachtsessen, das sein Freund, der Sternegastronom Alfons Schuhbeck, kochen würde: Wiener Schnitzel. Die JVA-Leitung verweigerte die Genehmigung. Keine Extrawürste für Hoeneß. Für ihn hatte es schon genügend gegeben.

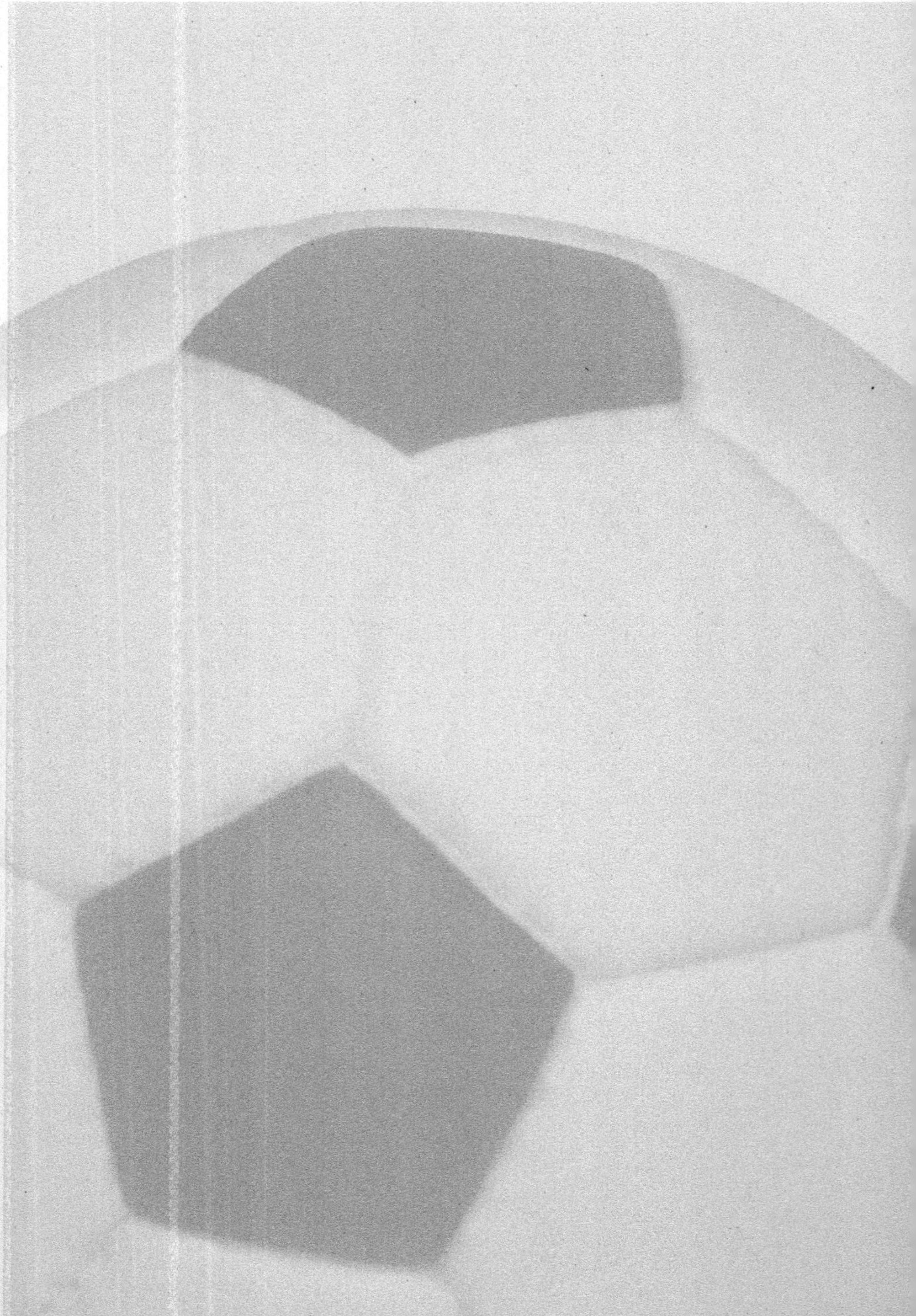

15.

Der blinde Seher

Als Uli Hoeneß am frühen Abend des 2. Mai 2014 in den Audi Dome fuhr, wusste er noch nicht, was für eine Rede er halten würde. Der FC Bayern hatte eine außerordentliche Mitgliederversammlung einberufen müssen, um ein neues Präsidium zu wählen. Hoeneß war nach dem Urteil wegen Steuerhinterziehung umgehend zurückgetreten, Karl Hopfner, der langjährige Finanzmann, sollte neuer Vereinschef werden.
»Ich bereite eine Rede nie vor, spreche immer ohne Manuskript. Und ich wollte abwarten, wie die Mitglieder auf mich reagieren«, sagte Hoeneß einige Tage nach der Versammlung in der Heimspielstätte seiner Basketballer, in der viele Plätze frei geblieben waren. Lediglich 1593 stimmberechtigte Mitglieder wurden gezählt – von damals bereits 235 000.
Hoeneß hatte sich rar gemacht in den eineinhalb Monaten seit dem Prozess; bei seinen Besuchen im Stadion und in der Halle war er abgeschirmt worden, er gewöhnte sich das Leben, das er über Jahrzehnte geführt hatte, ab. Er nutzte die Zeit, um familiäre Angelegenheiten zu regeln. Die Wurstwarenfabrik in Nürnberg überschrieb er an die nächste Generation, denn aus der Haft heraus würde er ihre Geschäfte ohnehin nicht führen können.
Bei der Mitgliederversammlung war Uli Hoeneß' Platz nun nicht mehr oben auf der Bühne, die immer so wuchtig wirkte, als halte ein DAX-Konzern sein Aktionärstreffen ab. Sein Amt hatte Hoeneß abgetreten, er musste sich ins Auditorium setzen. In der ersten Reihe hatte man einen Stuhl für ihn freigehalten. Der Ex-Präsident betrat den Saal erst in der Minute vor Versammlungsbeginn. Er ging den Weg von den Katakomben bis vor das Podium allein, er schaute nicht nach links, nicht nach rechts, der Blick war auf den Boden gerichtet. Die Mitglieder applaudierten, einige stehend, einige riefen »Ullliii«. Hoeneß wusste nun, was für eine Rede er zu halten hatte. Keine, in der er Demut zeigen und um Verzeihung bitten würde. Sondern eine, die die Bindung zu seinem Verein betonen und noch stärken würde.

»Das wird jetzt schwer«, hob er an, als er auf der Bühne stand und die Hände ans Rednerpult legte. Er erzählte dann von der bösen Welt da draußen, in der er »ein Arschloch, ein Schwein ist, das den Leuten Geld aus der Tasche zieht«, einer Welt, die ihn gezwungen hat, ein Gefühl zu entwickeln, das nicht in sein Leben gehört: »Hass.« Hingegen der FC Bayern: Freundeskreis, Familie, Zuflucht. Dem FC Bayern »werde ich dienen bis zum letzten Atemzug«. Und dann schleuderte Hoeneß noch diesen Satz heraus, der die Diskussionen der kommenden zwei Jahre bestimmen sollte: »Das war's noch nicht!« Die Ankündigung des Comebacks im Moment des Rückzugs.

Karl Hopfner, der bei seiner Wahl zum Präsidenten mit 99,6 Prozent ein Traumergebnis einfuhr, versicherte sogleich in tiefer Untertänigkeit, dass er, sollte Hoeneß nach Verbüßung seiner Haftstrafe erneut Präsident werden wollen, »auf keinen Fall gegen Uli antreten« werde. Gewählt wurde Hopfner auch nicht für die üblichen drei Jahre, sondern nur für zweieinhalb, bereits im Herbst 2016 werde die Amtszeit enden, um wieder in den normalen Rhythmus zu kommen, hieß es. Und das klang so, als rechne man beim FC Bayern mit einer Rückkehr des gefallenen Präsidenten.

Es gab dazu in der Öffentlichkeit und in Bayern-Fankreisen kein einheitliches Meinungsbild, ob das zu erwarten wäre. Niemand vermochte einzuschätzen, wie Uli Hoeneß mit dem Erlebnis einer Haftstrafe und dem vorübergehenden Verlust von Freiheit und Selbstbestimmung zurechtkommen würde. Erfahrungen, die ihn brechen oder dazu führen könnten, dass er sich den Verlust an Lebensqualität zurückholen will und sich ins Private zurückzieht, wenn diese unerfreuliche Episode seines Lebens abgeschlossen sein wird. Er betonte den Rückhalt durch seine Familie, vor allem durch seine Ehefrau Susi, die den Prozess an seiner Seite durchgestanden hatte.

Auf der anderen Seite verspürte Hoeneß Sorge um seinen FC Bayern. Er war immer das Gegengewicht zu Karl-Heinz Rummenigge, dem

Vorstandsvorsitzenden der AG, gewesen – würde ein von ihm nicht mehr kontrollierter Rummenigge den FC Bayern nun unwiderruflich in die Richtung führen, die viele kritisch sahen? Noch mehr Internationalisierung, stärkere Präsenz in China und den USA, Wirtschaftsbündnisse im arabischen Raum eingehend. Mit stärkerem Fokus wieder auf dem Fußball, sodass in Reihen der Basketballabteilung, die Hoeneß nach einem 73-Prozent-Votum der Mitglieder mit im Fußball erwirtschafteten Geldern gepuscht hatte, Existenzängste aufkamen. Auch dass die Bayern in Hoeneß' Abwesenheit Trainer Pep Guardiola gestatteten, einen spanisch-katalanischen Staat im Verein aufzubauen und in der Folge der ewige Teamarzt Dr. Hans-Wilhelm Müller-Wohlfahrt sich gezwungen sah, hinzuwerfen, sorgte für Verstimmung, obwohl die Mannschaft von Sieg an Sieg reihte.
Als Uli Hoeneß nach Verbüßung der Halbstrafe von 21 Monaten seinen Platz in der Justizvollzugsanstalt räumen und in sein altes Leben am Tegernsee und an die Säbener Straße in München zurückkehren konnte, sortierte er in Gedanken schon mal die aus, von denen er sich verraten fühlte. Rudolf Schels etwa, ein Regensburger Unternehmer, mit dem er jahrelang durch die Bundesligastadien gezogen war und dem er den Weg ins Präsidium bereitet hatte, fiel in Ungnade. Zu einem ehemaligen Spieler, dem Hoeneß verbunden geblieben war, sagte er im Frühjahr 2016 mit Blick auf einige seiner Nachfolger: »Ich dachte nicht, dass die den Verein so schnell kaputt machen würden.« Er stand vor der Entscheidung: gänzlich raus oder den Laden noch einmal richtig übernehmen. Motto: Das war's noch nicht.
Hoeneß trat also wieder an, natürlich ohne einen Gegenkandidaten. Zur Krönungsmesse wurde am Freitag, dem 25. November 2016, wieder in den Audi Dome gerufen, der diesmal mit seinen knapp 7000 Plätzen zu klein war. Vorsorglich hatte der FC Bayern neben der Arena ein Zelt aufgestellt, in dem man, wenn man drüben nicht mehr reinkam, die Zeremonie mitverfolgen konnte. Vor den Toren des Audi Dome war

die Verstimmung über diese Aufteilung in eine gefühlte Zwei-Klassen-Gesellschaft greifbar, Noch-Präsident Karl Hopfner und Kandidat Hoeneß standen auf den Stufen und versuchten, Hunderte enttäuschter Mitglieder zu besänftigen. Hopfner, kein Mann für die große Bühne, führte das Wort, Hoeneß blickte zunächst hilflos in die Menge. Dann schaltete er sich ein: »Es gibt auch im Zelt zu essen und zu trinken.« Die betroffenen Mitglieder pfiffen, buhten, einige reckten den Mittelfinger in die Höhe. Sie waren entrüstet, weil Hoeneß ihr Anliegen nicht verstanden hatte. Sie wollten nicht abgespeist werden, sie wollten den Augenblick mit ihm teilen.
An diesem Abend, an dem 97,7 Prozent der Versammelten ihr Stimmkärtchen für Uli Hoeneß hochhielten, auf dem Gipfel der Gefühlsduselei, begann auch schon die Entfremdung. Ein bewegter Uli Hoeneß versprach, »Kümmerer und weiser Ratgeber« sein zu wollen, doch schnell entfuhr ihm ein Begriff, der nicht zu diesen Vorsätzen passte. Während der Mitgliederversammlung lief das Bundesligaspiel des Aufsteigers RB Leipzig gegen den SC Freiburg, das Ergebnis von 4:1 für die um die Tabellenspitze mitspielenden Leipziger sprach sich herum, Hoeneß giftete: »Endlich haben wir wieder einen Feind.« Feind? Tags darauf korrigierte er auf »Gegner«. Doch er sollte mit seiner Tonlage in den kommenden drei Jahren seine »zweite Familie«, wie er den mittlerweile fast 300 000 Mitglieder starken FC Bayern nannte, noch öfter verschrecken.
Und so kam es zwei Jahre nach seiner Krönungszeremonie zu ganz anderen Szenen, wiederum an derselben Stelle, im Audi Dome. Eine routinemäßige Mitgliederjahresversammlung, bei der der FC Bayern die zuletzt gewonnenen Trophäen vor die Bühne stellt und die neuesten Umsatzrekordzahlen verliest. Gepfiffen wird in diesem Rahmen eigentlich nur, wenn in einer der Reden der Lokalrivale TSV 1860 München oder der 1. FC Nürnberg erwähnt wird, ansonsten wird applaudiert und gefeixt, die Welt ist Bayern-rot. Beim Punkt »Wortmel-

dungen« ist der Abend für das Präsidium normalerweise gelaufen, es lehnt sich zurück für einen Akt der Vereinsfolklore. Da pflegt dann der stets in Tracht gewandete und mit einem Gamsbart auf dem Hut auftretende Bad Tölzer Taxiunternehmer »Hias« Hammerl die Klubführung zu lobpreisen, der ehemalige Zollbeamte Alois Podolsky gießt die vergangene Saison in Verse, und am Ende fordert Hansi Gehrlein, der loyale Vorsitzende des Vorzeige-Fanklubs »Die 13 Höslwanger«, Freibier für alle. Doch am 30. November 2018 trat noch ein anderer Redner ans Pult. Sein Name: Johannes Bachmayr. Lederblouson, weißes T-Shirt. Was man in den Tagen danach noch über ihn erfahren sollte: 33 Jahre alt, Immobilienkaufmann, aus dem Landkreis Erding stammend, Bayern-Fan seit seiner Kindheit.

Man merkte diesem Johannes Bachmayr an, dass er keiner ist, der sich vor einer größeren Menschenmenge wohlfühlt. Man merkte, dass er keine Übung als Redner hatte, dass er nie rhetorisch geschult worden war. Selbst wenn so einer etwas Kritisches anbringen wollte – er könnte kein Gegner sein für die Leute auf dem Podium. Untere Liga, leichte Gewichtsklasse.

Bachmayr wandte sich direkt an Hoeneß. Sagte ihm, er sei einmal sein Vorbild gewesen, er habe sich gefreut, als dem Idol die Auszeichnung als »Manager des Jahres«, eine Würdigung weit über den Fußballhorizont hinaus, zugesprochen worden war. Doch entspreche Hoeneß noch dem heutigen Bild von einem Präsidenten, den man sich vorstelle als »Elder Statesman, als Souverän, der über den Dingen steht, als jemanden, den man stets um Rat bitten kann«? Bachmayr sagte: »Ihre letzten zwei Jahre: Nachtreten, ›Scheißdreck‹, Umgang mit Ehrenspielführern, katastrophale Prozesse, Spezlwirtschaft – aber der Reihe nach.« Raunen im Audi Dome, Skandal in der Luft.

In früheren Jahren wäre ein Mitglied, das Uli Hoeneß angreift, aus der Halle gepfiffen worden. Doch der Rebell Bachmayr erhielt Beifall. Wiederholt. Er kritisierte das Auswahlverfahren bei der Einstellung von Hasan Salihamidzic als Sportdirektor und Niko Kovač als Trainer; er monierte, dass der FC Bayern sich unter Hoeneß zu einem »populistischen Stammtischverein« entwickelt habe: »Wir gehen Paris Saint-Germain übel an als Staatsverein von Katar, aber das Sponsoring von Katar nehmen wir gerne an.« Die Fluglinie Qatar Airways hat eine Werbefläche auf dem Ärmel der Profis, und seit dem Winter 2010 hält der FC Bayern sein jährliches Trainingslager in Doha ab – in der aktiven Fanszene werden diese Deals wegen der Menschenrechtslage in Katar abgelehnt. Sie stünden auch im Widerspruch zur Vereinskultur, in der dem jüdischen Bayern-Präsidenten Kurt Landauer, Vereinsboss vor und nach dem Zweiten Weltkrieg, ein ehrendes Andenken bewahrt wird.

Bachmayr attackierte Hoeneß, weil kurz nach seiner Rückkehr ins Präsidentenamt seine beiden Neffen mit Führungsposten beim FC Bayern betraut wurden, und schließlich sei auch noch ein neuer Lieferantenvertrag der Allianz Arena geschlossen worden – über die Würste aus der Hoeneß-Firma Howe als Gewinner in einem Blindverkostungsverfahren. Anklagen, die Hoeneß sichtbar zusetzten, sein Blick war so eisig, als wollte er den renitenten Herrn Bachmayr am Pult einfrieren. Am meisten traf ihn dann dieser Satz des aufsässigen Mitglieds: »Es ist nicht Ihr Stadion, und der Verein ist nicht Ihr Eigentum.«

Uli Hoeneß hätte die Situation aber noch bereinigen können. Mit einer Gegenrede. Mit Begründungen. Mit Aufklärung. Doch er sagte: »Das sind so viele Unwahrheiten. Man bräuchte dafür drei Stunden. Eine Diskussion auf diesem Niveau lehne ich total ab.« Hoeneß wurde ausgebuht, er hatte seine Anhänger enttäuscht. Früher, so dachten viele, hätte er einen Kritiker zur Aussprache eingeladen, ein offenes Ohr und Herz gehabt. Doch der neue Hoeneß war anders. Hart, verschlossen, uneinsichtig.

Bachmayr hatte wunde Punkte getroffen. Das Nachtreten etwa. Hoeneß hatte es sich wieder angeeignet, wie zu seinen wilden Zeiten als Manager und Leiter der Abteilung Attacke. Von präsidialer Verantwortung war nichts zu spüren, als er im Oktober 2017 den Guardiola-Nachfolger Carlo Ancelotti nach einem verlorenen Champions-League-Spiel in Paris vom Trainerstuhl räumte und ihn den »Feind im eigenen Bett« nannte. Keine Mäßigung war zu spüren gewesen, als er den Leverkusener Karim Bellarabi nach einem Foul an einem seiner Spieler als »geisteskrank« bezeichnete. Und er ließ jegliches Gespür vermissen, als er sich während der WM 2018 per Anruf im russischen Teamquartier in die personellen Planungen der Nationalmannschaft einmischte (»Özil nicht aufstellen«) und nach dem missglückten Turnier dem zurückgetretenen Mesut Özil attestierte, »dass er seit Jahren einen Scheißdreck spielt und keinen Zweikampf mehr gewonnen hat«. Er munitionierte damit die Rechten, die Özil nie als richtigen Deutschen anerkannt hatten und ihm die Berechtigung auf einen Platz in der Nationalmannschaft absprachen. Dass Hoeneß in diesem Ton über einen Spieler sprach, mit dem er nie näher zu tun gehabt hatte, sorgte für weitere Verwunderung.

Auch ein eigener ehemaliger Spieler bekam eine Breitseite von Hoeneß ab: Juan Bernat, den die Bayern an Paris Saint-Germain abgegeben hatten. Der Spanier war ein unauffälliger Ergänzungsspieler gewesen, er hatte sich nichts zuschulden kommen lassen. Hoeneß indes trug ihm ein schwaches Spiel in der Champions League nach, es ging wieder in die Richtung »Dreck gespielt«. Was diese Anklage so widersinnig machte, war, dass sie in der berühmten »Grundgesetz-Pressekonferenz« des FC Bayern am 19. Oktober 2018 fiel. Überraschend waren zu einer Pressekonferenz mit Karl-Heinz Rummenigge auch Uli Hoeneß und Hasan Salihamidzic geladen worden. Rummenigge begann mit: »Ich darf an das Grundgesetz erinnern, Artikel 1: Die Würde des Menschen ist unantastbar.« Die Nationalspieler des FC Bayern, so sein Anliegen, seien zuletzt von den Medien nicht entsprechend würdevoll behandelt worden. Hoeneß schloss sich an – doch als er Minuten später, als es

darum ging, ob die Bayern einen zu kleinen Kader hätten, auf den abgegebenen Bernat zu sprechen kam, zählte dessen Würde nicht. Die Pressekonferenz löste auch vereinsintern Kopfschütteln aus.
Zwei Tage später saß Paul Breitner in der Sonntagabendsendung *Blickpunkt Sport* im Bayerischen Fernsehen und kritisierte die Pressekonferenz: »Ich konnte mir in den 48 Jahren, in denen ich mit dem FC Bayern zu tun habe, nicht vorstellen, dass der Verein sich eine solche Blöße gibt und eine Arbeit kaputt macht, die er in den vergangenen fünf bis acht Jahren hervorragend geleistet hat. Es ist ihm gelungen, aus der Arroganzatmosphäre herauszukommen und Millionen bekennende Fans zu gewinnen – und dann so was.« Wenn der FC Bayern eine Familie sei, »dann müssen die Kinder heute sagen: Für den Papa müssen wir uns gewaltig schämen«.
Breitners Angriff kam wie aus dem Nichts. Dass er und Hoeneß über die Jahrzehnte eine On-off-Beziehung geführt hatten, war bekannt; es steht auch in diesem Buch. Doch seit die Bayern den einstigen Kolumnisten und Kritiker als Markenbotschafter beschäftigt hatten, verteidigte er das Wirken des Vereins stets mit Verve.
Was zwischen den beiden einstigen Freunden und Weggefährten vorgefallen war, wollte Hoeneß nicht näher erläutern. Jedenfalls zählte auch Breitner zu den Leuten, mit denen Hoeneß brach. Seine Revanche für den BR-Auftritt von Breitner: Er verriet vor laufenden Kameras Details des Bayern-Vertrags mit dem Repräsentanten Breitner, den dieser aber gekündigt hatte.
Der Streit setzte sich noch fort: Hoeneß ließ Jan-Christian Dreesen bei Breitner anrufen und ausrichten, dass er sich im VIP-Bereich der Allianz Arena in nächster Zeit besser nicht sehen lassen sollte. Breitner schickte seine beiden Dauerkarten zurück und ließ das natürlich auch die Medien wissen. Ein Paul Breitner weint nicht leise. Er platzierte – seine Rache – das Thema in der Woche vor der Mitgliederversammlung. Für die war er der Märtyrer.

Doch nicht nur in der Causa Breitner reklamierte das forsche Mitglied Johannes Bachmayr. Er stellte auch die Frage in den Raum, ob Uli Hoeneß noch über genügend Kompetenz verfüge, um die Hebel der Macht so zu bedienen, wie er es beanspruchte.

Hoeneß war in seiner Managerzeit ein Visionär gewesen. Aus dem, was er als Pionier der Vermarktung aufbaute, entstand der Vorsprung des FC Bayern, den in Deutschland kein Klub dauerhaft wird wettmachen können. Hoeneß war auch ein Meister des Storytelling, bevor es diesen Begriff gab. Er brachte seinen Verein in die Medien, ließ ihn zum Gegenstand täglicher Berichterstattung werden mit dem Ergebnis, dass den FC Bayern alle kennen und er niemandem gleichgültig ist. So schafft man eine Marke. Hoeneß sah auch voraus, dass die Bayern sich aus dem Mietverhältnis im städtischen Olympiastadion lösen und eine eigene Arena bauen und betreiben müssten. Die Allianz Arena wurde zum Monument seines Geschäftssinns.

Doch vor allem die letzte und im November 2019 endende Präsidentschaft offenbart, dass der Seher blind geworden ist. Der FC Bayern funktioniert heute nur, weil er längst vorbei agiert an seinem Präsidenten. Hätten sich dem jungen Hoeneß schon die Möglichkeiten der Digitalisierung geboten, er wäre begeistert eingestiegen. Der alte Hoeneß prahlt in Geisterfahrermanier, dass er kein Google, Facebook oder Amazon brauche und »noch nie im Internet gewesen« sei. Dabei ist die Abteilung seines Vereins, die sich mit neuen Medien beschäftigt, größer als der Lizenzspielerkader. E-Sport lehnt er grundsätzlich ab, hat aber schon Schwierigkeiten mit der Definition: Er versteht darunter nicht die Beschäftigung mit Computerspielen wie *World of Warcraft* oder mit Sportsimulationen wie dem jährlich erscheinenden FIFA, sondern die simplen, über Internetplattformen betriebenen Managerspiele, bei denen man einen virtuellen Kader zusammenstellt – was es auch schon seit zwei Jahrzehnten gibt.

Ebenso verdächtig sind Uli Hoeneß Fußballfans, die sich mit der Taktik des Spiels auseinandersetzen. Wiederholt lästerte er: »Wenn ich das höre: Dreierkette, Rauten-Sechs, falsche Acht – vergesst das alles! Wenn einer nicht kicken kann, spielt die Raute wie ein schiefes Dreieck.« Dabei ist es Konsens, dass sich die Stärke einer Elf aus mehr Faktoren zusammensetzt als aus dem Individualvermögen der Spieler. Gerade Pep Guardiola hat die Sichtweise auf den Fußball auf diese Weise erneuert und sie bei Manchester City, seinem Klub nach den Bayern, auf England übertragen. Doch für Hoeneß basiert der Erfolg des Freundes Pep darauf, dass ihm die Klubführung gute Spieler spendiert. »Er sieht einen Spieler auf Video, fliegt damit nach Abu Dhabi zum Emir, sie essen gut, und der Emir fragt ihn, ob er den Spieler haben will.«

Viele Entscheidungen der jüngsten Zeit beim FC Bayern erwecken den Anschein, Hoeneß habe sie durchgesetzt, um sich intern gegen Karl-Heinz Rummenigge zu behaupten. Niko Kovač als Trainer, Hasan Salihamidzic als Sportdirektor sind klare Hoeneß-Personalien gewesen. Auch dass der frühere Adidas-Chef Herbert Hainer Präsident und Oliver Kahn zum Rummenigge-Nachfolger als Vorstandsvorsitzender der AG aufgebaut wird, sind Weichenstellungen von Hoeneß. Damit er gehen kann, ohne seinen Einfluss ganz aufzugeben.

Dass Hoeneß 2019 nicht mehr zur Präsidentenwahl antreten würde, kam nicht gänzlich überraschend. Zwar sah er die Vorkommnisse im Audi Dome 2018 als Ergebnis einer Verschwörung, unterstellte Johannes Bachmayr, gelenkt worden zu sein (»Er hatte ja auch einen Laptop dabei«) und nur »für einen ganz kleinen Teil« der erschienenen 1600 Mitglieder (»0,5 Prozent«) zu sprechen – dennoch löste der Abend in ihm einen Denkprozess aus. Was würde die nächste Versammlung bringen, wie würden sich weitere drei Jahre gestalten? Könnte sein Lebenswerk in Gefahr geraten?

»Es gibt so viele Politiker und Wirtschaftsführer, die groß waren und abgeschlachtet wurden. Ich wollte von niemandem gezwungen werden, unten rechts meine Demission zu unterschreiben. Ich wollte immer durchs große Tor gehen«, sagte Hoeneß, als er schließlich seine Rückzugsentscheidung bekannt gab. »Der Verein ruht in sich, er macht Spaß, ich übergebe meine Position in einem Superzustand.«
Es ist genug.

Verzeichnis der verwendeten Literatur

Bücher

Beckenbauer, Franz: *Meine Gegner, meine Freunde.* Hamburg/Zürich 1987

Beckenbauer, Franz: *Ich. Wie es wirklich war.* München/Gütersloh/Wien 1992

Bender, Tom/Pfad, Michael: *Schau'n mer mal,* München 1995

Biermann, Christoph/Fuchs, Ulrich: *Der Ball ist rund, damit das Spiel die Richtung ändern kann,* Köln 2002

Bitter, Jürgen: *Deutschlands Fußball Nationalspieler,* Berlin 1997

Bizer, Peter: *Uli Hoeneß,* München 1975

Blickensdörfer, Hans: *Der Kaiser,* Heilbronn 1991

Breitner, Paul/Schroeder, Bernd: *Kopf-Ball,* Berlin/Frankfurt am Main/Wien 1982

Calmund, Reiner: *fußballbekloppt!* Eine Autobiographie, München 2008

Drechsel, Sammy: *Elf Freunde müsst ihr sein,* Stuttgart 1997

Eichler, Christian: *Lexikon der Fußballmythen,* München 2003

Hartmann, Waldemar: *Born to be Waldi. Live aus dem Studio des Lebens,* München 2009

Hinko, Raimund: *Bayern München. Titel, Tore und Triumphe,* München 1986

Hochstrasser, Josef: *Ottmar Hitzfeld,* Berlin 2003

Hüetlin, Thomas: *Gute Freunde. Die wahre Geschichte des FC Bayern,* München 2007

Kahn, Oliver: *Ich. Erfolg kommt von innen,* München 2008

Kistner, Thomas/Weinreich, Jens: *Das Milliardenspiel. Fußball, Geld und Medien,* Frankfurt am Main 1998

Kistner, Thomas/Schulze, Ludger: *Die Spielmacher,* Stuttgart/München 2001

Körner, Torsten: *Franz Beckenbauer. Der freie Mann.* Frankfurt am Main 2005

Moritz, Rainer (Hrsg.): *Vorne fallen die Tore. Fußball-Geschichte(n) von Sokrates bis Rudi Völler,* München 2004

Müller, Gerd: *Goldene Beine,* Rosenheim 1969

Netzer, Günter: *Aus der Tiefe des Raumes. Mein Leben,* Hamburg 2004

Schiefele, Hans: *Sepp Maier,* München 1975

Schröder, Ulfert: *Franz Beckenbauer,* München 1975

Schulze, Ludger: *Die Mannschaft. Die Geschichte der Deutschen Fußballnationalmannschaft,* München 1986

Schulze-Marmeling, Dietrich: *Die Bayern,* Göttingen 2003

Seeler, Uwe: *Danke, Fußball! Mein Leben,* Hamburg 2003

Stanjek, Eberhard: *Die Meisterelf: Bayern München,* Frankfurt am Main 1973

Stadtarchiv München (Hrsg.): *München und der Fußball. Von den Anfängen 1896 bis zur Gegenwart,* München 1997

Wiedemann, Silke: *Franz Beckenbauer. Der Erfolg spielt mit,* Düsseldorf 2002

Winkler, Hans-Jürgen: *Franz Beckenbauer. Das deutsche Fußballwunder,* München 1969

DVDs

Weisenborn, Christian/Wulfes, Michael: *Profis. Ein Jahr Fußball mit Paul Breitner und Uli Hoeneß,* München 2006

Neumayr, Ferdinand/Augustin, Eduard: Frei: *Gespielt – Mehmet Scholl: Über das Spiel hinaus,* München 2007

Archive

Abendzeitung, Süddeutsche Zeitung, Münchner Merkur

Zeitungen/Zeitschriften

Zitiert aus *Abendzeitung, Bild, Frankfurter Allgemeine Zeitung, Frankfurter Rundschau, Münchner Merkur, Neue Zürcher Zeitung, Süddeutsche Zeitung, Welt, Der Spiegel, Elf Freunde, Focus, Focus Money, kicker, Sport-Bild, stern, Süddeutsche Zeitung Magazin*

Die Autoren

Patrick Strasser ist 1975 in München geboren. Seit 1985 verfolgt er die Spiele der Bayern im Stadion. Einst Kurve, nun Pressetribüne: Seit 1998 arbeitet Strasser als Reporter bei der »Münchner Abendzeitung«. Zudem schreibt er für das RedaktionsNetzwerk Deutschland (RND). Seine Bücher »Hier ist Hoeneß!« (2010) und »Wie ausgewechselt« (2012) – die Autobiografie von Rudi Assauer – sowie »Gerd Müller – Der Bomber der Nation« (zusammen mit Udo Muras, 2015) wurden zu Bestsellern.

Günter Klein wurde 1962 in Augsburg geboren, bestaunte als kleiner Fan den Himmelsstürmer Uli Hoeneß und betrauerte seinen Fehlschuss im EM-Finale 1976. Seit 1998 ist er Redakteur beim »Münchner Merkur«, zuvor war er beim »Sport-Kurier« und leitete die Redaktion des »Eishockey-Magazins«. Er ist Autor zahlreicher Eishockey-Bücher und eines satirischen FC-Bayern-Fan-Buchs.

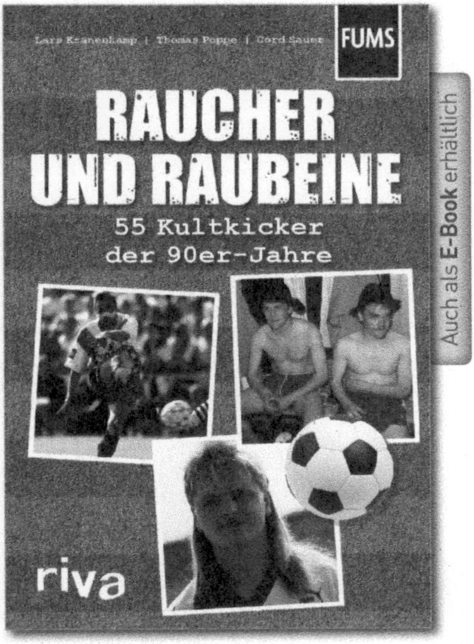

176 Seiten
14,99 € (D) | 15,50 € (A)
ISBN 978-3-7423-1015-6

Lars Kranenkamp,
Cord Sauer, Thomas Poppe

Raucher und Raubeine

55 Kultkicker der 90er-Jahre

Von Mike Werner über Valdas Ivanauskas zu Manni Schwabl

Wahre Fußballfans werden sich beim Klang solcher Namen wehmütig an eine vergangene Ära erinnern: eine Zeit, in der Fußballprofis ihr Handwerk nicht in Leistungszentren, sondern auf Bolzplätzen erlernten; eine Zeit, die von heute antiquierten Positionen wie Vorstopper und Libero geprägt war und in der Blutgrätschen, lange Bälle nach vorn und endlose Kopfballstafetten den schönsten Sport der Welt zu einer Spielwiese für echte Typen machten.

Dieses Buch versammelt 55 Porträts von Kickern, welche die Bundesliga in den 90er-Jahren unvergesslich machten: mit irren Frisuren und Sprüchen vor der Kamera, mit Ausrastern in der Kabine und herben Fouls auf dem Spielfeld – und einer Wodka-Diät in der Saisonvorbereitung.

riva